中国要淡定

直言内政外交

张国庆　马晓霖　徐立凡　戴占军　牛　力◎著

凤凰出版社

图书在版编目（CIP）数据

中国要淡定 / 张国庆等著. —南京：凤凰出版社，2011.12

ISBN 978-7-5506-1042-2

Ⅰ. ①中… Ⅱ. ①张… Ⅲ. ①国际形势－影响－研究－中国 Ⅳ. ①D6

中国版本图书馆CIP数据核字(2011)第251046号

书　　名	中国要淡定
著　　者	张国庆　马晓霖　徐立凡　戴占军　牛力
责任编辑	张叶青
出版发行	凤凰出版传媒集团 凤凰出版传媒股份有限公司 凤凰出版社 北京凤凰天下文化发展有限公司
出版社地址	南京市中央路165号，邮编：210009
公司网址	北京凤凰天下网　http://www.bookfh.cn
印　　刷	北京嘉业印刷厂 北京市大兴区，邮编：102600
开　　本	710mm × 1000mm　1/16
印　　张	16
字　　数	267千字
版　　次	2012年4月第1版　2012年4月第1次印刷
标准书号	ISBN 978-7-5506-1042-2
定　　价	32.80元

前言

GDP（国内生产总值）在前进，CPI（消费者物价指数）在涨，但国人的幸福指数却没有跟上。于是乎，在一个折腾的世界，中国乃至每个中国人，如何更淡定地生活，成了一个需要直面的命题，事关幸福，也关乎未来。

一个很偶然的机会，我们五个人想到了这样的话题——中国怎样才能更加淡定？讲述的就是中国在变动的世界形势下，所要抱持的信念和需要作好的准备。

过去的10年，中国确实已深刻地改变了世界，也越发引人关注。在一定程度上，中国迅猛的发展，引发了世界范围的羡慕嫉妒恨，中国的国际形象和海外利益，都受到越来越多的挑战。而在内部，中国文化的缺失，民众心态的浮躁，也使中国的崛起面临可持续性发展的难题。

在这种情况下，中国的外交和话语权争夺该如何做？中国文化和教育该怎样配合这种发展？中国怎么更好地博弈和经营我们自己？都是值得探讨的话题。而我们五个人的“头脑风暴”所希望揭示的就是诸多让我们不淡定的问题的实质，并与读者一同寻求解决之道。

除去“头脑风暴”，这本书还有几大亮点：

一是气场极好。由于五个人经常在一起做节目，私交也很好，所以座谈起来，行云流水，不仅有默契，而且放得开，其效果远比各自在家奋笔疾书要好许多。并且，五人的知识结构也非常互补：从国际问题到经济问题，从话语权到食品安全，从文化教育到旅游，都相得益彰。更难得的是，座谈期间，旁听的很多朋友也都能很好地融入，提出很多尖锐的问题，也与我们进行了充分的互动。同时，我们的很多话题还在微博上与博友进行了交流，这也使我们的书别开生面。

二是每章都用一个动物来形象地说明问题。灵感是在轻松的环境下滋养出来的。本来一开始并没有这个点子，只是在座谈进程中，从中国的大象定位逐渐想到了，其实每个话题都可以用动物来象征性地表现出来，比如房价与蜗牛，文化输出与熊猫，等等。既生动，又引人深思。

三是共同提起了八大主张，如中国要寻求大象定位，英语成为高考的选考科目，房产产权从70年变为700年，人民币2016年阻击日圆，放开汇市，征收遗产税激励慈善，用赠与税稳定婚姻关系，等等。这些主张，涉及中国的国际形象和海外利益，也涉及民生的方方面面，都有相当的民意基础，也都有一定的建设性。这体现出本书所具有的理性和建设性，也表现出我们对提升国民幸福度的热切关注。

四是现场感强，故事多。这不是一本空谈的书，是在夹叙夹议中对现有问题进行抽丝剥茧，其中讲到了很多有趣的现象，也有作者们的生活感言。因为中国的事儿，是所有人的事儿。在后期处理时，保持了座谈的原味，以便让读者能有更好的现场感和参与感，就好像我们是坐在一起聊天，像朋友一样。

从章节的安排上，前面多是政治和经济话题，后面则偏向文化和教育话题。这其中，既有中国该怎样定位，如何看待我们的战略对手和朋友，怎样更好保护海外利益；也有我们该怎样投资，北京的房价还能涨多久，如何用税收等政策手段调整社会乃至家庭关系；更有全民学英语是福是祸，要不要把孩子送出去，我的文化谁做主这样涉及每个家庭的文化和教育问题。努力寻求不淡定的根源，是为了我们将来更淡定一些。

至于读者，大家尽可以各取所需：有孩子教育问题的，可多看看10至13章，关心投资方向的，可多注意6、8两章，关心生活质量的，留心7、9两章，关心中国以及企业和个人海外权益的，读读3至5章，关心中国定位及地缘政治的，一定不能错过开头的两章。你可以进来点餐，也可以包席。成本是书价，得到的既可能是更加淡定的心态，也可能是在投资和教育上夯实我们淡定基础的收益。

世界很折腾，中国要淡定。

目录

1 中国有战略对手吗

象征性动物：大象。
入选理由：强大而内敛，群居而共融。
本章PK：谁是中国最大的战略对手？

正方观点：忘记几千年的辉煌历史而只记得100多年的亏损，就难免是一腔受害者的心态。
反方观点：历史上的血污，不是你一相情愿就可以擦干净的。在一个锅里吃饭的，不一定都是朋友。

中国有战略对手吗

象征性动物：大象。
入选理由：强大而内敛，群居而共融。

本章PK：谁是中国最大的战略对手？

正方观点：忘记几千年的辉煌历史而只记得100多年的亏损，就难免是一腔受害者的心态。

反方观点：历史上的血污，不是你一相情愿就可以擦干净的。在一个锅里吃饭的，不一定都是朋友。

牛力：我先来做个开场白吧。为什么有这么一个想法？其实也跟咱们这个《行走天下》栏目有一定关系，在座几位都是《行走天下》绝对给力的嘉宾，每天畅谈国内、国际大事，各位在节目里聊得很High，听众听得也很High。不过，由于时间的限制，有些时候不能尽兴，特别是针对我们这两天要讨论的话题，大家很感兴趣，但节目里不能完全展开或者不方便深谈，所以，我们想来一次集中的头脑风暴。

为了淡定的头脑风暴

牛力：咱们的大题目叫“中国要淡定”。“淡定”是指泰山崩于前而面不改色的镇定程度，遇事沉稳又积极果断，老练却重视有加，胜不骄、败不馁；淡定形容一种勇气，一种思想境界，一种心态，一种生活的状态。这个解释很好，比如说这“心态”，现在咱们国家改革开放30多年了，兜里的钱有了，生活比原来好了，但是精气神儿却没了。为什么说要淡定？我觉得恰恰说明有一些不淡定的状态存在，所以我们才来讨论这些问题。这是我对这两天讨论内容的一个小小的解题，算做一个开场。

接下来，四位嘉宾在这里畅所欲言，咱们用两天的时间想一想中国未来的淡定发展大计是什么，咱这头脑风暴很不容易，是加长版的《行走天下》。拜托各位了，尤其是在座的四位嘉宾。后面的这些网友，还有记者，我们的热心朋友们，也欢迎大家随时加入我们的讨论，我在这里给大家做一个穿插，也是一个主持，希望这两天的会议能够结出美丽而淡定的硕果。

节目开始了，张老师您先来。

张国庆：“淡定”这个话题，首先是谈国内的东西，国内现在浮躁多一些。对外，我们又面临着巨大的压力。我们要谈的话题一是国内的，二是对外的，但每个话题都是涉外的，所以也能发挥咱们几个人的特点。我们并不是来寻求答案的，只要我们能提出有意义的问题，能够促使国人深入地思考我们所面临的处境，能够更积极地规划中国的未来，就不枉此谈。

生活中有忧郁和纠结，但生活也有诗和远方——这也是我们想传递给大家的信念。

之所以要从“中国有战略对手吗”这个题目开始，是因为国家定位，或者说一个国家对自身整体形势的判断，这在相当程度上会影响到其未来一段时间的走向及其国际形象。

处在“焦躁期”的中国

戴占军：一个国家的发展，总有一定的阶段性，在一定的阶段里呈现出某种特征。这种特征或特质，有积极面，也可能有消极面。而负有责任感的研究者，理应总结社会发展进程中的阶段性问题，帮助社会走上更加健康的发展轨道。

我觉得经过改革开放三十几年，随着社会财富的积累、国家综合实力的提升和国际生存空间的拓展，中国的经济、社会和国民理念目前正处于新的转型时期。相互纠结在一起的新问题，不同社会群体的诉求，以及日益多元的思考和理念，或交织互动，或对立冲撞，呈现出转型阶段的独特景观。

“中国要淡定”的话题不是我们突发奇想，也不是我们毫无根据虚拟出的议题，而是摆在我们每一个国民面前，亟须大家正视的社会课题。当然，“淡定”是形容词，任何形容都是蹩脚的。但在我看来，它总括描绘出了我们所希望达成的社会心理状态。

所以，我们从“淡定”这一角度去切入，分析我们现阶段的问题，观照我们的国家定位、发展途径、生存状态和群体意识，应该是一件很有意义，也很有意思的事情。

每个国家都有自己的宿命

戴占军：所谓“国家宿命”，是“因与果”的必然。在我看来，如果把“战略对手”这个词汇，移植到社会学或国际关系的领域，它实际上是指“国家宿命”，即是说一个国家的命运，与另一个国家的命运，存在着某种必然的、难以改变的关联，就像人们常说的所谓“命中注定”。

宿命论作为一个哲学命题，有着各种各样的争论。抛开这个不谈，老实说，在某些问题上，我是有一点宿命观的。但需要阐明的是，我的所谓“宿命”，并不是上苍的意志、上帝的安排，而更多的是指历史的必然性。你有什么样的历史，你处于什么样的历史阶段，你存在于什么样的环境中，以及你具备什么样的条件，由上述这些所产生的一种社会性的必然。所谓“国家宿命”，是“因与果”的逻辑关联。

牛力：我稍微打断一下，很想解读一下关于“宿命”的理解，因为我们老说的宿命是相对比较消极的，但是为什么我们要去研究，比如说关于我们的战略对手，就说明我们还有可以把握自己命运的那一部分。

戴占军：我是这样看，有一些东西，是历史必然产生的。以往的历史，处在无法重新再现的时空，我们无能为力，但对于今天的现实即明天的历史，我们是可以参与并塑造的，这也就是牛力所说的把握自己的命运或改变自己的命运。

张国庆：是不是有两点东西不好改变，一是邻居无法选择，俄罗斯、日本就在这里盘踞着，这个我们没法改变；二是曾经过去的历史没法改变，包括历史的恩怨和心理积怨，能改变的是现状的东西。

马晓霖："宿命"，我觉得是一种规律性，小到一个生命个体比如人，大到一个民族，再到一个国家，它的成长、发展、衰亡会存在一个周期律。一个国家发展、兴旺和强大到一定程度和规模，可能进入停滞，然后开始衰退直至崩溃、灭亡。古今中外，我们可以看到，许多政权，甚至很多国家兴盛不过一二百年就死掉了，之后产生新的政权、新的国家，一切基本从头再来。

心若没有栖息的地方，到哪里都是流浪

马晓霖：对一个民族而言，也有奇异甚至难以摆脱的宿命，比如已经流浪了很久的吉普赛人，他们的宿命似乎就是流浪，流浪，再流浪。这种流浪假以时日，就变成一种民族常态和惯性，甚至变成一种民族性格、民族心理或者行为习惯。

另一个民族就是犹太人，几千年的历史长河中，他们一直处在流浪、漂泊的状态，即使现在建立了一个主体民族国家以色列，但是，更多的犹太人都散居海外，以色列的犹太人由于出生率低，百十年后会沦落为少数民族，也可能开始新的集体迁移和流浪。

从宗教角度看，极端的犹太教人士反对建立现代政治学意义上的国家，坚持认为犹太人就必须流浪，受难，直到真正的救世主弥塞亚降世。而且，以我个人的理解，这种流浪造成的动荡感和危机感恰恰使得犹太人千百年来充满了创造和振奋的激情，使犹太人成为对世界贡献突出的民族之一。这就是规律和宿命。而规律和宿命一旦成为一种恒久的现象和明显的民族符号，就会对这个族群产生世代的心理暗示，进而左右这个族群的行为取向。

牛力：流浪的话，为什么还要找一个地方？

马晓霖：以色列建国是世俗政治家的抉择，在犹太人受尽磨难的时代代表着多数犹太人的愿望，但是并不代表全部犹太人的信念。这些年，每当各地举行声援巴勒斯坦人民的国际大会时，都会看到一批中世纪打扮的犹太拉比举着巴勒斯坦国

旗，反对以色列作为国家存在。他们是从宗教角度理解当今政治的，不从这个层面看问题，会很难理解。

张国庆：所以，这也是宿命吧，犹太人自从建国之后战乱不止。

马晓霖："业障""天谴""报应"，这些不同宗教里都有的共同或相似概念是遵循某种规律的。说到这里，我想提两个例子，一个是汶川大地震时，面对中国遭受的巨大灾难，受藏传佛教影响的好莱坞影星莎朗·斯通就此接受记者采访，未过多思考便说这是一种"业障"，引发中国民众的巨大愤怒。其实，我觉得是我们不够淡定，琢磨一下，她为何这么说？

另一个例子更能说明宿命与民族悲剧的联系。2000年，我在巴以地区常住时，围绕二战犹太人大屠杀事件，以色列最高宗教领袖大拉比优素福没有把谴责的矛头指向纳粹德国和反犹主义，而是说了一句令国民震惊的话："这是犹太人过去造孽应该得到的报应！"尽管此言一出，受到世俗人士的强烈抨击，但是，多数以色列人以淡定、默认的方式作出回应，并没有影响优素福的教主地位和威望。这是一种宗教民族从宗教角度反省的态度，但是，在世俗政治层面，它体现的是一个国家的兴旺成败，甚至是一个民族的生存毁灭，而咱们需要更多地从世俗政治层面探讨中国的生存与发展之道。中国与战略对手、宿命的抗争较量，对外，就是看谁是中国的国家主体对手，什么样的环境是中国毁灭性的外在因素。当然，战略对手和宿命，从另一个层面而言，是指一个国家和民族能否把握好生存发展的运势和规律。

太多的国家和民族不是毁灭在对手的征服下，而是毁在自己的手里。

最大的对手是最好的知己

徐立凡：为什么我们要先讨论"战略对手"呢？在我看来，它涉及当下中国人的世界观。我们从小受世界观、价值观的教育，但是很多中国人的世界观现在是不正确的。

战略对手肯定是客观存在的，第一是地理位置，地理位置会决定不同族群在基本性的普世价值观外的思维差异性。在双方交往时，这意味着先天的碰撞和价值取向不同。

第二是文明形态，我们必须承认在冷兵器时代，一直是游牧民族跟定居民族存在长期的文明碰撞，而且少有不血腥的，这个是全球都一样的。因为不同共同体社会的进化不是一个速度，不是一个初始点同时开始的，一定存在不同的地理打造的不同的民族特性和诉求，不同的进化阶段导致不同的文明形态，必然产生对利益的争夺。

藏不住的刀光剑影

徐立凡：即使在今天这个所谓全球经济一体化的时代，这种利益冲突也依然存在，即使博弈较之过去规则化了，体面化了，衣冠楚楚了，但对利益攫取的贪婪性丝毫未减，或许更甚，刀光剑影只是藏起来了。2001年中国加入WTO（世界贸易组织）之后，10年来我们一直强调和追求全球经济一体化，中国也确实是一体化进程中最大的受益者，现在外汇储备达到了3万亿。但是我们必须清醒地看到，这种千年未有之变局不代表我们的战略对手转性或消失了。

我们从小学到的近代史比较多，但这毕竟是我们民族发展进程中的一小段，它不代表我们的全部民族基因、民族特性。

如果只记得这一小节而忘记其他，实际上就可能培养出一种比较保守、仇视的心态，也就是人们常说的受害者心态。我们几千年历史很辉煌，没有好好地研究。我们100多年历史的仇恨基因遮盖了上千年的历史荣光，我们感受外部带给心里的严冬，却时常忘记内部的温暖。我们天生的心态失衡了。再次面对外部的时候，我们就会发生一种纠结，要么过于热情要么突然冷淡。一方面我们是全球经济一体化最大的受益者，另一方面我们对外部世界是不信任的。加之由于当代政治的冲突，经常感觉人家对我们不信任，我们拥抱人家是热脸贴冷屁股。即使我们办了几个世界性盛会，这个问题也没有从根本上解决。

实际上，至今中国从完整意义来说没有完全和这个世界接通，这个有地理差异，不同民族性格，不同历史、社会发展进程等复杂的原因。一方面我们在和别人一个锅里吃饭，另一方面心里头诅咒和仇恨。这种情况下，我们应该如何和其他人相处，特别是那些我们每天会议论到的国家，和中国特别有恩怨情仇的国家，这是我们希望帮助大家搞清楚的地方。

牛力：我觉得咱们现在有必要进入到具体怎么来谈论“中国是否有战略对手”这个话题。比如，我们是不是先弄明白有没有战略对手？

我们为什么“仇恨”

张国庆：戴老师认为谁是战略对手？

戴占军：哈哈，我就是刚才你们所说的心里埋着仇恨的种子，然后在锅里扒饭的人！当然，仇恨有的时候不是什么好东西，但是仇恨不等于报复，如果发挥好的话，仇恨可能会转换为一种动力。

我们从历史上看，特别是近代史，中国受尽了帝国主义列强的摧残欺辱。这段民族苦难史，依然是“活着”的。

比方说我们一些尚在世间的老人，他们遭受日本侵略者奴役的亲身经历，是忘不掉、抹不去的。日本地震、海啸，中国给予日本很多同情、支援，也有一些中国百姓和网民发出了“天谴”的声音。我觉得这很正常，日本人也别觉得委屈，你们也该很好地反思，为什么其他国家受灾，中国人给予了全民一致的同情？

时至今日，日本还有人美化侵略史，对自己的罪行死不认账，甚至在中国的伤口上撒盐，这如何能让人心平气顺？一些年轻人也好，记忆犹存的中国老人也好，日本人给中国国民添的堵，他们有个机会发泄一下，也没什么大不了的，不用照顾谁的面子。

对于日本来说，它不能睁着眼说瞎话，把加害者打扮成“受害者”。比如我的家族里，有很多人就是被当年的日本人杀死的，现在老人身上还有日本人刺刀扎过的痕迹，我的母亲，亲眼看到日本人一刺刀扎在村里婴儿的肚子上，还举着刺刀尖转圈，孩子哇哇叫，日本人竟然哈哈大笑。

我的祖父是冀中共产党游击队的，被日本人抓住之后，关在一处财主宅院里拷打审讯，逼问他谁是共产党，家人都藏哪去了。棍子都打折了，他趴在地上装死。这时候，鬼子在宅院里挖出一坛子银圆，所有日本人扔下我祖父，都去抢银圆，他趁机翻墙逃进了庄稼地，这才保住了一条命。说实在的，没有当年他老人家死里逃生，也就没有我的今天了。

这不是小说啊，这都是真实的经历，这样一些东西还“活”在那里，让人不能忘记。是中国人有意识地要和谁过不去吗？不是！是日本今天还有一批人，右翼分子、军国主义者、极端民族主义者，包括相当一批被愚弄的国民，根本不承认对中国的这一段侵略、殖民的历史，连被国际认定的南京大屠杀都不承认。在这样的情况下，你说“我们现在是在一个锅里吃饭呀，我们不应该有这种仇恨的东西了，对那段历史不去想了”，这怎么可能？！

日本与历史和现实都过不去

戴占军：日本为什么要侵略中国？为什么会对中国和亚洲犯下这样的罪行？我觉得恰恰是徐老师讲到的矛盾的冲突。

日本是个岛国，四面大海茫茫，没有战略纵深，缺乏资源，还时不时地地动山摇、火山喷发，它自古就有生存的危机意识，海洋的扩张意识，早就对中国特别是中国东北垂涎欲滴。明治维新后，日本的军力、国力强了，觉得自己很“西方”，在亚洲高人一等了，胆子也大了。它觉得羸弱的中国，是一块可以攫取的肥肉，可以为它国内固有的危机和矛盾解套，所以才有后来一系列的侵略行为，先是在东北下手，而后是华北、华东，进而发动全面战争。实际上，日本和中国打了不是8年，它对中国的侵略是从19世纪中叶开始的。当时的中国太大也太落后，日本先是蚕食、恫吓，从清政府那里刮来银两武装自己，直到对全中国和亚洲张开血盆大口。

老实讲，不是我们要把谁当做战略对手，像美国人那样自己给自己树敌人、找别扭，而恰恰是有人视我为战略对手。

如果我们看不清这样一个问题，看不清日本右翼的实质，这是我们的一大悲哀，是我们民族的悲哀！

有人说这就是仇恨，那么好，就算这是仇恨，但我要说明白，这仇恨与其说是来自历史，毋宁说是来自现实，现实是什么？现实是日本有人对历史不认账。我觉得中国百姓恨的，恰恰是这个。有了这样的一种所谓的仇恨意识，我们是不是就要让这种意识在现实中发酵，一定要有冤报冤、有仇报仇呢？我觉得这是两个概念，两码事。寻仇报复、落井下石，这不是中国人的文化传统，中国人没这个基因。所以，当年放弃战争索赔也好，2011年支援日本抗灾也好，形成了中国的主流民意。

世上像中国人这样善良的，真的不多见。

我们再想想海南召开的“亚洲博鳌论坛”，这次论坛核心的议题是关于发展，叫做“包容性发展”。这是个新的提法，新的理念，其内涵之一是团结亚洲和世界各国，当然也包括日本，大家团结一致，同舟共济，共同发展，共享成果，共赢国际化和世界经济一体化的红利。这里边有树敌寻仇的吗？

从过去的可持续发展演化到现在的更强调团结合作的包容性发展，这是中国的主张，也是与会各方的共识。

牛力：主题是包容性发展，共同议程与全新挑战。

手中的屠刀放下了，那心里的屠刀呢

戴占军：是不是在这样一种发展的模式或者思想的进程之下，一些人可以消弭一些与邻为壑、恃强凌弱的民族劣根性，而我们也可以平复一下自己的心态？希望如此。但是，有些事情，不是我们一相情愿的。

还是那句话，不是我们愿不愿意把谁当做战略对手，战略对手是现实的存在，是历史的必然。消弭这种对立的意识，更新国家关系、民族关系，要达成这样的境界，靠一个巴掌拍不响。

徐立凡：我补充一下，有的地方我不同意。我们铭记着的历史的东西，对于我们观察今天的世界当然有帮助。“前事不忘，后事之师。”但它不能作为关照现实政治、现实世界观的主要依据，这是我的核心观点。

我们并不是在一个黑暗当中去看如何解决这个纠结的问题，别人已经提供了一些经验、一些实践。举个简单的例子，当每个人说国恨家仇的时候，你的国是你定义的国，但是所谓国家，根据人类学、政治学、公法意义的不同标准，含义也不同。17世纪，欧洲人制定了经典意义的国家概念，也就是我们现在都在遵循的一个国家定义。但是，二战后，欧盟（欧洲联盟）通过自己的制度创设颠覆了自己的国家定义，通过走到一起解决了历史遗留问题，比如二战时的仇恨，肇事者德国现在是欧盟的轴心。

这给我们的启发是：新型的欧盟式的国家定义，是否在21世纪合适？是否在东方合适？是否能消解历史冤仇？要走欧盟这种模式，会对我们的共同体造成什么样的冲击？这些方面，迄今为止，我们缺乏思考。

我们的国家出现时间太短，聚集于国家中的国恨家仇太多，所以对外有时比较纠结。

部落制的那些国家，与我们不同。我们要注意到，当我们和外界打交道的时候，当我们义正词严地说国家主权等一些概念的时候，要明白对方跟我们说的可能不是一个概念，对方头脑里跟我们头脑里的经验积累不是一个积累，他可能比我们积累更多或者比我们积累更少，这样就会导致双方不同的应对。

马晓霖：国际法意义上普遍认同的国家概念，就是一定范围内的领土、人民和一段时间的有效统治。现在看，国际社会发展和国际关系实践，特别是国与国之间打交道，还是依据公认的国际法的主权和国家概念。虽然欧盟正在淡化和消弭各个成员国之间的主权边界，从外交上、经济上、军事上等层面增加一体化色彩，但是，其他大国或主要力量，无论是俄罗斯、美国还是日本，在与其他国家打交道的过程中，依然强调国家利益，遵循比较传统的国家和主权概念。

这种情况下，要讨论战略对手，还是遵循争议比较小的传统国家概念来讨论。

牛力：我查了一下，对国家的定义一直存在不同的看法，包括比较标准的马克思主义对于国家的全面科学的定义，国家是一个阶级压迫另一个阶级的机器，是使一切被支配的阶级受另一个阶级控制的机器。但是，咱们重点不是讨论这个话题，不过也许可以借用一下这个思路。

战略对手会“潜水”，但不会真的消失

徐立凡：戴老师认为还是有战略对手的？

戴占军：我认为它是存在的。

张国庆：我认为带引号的战略对手。

牛力：我稍微小结一下，是不是可以换一个词，叫结构性矛盾？因为我看了一

个资料，也是在说中日之间的历史问题，其实有很多方面，包括涉及的领土争议、东海权益、地缘战略竞争、民族情绪等。这些东西是不是就有一些很特殊的结构性矛盾？

徐立凡：不完全是，大家都认为有战略对手，都觉得应该有敌情观，这个没有争议。争议的是，我们现在在弹性最大的空间应该怎么处。以日本为例，我们是在需要的时候中日友好万代传呢，还是在另一种场合需要的时候，就拿出一些历史问题说事？

牛力：我觉得是一种心态，现在咱们讨论的还是心态。

徐立凡：这个心态也是一种策略。中国要真正做大国，就一定要有一个恒定的道义角度，在这个时候不要做辩证主义者，也不要做机会主义者，要有非常恒定的一个标准。如果我们所有人都觉得这个前提成立，都同意一定要有恒定的仁义的道德标准，出兵我也是仁义之师，缩回来我也是仁义之缩。那么，讨论才可继续。不管怎么样，真正问题来了，我们说具体一点。近代史中，对中国伤害最大的，是沙皇俄国、日本。那么，如今之际，如何跟这些国家相处？

我认为现在浮出台面的事情是，在战略对手客观存在的情况下，在历史不能更改的情况下，怎么去找着那个恒定的标准，使我们在跟它们交往当中能避免我们是一个机会主义者的嫌疑，而处于比较高的道德优势，道德优势也就是战略优势，我觉得这个很重要。

张国庆：我说说自己的感受，我这些年的人生轨迹就是三种心理与三个大国。首先是日本。我的家族是仇日的，因为我多少算是抗联名将的后人，被誉为“抗联三杰”的先人惨死在日军手中，使我从小就对日本“刮目相看”，很是认真研究了日本一番，以求知己知彼。

可以说，能看到的有关日本的书我都看过，也深入研究了日本文化及其民族弱点，后来对日的一些问题上，我判断都特别准确，应该与长期的积累有关。

其次是俄罗斯。我做的第一份工作是对俄贸易，所以跟俄罗斯打了很长时间的交道。最后是美国。冥冥中我进入美国所，开始研究美国。

我发现这几个是渐进的，尤其是从恩怨关系上看。

为什么呢？日本是跟中国仇怨关系最深的，俄罗斯跟中国有仇有爱，咱们也有非常友好的时代，但是也有仇恨——特别是领土问题。美国相对来说恩仇少一些，现实冲突比较多一些。

抛开这些，就战略对手而言，刚才牛力说结构性矛盾我比较赞同，我觉得结构性矛盾由多个因素决定，但主要的是相互间的冲突关系，比如中国和日本的冲突关系，没有历史恩怨也冲突，因为彼此处于很狭窄的战略空间中。

中国和俄罗斯冲突小一些。为什么呢？俄罗斯的疆域特别广大，资源各方面非常充足，不靠中国照样活得挺好，卖石油也挺愉快的。要说问题，就是太过紧密地挨在一起了。

成为恰当的是最大的美德

张国庆：世界很是折腾，日本地震和利比亚战争接连出现，有两句话让我特别感慨。

一是利比亚战争开打之后，普京说："同志们，事实证明我们坚持发展军事是对的。"

二是日本地震后，我的很多粉丝和朋友都说过相似的话："幸亏现在中国强大了，幸亏俄罗斯强大了，如果这事儿放100年前，你说会怎么样？日本肯定侵略，不用想的。日本现在变成这样，它不扩张吗？但是现在它真没办法，中国、俄罗斯都比它强，美国也制约它。"所以，这个折射出日本的一个尴尬。这几年，我接受过日本媒体的几次采访，我感觉他们的心态非常纠结，他羡慕我们，怕我们，所以也特别防着我们。

他们的心态是什么？日本是狭长的岛国，资源非常少，历史恩怨又太多了，到处都有跟它过不去的国家，它又不认错，这种状态下它还想发展。我常说日本定位有问题，特别是现在，如果还执意定位成一个政治大国和军事大国，一定会跟中国有冲突。

前些年，中日关系为什么特别紧张？就是因为日本定位为军事大国和政治大国，引起了中国、韩国乃至美国的忧虑。所以，上次日本"入常"失败。

这个背后是什么？就是结构性矛盾。无论是中国、俄罗斯和美国，都不可能允许日本成为世界军事强国。这就是中日之间结构性矛盾，更何况还有历史恩怨。就像人际关系，你过去这么多年对我非常不够意思，对我家族特别不够意思，你现在连错都不承认，如何让我接受你？民族情绪是不能抹杀的，这个民族情绪不仅无法忽视，而且会在这种结构性矛盾中发酵。

中国和俄罗斯就有所不同。一方面，双方不至于为资源而争抢，另一方面还是存在着互相防备的心理，因为两个巨人挨得实在太近了，不像中国和美国隔得很远。离得太近了，一旦发生冲突就是大事，所以中国和俄罗斯在历史上的冲突也比较多。

俄罗斯很善于搞平衡。有时候俄罗斯与美国走得近了，就会条件反射一般很快到中国访问一下。有时候与中国走得近了，回去就会跟欧洲或美国拉拉关系，俄罗斯要找平衡，也让各方在踏实中感到别样的不踏实。

中美关系相对来说比较超脱，但也绕不过结构性矛盾。“9·11”事件之后，美国呈现往下走的态势，中国则在往上走，而美国国家安全战略的核心就是“保持美国在全球的绝对优势地位”，这意味着，在大国竞争中，美国具有强烈的排他冲动，不论中国还是俄罗斯，它都不想让你迅速赶上来。

美国为什么连自己的兄弟都不放过

张国庆：日本是个先例。20多年前，日本曾有机会追近美国，引起了华盛顿的警惕，它通过打击日圆等很多方式把日本拉了下来，日本还是美国的小兄弟，美国都不让它起来，何况中国、俄罗斯现在走强，它一定要防着我们。所以，中美之间，在奥巴马上台之后这种关系马上走恶，它是有一个结构性问题在里面。

第一是利益冲突，我们之间有很多东西互相冲突，比如航天，中国航天做得好，美国的份额就小了。第二个冲突是国家安全战略，美国不允许我们超越它。第三是国际问题，中美在很多问题上并不协调，有很多方面的差别，尤其表现在利比亚战争等问题上。

中美关系的折腾就是自然而然的事情了。这种结构性矛盾必然使中国和美国在现实中冲突要多一些，但是总比与日本、俄罗斯的关系超脱一点，因为没有特别多的历史恩怨，离得还比较远，双方也都是自然条件比较好的大陆，拥有立凡所说的大陆心态。

美国人也有这种感慨，觉得中国和美国其实在精神气质上比较像，都是大陆状态，民族精神中也有较多淡定的成分，都很务实，喜欢经商，对政治感兴趣。从历史上看，这两个国家也都比较开放，学习能力都很强。世界上这样的国家并不多。

换句话说，从长期来看，能威胁到美国霸主地位的，也就中国和俄罗斯两个大国。华盛顿对北京和莫斯科怀揣着一些小阴暗心理，也反证了这两个国家的优秀和潜力。

戴占军：还有一条，中国人和美国人都喜欢大。你去看，从生活的小事去看：车，喜欢大的；房子，喜欢大的。我是同意这个观点的——大国心态。

徐立凡：有些国家是天生大国。

马晓霖：我认为战略对手是两个概念，第一是客观上中国存在的战略对手，这个战略对手因为不同的时期、不同的阶段而有所不同而已。比如日本、美国、俄罗斯，在不同时代，特别是近百年来乃至现在，都扮演过和正在扮演着中国最大的战略对手角色。

为了转移在冷战主前线欧洲遭受的压力，苏联将战争祸水转移到亚太地区，不惜将中国拖入朝鲜战争，以便缠住美国为其减压、解围，同时，也测试中国到底跟苏联走还是跟美国走，走社会主义道路还是走资本主义道路。而事实上，苏联通过这种方式把中国拖进战争深渊，也拖进它的战略棋盘，拖进它领导的东方阵营。

苏联后来出钱、出枪，甚至出一部分空军直接参与朝鲜战争，因为它发现中国已经铁定上了它的这只船，不可能再脚踩美国那只船了，也就有了后续的大力帮衬，比如帮助中国建立现代工业体系，派遣众多技术专家，给予巨额贷款和援助……

张国庆：俄罗斯人这点比较好，你要对他够哥们儿，他还真对你不错。我当初做对俄贸易感觉就特别明显，这跟日本不一样，日本人就喜欢算来算去，俄罗斯人就没那么鸡贼。

有个鸡贼、阴暗、得志就猖狂的国家在水一方

马晓霖：沙俄时期，俄国夺走中国100多万平方千米土地，列宁曾经答应让斯

大林将来还给中国，斯大林到死也不归还，而且制约了中国发展那么多年。

再说日本。日本从隋唐时期起，一直作为中国谦恭好学的学生，从文字、书法、语言、服饰、美术、饮食、医学、宗教和官僚体制等方面，都在刻意学习和模仿中国，孜孜不倦。但是，明代以后，日本逐步发现，他们追随的宗师已经逐步衰落、空虚，走向失败和消亡，堕落为“假大空”老师，进而极其失望。

日本是一个特别崇拜强者的国家，从那时起，它对中国的态度由崇拜转为蔑视，由跟随转变为离弃，由客气转变为冷对，由友好转变为敌视。因此，从明朝开始，倭寇长期骚扰冒犯，发展到后来直接入侵。甲午战争，日本以稍逊一筹的实力，在大清王朝的家门口歼灭了亚洲一流的北洋水师。从此，中国开始做起了来自东邻日本的漫长噩梦。

盘点历史，古往今来，没有一个国家像日本那样占领大半个中国，杀害数千万中国人民，割走台湾，肢解中国东北，并长期殖民中国的这些领土，奴役中国人民。自明清以来，日本给中华民族留下的历史刀疤和屈辱可谓血泪斑斑，刻骨铭心，世代难忘。

如果说，以往俄罗斯的霸权是沙俄扩张的历史惯性，是莫斯科公国四处扩张，从欧洲到远东，延伸到一定范围。此时，莫斯科公国就变成强弩之末，再也无法扩展，否则，扩张体系必然全盘崩溃，难逃盛极而衰的自然规律，必然由攻势战略转为守势战略，其当下主要的考量上升为如何防守反击，如何保卫到手的利益，如何利用中国对付它的战略对手日本和美国。

中国在不同时期有不同的战略对手，日本这个战略对手在一段历史时期是中国最凶恶、最致命的掠食者和终结者。2005年山西发现的一幅“日本全国总图”，明确将朝鲜和中国的台湾、大连及旅顺标注为日本领土，称旅大（旅顺、大连）为“关东州”。有报道援引美国解密文件称，二战后期，日本为了避免在本岛被美军打败，甚至作出了将首都迁往中国大陆的规划。这些都证明了日本灭亡中国、并吞中国的虎狼之心，其危害远在俄罗斯之上。

我认为，日本这个被中华文化滋养2000多年的“养子”不仅与中国存在结构性的矛盾，而且存在气质型的矛盾，日本人是否潜意识里认为，他们是中国文化的正宗继承者，应该取代已经衰败的中国盛唐后代，由他们来统治中国，延续中国古代文明？

张国庆：日本对唐朝文化的研究最充分。

徐立凡：明治维新的第一道诏书，以后见了大鼻子蓝眼睛的人要像对中国人一样客气，那是日本最后参与的对中华文化的敬畏。

美国皮囊里装满了实用主义

马晓霖：中国的另一个战略对手，那就是美国。美国是中国半个世纪以来的最大的战略对手。我也写过几篇关于中国知识分子和社会精英对美心态的文章，我认为中国近百年来的知识精英都是比较崇美的，喜欢美国，欣赏美国。中国现代意识形态之外的很多物质文化构建就是美国式的，因循着美国的版本。中国流行的文化，包括生产方式、消费方式、交往方式、表达方式甚至思维方式都是美国式的或明显受到美国影响。只是，这种美国皮囊偶尔会装进反美的烈酒，表现为虚假的反美民族主义情绪。

当然，美国的国家和民族气质与中国还是大有不同，中国是个传统的农业国家，保守、死板、不善机变，注重道德约束和义务约定，而美国则是个市场经济贯穿始终的商业社会，重商主义、机会主义、趋利避害是核心气质，国家和民族利益是优先考虑并且旗帜鲜明加以维护的所在，道义得失并不是最重要的。这从它近代对外交往特别是中国新民主主义革命之后的对华关系变化来看，一目了然。

中国传统上讲道德，王道高于一切，正义高于一切。为了道德，为了“宣恩”，可以放弃巨大利益甚至割让土地。抗战初期，蒋介石的国民政府为什么不积极抵抗？因为除却本身国力孱弱无力抵抗外，包括美国在内的苏联、英国都试图把中国这块肥肉喂给日本，将日本这股祸水引向中国，牺牲中国。蒋介石表面最喜欢的国家是美国，私下里最恨、骂得最多的也是美国，而不是共产党领导的苏联。美国没有第一时间帮助中国抗日，因为它的自身利益还没有受到波及，相反，它却大发战争财，通过贸易帮助日本军国主义从实力到野心的急速扩张。

当日本发动太平洋战争，第二次世界大战全面爆发后，美国为了自身安危和全球利益，不仅全力帮助中国国共两党抗战，以便将日本主力深陷中国战场，而且，在战争进入尾声阶段，出于对抗以苏联为首的社会主义阵营的战略考虑，力主中国进入世界大国第一序列，劝说英国玉成此事，并设法抵消苏联的反对，促成中国成为联合国的发起国和第一签字国。客观地说，中国在联合国、在世界地位的奠定，有美国的历史贡献，但是，说到底，还是中国以巨大牺牲换取的。

美国的务实主义还表现在它对国共两党的前后态度，以及中国政权易手关键阶段的鲜明立场上。当国民党在大陆败局已定，政府南迁时，苏联驻华使团都跟随南下，而美国使馆及大使司徒雷登却留住守望，期待新人换旧人，与共产党领导的新中国续接国家关系，当然，后来的国际局势变化，特别是冷战阵营的迅速形成，使得美、中成仇，美国上升为新中国的最大战略对手。

当代国际关系架构中，美国作为中国的头号战略对手，有两个关键因素，而且都是结构性矛盾。

第一，两国的主流意识形态、政治体制和国家制度乃至经济发展道路完全不同。在美国看来，中国是个集权统治的专制国家，这样的国家对内必然是高强度的压迫、剥削，对外必然是好战、扩张。

这是美国的逻辑，它是美国对华思维和关系定位的基准。所以导致美国几十年来，对华关系就是敌对、防范和利用。比如，在美苏对抗达到高峰和中苏交恶严重的时代，形成美、中、苏大三角格局，美国和中国需要联手抗衡苏联，美国主动与中国接近，根本不在乎人权状况、文明建设情况，似乎这些与其无关。但是，当苏联解体，中国上升为最大的政治对手时，美国设法分化中国、西化中国，西藏问题、新疆问题、人权问题、环保问题、宗教问题都一股脑地冒了出来，似乎这些问题在过去不是美国关注的问题。这就是美国。

大洋彼岸的不淡定

马晓霖：第二个结构性矛盾，就是正常的国家利益竞争，美国的国策是全球策略，美国人自己描述为“领导世界”，我们熟悉的话语表述是“独霸世界”。因此，它决不允许出现一个可以挑战其实力、地位和威望的国家或国家集团，无论是从军事上、经济上、文化上，乃至国家发展模式上，还是在政治体制和社会制度侵犯美国的核心国家利益。最典型的例子就是借助日圆升值打垮日本。当日本经济迅速崛起，大量投资美国、投资世界，大量持有美国资产的时候，美国强行通过《广场协定》，以逼迫日圆大幅度升值的方式，挫败日本，使其一蹶不振几十年。

如今，中国已经迅速取代日本，成为世界第二大经济体，成为新兴力量当之无愧的领袖和老大。中国经济和政治发展模式引起世界关注的时候，美国的地位，包括市场地位，经济发展模式乃至政治发展模式貌似都面临着中国的严峻挑战，所以，美国便开始以各种方式制约中国的发展和壮大。这是生存的天性使然，但也决定了美国与中国成为单向战略对手的必然和宿命。

即使中国淡定，美国也无法淡定。

以中国目前的国力和增长势头，面对美国和日本这样并不接壤的战略对手还好办。美国位于遥远的新大陆，自己的日子总体上很舒服，而且从来对中国没有任何领土野心。日本虽然对中国有领土野心，但它何时能重振雄风很是个问题，有人预言日本已经彻底难以翻身，地质学家断言日本列岛正在不断下沉，日本无暇对中国构成现实威胁。面对俄罗斯这样的历史战略对手也好办，因为它面积虽然接近中国的2倍，人口却是中国的1/10，而且人口以每年70万至100万的速度负增长，根本没有能力再向中国方向扩张，能把现有疆界守住就不错了，另外，中、俄之间已经彻底解决了边界纠纷问题。

中国和印度之间核心的危机是漫长的边界始终找不到解决的办法。

中国从传统心理来讲，对印度是俯瞰式的，是由上而下的，甚至有点蔑视的，这既源于固有的文化博大优越感和大国幅员辽阔的强势感，也源于上个世纪那场对印自卫反击战。那场有限战争，中国的完胜并且对败将极尽礼遇，中国自认为是礼仪之师、文明之师，但是，印度人感受的却是巨大挫折、屈辱和仇恨。这种情绪使得印度民族主义者，从骨子里对中国不满，从骨子里惦记着报仇雪恨。这是我对印度这个战略对手特别担忧的所在。

说到国际关系，中国与亚太地区国家是山与山的关系，包括中国在内的亚太国家与美国却是山与水的关系。我们经常说“山不转水转”，水涨势大的时候能把诸多中小山头全部淹没，一眼望去全是水。但是，一旦大水退去，山依然是山，水却了无踪影。客观地说，山和山之间的地理距离不会轻易缩短，也不会突然延长，但是，山水关系却容易因为改道、断流、滑坡等因素发生变化。所以，中国与邻国的关系，特别是与亚太地区存在边界纠纷的国家的关系，恰恰是一定要认真重视、慎重处理的。

最大的对手往往是自己

马晓霖：中国另外一个战略对手是中国自己。中国5000年历史，王朝更替，江山换代，沿着历史的脉络看，都有其兴衰存亡的内在规律性，或曰周期律。中国共产党人在建国之前就敏锐地看到了这一点，发起延安整风运动，大讲历史，尤其推崇郭沫若的《甲申三百年祭》，剖析农民政权为何能夺取土地革命的胜利，却很难守住政权。创业难，守业更难，这在中国历史上重复太多了。一个新政权，一个新国家如何从初期兴起到发展强盛，到后来衰竭灭亡，这是有大历史观的政治家们都必须考虑的问题。

中国在社会形态探索调整，物质和精神文明构建，经济体制和发展模式升级换代方面还有很长的路要走，这条路径如果不能整体设计规划好的话，中国的各种问题可能集中爆发，而难以应对。

戴占军：有一种观念说，我们被包围和被肢解。被包围这个话题跟我们有点关系，但我一直不太同意被肢解，我认为中国被别人肢解不了，它太大，太厚重，太有凝聚力了，没有一个外来的力量能仅仅通过外力把中国这样一个国家肢解掉，除非有内应力，自己肢解自己。

马晓霖：历史上有过，有外力肢解。

张国庆：但是最终外来文化都被咱们自己吸收了，同化了。

最高级的玩弄是规则上的玩弄

徐立凡：我觉得领土诉求，殖民时期帝国的那种利益目标，在当今时代不存在，特别在中国不存在。没有哪个国家可以对中国有领土诉求。我们现在应该关注的一点，不是人家对我们领土的觊觎，而是规则上的玩弄。

我们要知道，现在这个时代不是二战的时代，不是抢土地，现在的时代是抢规则的时代，谁定规则谁说了算，金融如此，安理会改革如此，一切事情都如此。所以真正统治这个世界的核心奥妙在规则，这个规则包括价值标准，包括一切的规则。我们经常谈的这些国家，也就是世界中心国家，都已认识到这一点了。

我倒是有一个看法，我承认中国是有战略对手的，但是大家别忘了，最大的敌人往往是你最好的朋友，是你最大的知己。我是这样看，这些国家里面，之所以能给这么大的老大帝国带来创伤，他们有自己的长处，这里面有很多需要我们学习的。特别是美国，美国是我们客观上的一个障碍，战略对手。

马晓霖：反过来，中国也是美国的战略对手。

徐立凡：对于这个知己，我们要学什么？要学它的会定规则，美国所有的诉求、所有的资源调动，都是以不能威胁它的规则制定权为原则的。美联储开个会，议个息，从来不会说哪个州经济不好，从来想的是全世界的事情，全球视野，想的是他们定这个政策，中国人会不会承担损失，欧洲人会不会承担损失，从而减少他们自己的损失。

利比亚战事，给人很多感受。我的一个怀疑是：为什么20世纪90年代欧元创立的时候，美圆感到威胁的时候，出现了科索沃战争呢？为什么现在经济从金融危机复苏的关键时候，美国却在利比亚表现暧昧让法国冲在前面？为什么美国发了一堆战斧导弹就后撤了？

有人从技术层面说，这是因为奥巴马和布什不同，因为外交政策的决策权在希拉里等几个女人手里，这当然是一方面的原因。但有没有这样的可能：美国不要指挥权，情愿让萨科齐出风头，是要萨科齐陷进去，欧洲人陷进去了，欧元陷进去。这对于金融危机中受到打击的美圆霸权只有好处没有坏处。不是吗？

每个人都在说这是石油之争，不是的，因为利比亚战前，好油田全是欧洲的。那是不是货币权之争呢？或许我的说法是阴谋论。但有一点是肯定的：现在真正的争夺是看不见的，最高的一个争夺是规则的争夺，而不是明显的利益争夺。人家把这种看不见的争夺包装成为“国际道义”之战。我们很多人也信。这表明，在战略上，我们有很多需要学人家的地方，学我们这个知己的地方。

日本“百年国运”

徐立凡：说到日本，一开始我个人看法就是日本不行了，这是历史性的时刻。日本一直觉得自己是“乌龟壳”上的国家，本来心态就不稳，日本精英对于大陆土地有着天生的渴望。

但是，日本地震加海啸再加核辐射，这不是它可以扛得住的。日本产业有可能永久性大规模向海外转移；日本超过GDP200%的国债必定因灾后重建而更加沉重；日本的核心产业如芯片、汽车都是可以替代的，有很多竞争者；除了木材和鱼，日本没有别的天然资源；日本社会老龄化严重。这些情况必定令日本沦落为二流国家。2011年就是开始。

今天，大家说历史的东西比较多，历史是很好类比逻辑的一个出发点。所以，日本在以后对中国的现代意义上的威胁可能是最小的，它的主要问题将归属于历史问题。不管它认不认账，反正我不认为它以后是个威胁。

一个国家向海外扩张威胁他国，必然要先降低国内矛盾的烈度。我认为，当一个国家内部始终存在结构性问题的时候，对外很难造成实质性威胁。即使为了转移国内矛盾注意力，拼命向外扩张，也注定失败。

大国是需要禀赋的

戴占军：还得有天性，做大国是需要点儿天性的。

徐立凡：这种隐形的大三角概念，包括我们决策层，包括制定战略的人，曾经很成功地运用过。比如20世纪70年代的小球推动大球。我希望这个经验别都丢了，不要很傻很天真，这个大三角主线还得抓。

我是觉得这样，第一，我们要判定好发展趋势，决定和主要国家相处的方式和战略。有的可能是宿命，决定它已经不是战略对手了，比如今后的日本，比如存在内部问题的印度。剩下的如果客观上真是战略对手，我提出的方案是继续抓大三角主线。冷战结束时，福山说历史已经终结。现在来看，历史没有终结，甚至不可能终结，因为每个人都是活在历史中的。最终，大国间的关系还决定世界走向的这一点没有变。第二，要坚持学习欧盟做法，这个做法在我们目前主流话语当中叫推动区域合作。

牛力：所以，有“上合组织”[①]，有“金砖五国”[②]，还有博鳌论坛。

张国庆：我补充一点，立凡说的大三角我一直关注，还可以补充一个小三角。大三角关系要用，小三角关系也要用。

比如说中、日、韩，可以用日本牵制韩国，让韩国盯死日本，这是东北亚（亚洲的东北部地区）的小三角。南面中、巴、印，巴基斯坦和印度有事，这样也给我们很多腾挪的余地。所以这些小三角要充分利用，用得游刃有余。

我跟大家说点八卦的事，调节一下气氛。日本人特别喜欢血型学，世界几个大国，从血型角度来说非常好玩，中国是B型国家，俄罗斯是B型国家，日本是A型国家，美国是O型国家。什么意思呢？中国B型就讨厌日本，A和B除非做情人，一般就是死敌，谁看谁都烦。做夫妻没有问题，但是中国和日本这辈子不可能做夫妻了。美日关系，日本A和美国O，O跟A关系是最好的，所以他俩合作得一直挺好。但是A型一般克O型，大家想想日本强势的时候把美国公司玩成啥样了。A克O，然后O克B，美国跟中国玩儿一般都占上风，中国老也玩不过美国。B型女一般都找O型男，一看到就心动。许多中国人一说起美国就高兴，开心了之后戒备心就没了。B和B之间好像谈得来，是哥们儿，但是摩擦也最多，中国和俄罗斯的关系就是最明显的例证。德国也是A型国家，结果呢，他们折在B型的俄罗斯手里，日本也拿B型的中国没办法。

中国内部，中国是B型国家，中国B型人特别多，所以大家总郁闷中国人际关系怎么这么复杂，就是B型人太多了，B型人和B型人互相烦。像美国，内部关系好处理，因为O型人比较商业，比较实惠，与O型人相处，就看有没有利益，有利益就联系，没有利益我就不理你。B型人烦在哪儿呢，就是没利益他也折腾你。

---

① 上海合作组织简称上合组织，前身是“上海五国”会晤机制。1996年4月26日，中国、俄罗斯联邦、哈萨克斯坦、吉尔吉斯斯坦、塔吉克斯坦五国元首在上海举行首次会晤。从此，“上海五国”会晤机制正式建立。

② 金砖五国：巴西、俄罗斯、印度、中国和南非。

大象是中国最佳的国家定位

张国庆：轻松之后，咱再谈一个严肃的问题，就是我的“大象理论”。

我们说了半天战略对手，最终其实是定位问题。国家定位不好，对自己是个灾难，对别人是个烦恼。日本是个例子，定位好的瑞士是个例子，上百年的中立国。加拿大也是正面的例子，人家追求二级强国，经济一级，它很愉快，大家看着它也愉快。

美国定位也比较好，人家定位头号强国，游戏规则制定者。俄罗斯定位“双头鹰”，两边占便宜，有利益我咬你一口，没利益我待着。现在定位最纠结的就是中国，人家看不明白，所以就会胡思乱想。

我研究美国研究得特别爽，一个很重要的原因，是美国很多方面都是透明的，能研究明白。相比之下，外国人研究中国几乎没有一个研究到位的，历史上，西方国家对中国误判连连。

中国现在寻找定位，我觉得大象最合适。中国要做大象。什么意思呢？首先大象很牛，很强，一般人别想惹我，惹我我就整死你。不惹的时候我们是朋友，大象是人类和大自然的朋友嘛，而且大象比较低碳，吃点草就够了，喝点水就行了。将来中国也要走低碳道路，中国现在给人印象比较烦的是消耗太厉害，满世界折腾，排污也多，许多国人到国外也超级能得瑟。

我们的这种定位，意味着首先要变成一个大象的状态；其次，是一个大象的生活状态；最后，群居，群居力量更大。我们要利用区域合作，把能联系的哥们儿全联系起来，我对“金砖国家”这个概念，包括与拉美（拉丁美洲）走近的趋势，都超赞，就应该这么干。

马晓霖：国庆谈到的国家定位之说，我非常赞同。我一直主张中国要有自己的全球角色地位，而且定位在老二或者老三，换言之，现在不当老大，将来也不当老大，永远让美国去做老大，甚至可以维护其世界老大的地位。

原因在于，第一，就目前的客观现实看，美国的全球霸权和独大战略布局已成现实，而且经过上百年的谋划和经营，付出巨大成本，谁去挑战和试图颠覆这个格局谁就自找麻烦。第二，从现实实力来讲，中国与美国相差太远。第三，从主流的国家传统和国民气质看，中国历代政权建立的国家都是保守稳定的，是自持内敛型的，不是扩张外向型的。而美国及其国民性格正好是外向型的，正好形成性格和气质上的互补。另外，美国重商，中国重农；美国重规则，中国重道德；美国强调硬实力，中国崇尚软实力；美国欣赏以力征服对手，中国推崇以理软化对手。实际上，中国和美国之间从大文化的角度看是相互欣赏的，内心的欣赏会带来战略的安全感，只不过，现实的做法彼此有很多不认可，现实的利益有很多矛盾和冲突。

我一直非常推崇邓小平的外交战略思想，中国永远不当头，永远不称霸。在美国没有彻底倒下之前，中国不要试图去挑战它的老大地位，当然，前提是不能牺牲中国的核心利益。当中国成为老大之后，今天美国所承担的所有压力都会集中或转移到中国身上，问题是，我们有这个心理准备吗？我们有魄力为适应新的全球角色、老大角色而大幅度调整我们的内外政策吗，特别是以和平共处五项基本原则为核心的外交政策？

徐立凡：如果美国倒下，中国也当不上老大。这不是因为我们没有这样的天赋，而是因为群雄并起，会大大减损中国在全球经济一体化中所获利益。中国需要付出比现在多得多的安全成本，去防卫能源进口线路。这会影响国家实力。

马晓霖：中国要崛起的话，美国相当一段时间以来遭遇的全世界到处被骂的现实，就会出现在中国身上。实际上，有美国这把大伞在世界上撑着，尽管中国与之也有纷争、摩擦，但是，中国还是占了很多便宜。美国的官员和学者们已经日益对中国不满，认为美国到处冒险发动战争、干预危机、维护世界和平，中国先是指责美国强权、霸权，而随后跟着美国捡便宜。所以，美国这几年积极强调“G2”（中、美两国组成的二国集团）“中美国”“中美共治”“中美共管”“中国责任”，就是心理不平衡，认为中国得了便宜还卖乖。当然，美国绝不是甘心让中国与其平起平坐，一起做世界的CO-CEO（联合总裁），而是忽悠中国，让中国共担风险、共同埋单，借以化解压力，也耗损中国实力和国际信誉，确保其不被中国超越。这是我们需要保持高度警惕的。

徐立凡：我觉得G2没什么不好。不能光看到它会带来的额外付出。运行得好，付出要小于现在。

美国当保安，我们做生意

马晓霖：所以，我赞成即便中国真的十分强大了，也依然让美国去做世界警察，我们至多是当协管，要承担国际责任，但不要去管得太多而得罪世界伙伴。中国这个协管，应该是大象性格的协管，高大、强壮、温和，不主动威胁、伤害其他国家。总之，中国人要在世界上当好人，不当恶人。但是，当好人的中国也要适当给美国和稀泥。这些年，中国的外交实践已经有所显现：伊拉克战争，中国积极反战；阿富汗战争，中国也不积极参战。但是，一旦萨达姆政权被颠覆，伊拉克巨变已经成为定局，中国就立足现实，赶紧拿钱帮着新伊拉克稳定局势。阿富汗也是这样，给予美国的反恐努力以实际和低调的支持。客观上，中国无害于各方，也被各方所能接受。

我主张，在与中国利益不太攸关的地方，是否可以考虑帮着美国解一解套，让美国维持老大的感觉，有继续做老大的心气和信心，进而维护共同的利益。说到底，这也是维护中国自身的利益。

我曾系统思考过中国如何崛起这个大命题。世界迎来了又一个中国时代，中国也以全新的姿态开始拥抱和融入世界，这是无法回避和逆转的事实。围绕这一改变并将继续深刻影响世界格局的历史性事态，一向自谦内省的中国人喜欢称之为中华民族的“和平发展”或“伟大复兴”，喜欢直奔主题的西方人更愿意称之为“中国崛起”。其实，不论是发展或复兴，抑或崛起，都不过是形象化的表述，实质则是中国在世界民族之林中后来居上，脱颖而出，势头之猛，动静之大，颇有“青山遮不住，毕竟东流去”之态势。

“崛起”一词，一度被人为回避以求低调。其实，与其“王顾左右而言他”，不如大大方方说崛起，清清楚楚促崛起。美国和世界最担心的就是中国发展的不确定性。

中国崛起不会一步登天，而是一个进程，短则数十年，长则上百年，假若伴随着其他力量的同步繁荣发展而要保持自身的长盛不衰，崛起进程想必更费时日。如何既顺利崛起，实现国家与民族的强大繁荣，又能真正拥抱世界、融入世界和受到世界的欢迎和尊重，至少避免干扰和杂音，这实在是个新挑战。因为今日中国之崛起比之往昔强盛辉煌，面临着完全不同的国际环境。我想，应对这一挑战，四个关键词是必不可少的——和平、透明、积极和均衡。

第一是和平崛起。谈起中国崛起，总有人变色胆寒，甚至刻意掣肘。这可以理解，毕竟历史上每逢大国崛起，总难免征战讨伐、利益重组，总以牺牲部分国家和民族的利益为代价。13亿人口的中国需要随时不断地向世界证明，和平不仅是它的崛起方式和过程，也是它的原发动力和终极目标。强大繁荣的中国，不仅有助于形成均衡公平和可持续的国际政治和经济秩序，也将强化和维护世界和平。

第二是透明崛起。外部世界对中国崛起百味杂陈，而“中国威胁论”聒噪存在的一个重要借口是，地大人多的中国去向不明，前景叵测，因为在某些人特别是一些西方观察家看来，中国的体制不仅缺乏权力制衡，而且缺乏决策透明，进而有可能在崛起过程中滥用权力并轻易发动对外战争。此论其实不值一驳，权力制衡与决策透明的美国恰恰是发动战争最频繁的国家。但是，巧言远不如行动更有说服力，取信世界，中国除了高举和平旗帜外，更需要切实增加对外透明度，增加对内认知度，尽可能除去神秘面纱，拂去障眼迷雾，让世界看个明白，看得放心。近年来，中国不断加强信息披露制度、白皮书发布制度和允许外媒自由采访，甚至公开强调自身的核心利益所在，这些都是有益尝试，而且需要更进一步。

第三是积极崛起。仅以和平与透明方式崛起，显然还不够，积极、坦然和担当也必不可少。“弱国无外交”“落后就要挨打”以及“发展才是硬道理”，这些贯穿百年的经典论断在不同时期都强调着同一个主旨：中国只有强大繁荣才能远离内忧外患，因此，必须抓住一切机遇、创造一切条件确保中国快速发展和顺利崛起。不仅如此，中国还要积极谋划自身的全球利益和长远定位，同时，主动承担与自身实力与地位相适应的国际义务和责任。只有这样的崛起，才能自己受益、世界受益，也让世界乐见中国之成功崛起。

第四是均衡崛起。无论是地区大国还是世界大国的崛起，不乏正反两方面的历史教训，即能否正确处理强国与富民的关系。竭泽而渔，外强中干，纵然不可一世如罗马，终究难免虚盛而衰，瞬间崩溃。让利于民，藏富于民，即使弱国也有不竭之资，才能确保崛起可以永续。

我们的主张之一：中国要定位为大象般的国家。

2

做领袖还是做伙伴

象征性动物：刺猬。

入选理由：亲密而自持，合作不结盟。

本章PK：『入常』问题，中国是否该放行？

正方观点：五常扩容应该放行，否则『金砖国家』合作等机制可能瓦解。

反方观点：从国际道义的观点出发，应旗帜鲜明地反对某些国家入常。

做领袖还是做伙伴

象征性动物：刺猬。
入选理由：亲密而自持，合作不结盟。

本章PK：“入常”问题，中国是否该放行？

正方观点：五常扩容应该放行，否则“金砖国家”合作等机制可能瓦解。

反方观点：从国际道义的观点出发，应旗帜鲜明地反对某些国家入常。

牛力：咱们已经进入到第二个环节了，做领袖还是做伙伴。刚才说到关于中国是否有战略对手这个问题，已经基本上有一个答案了，只不过看谁的威胁更大，谁有可能给我们造成更多的不利条件。听几位说了以后，我感觉有点后脊梁发凉，好像大家都成了敌人似的，当然事实不是这样。有道是没有永远的朋友，没有永远的敌人，只有永远的利益。

就像毛泽东曾经说的那样，谁是我们的敌人，谁是我们的朋友，这个问题是革命的首要问题。接下来，我们就要认真考虑一下谁是我们的朋友了。

幸福需要钝感力

牛力：这里有一个问题，想让张老师解释一下，国际关系为什么需要钝感力？这个钝感力怎么理解？

张国庆：简单说一下，钝感力是日本作家渡边淳一提的一个理念。在他看来，“钝感虽然有时给人以迟钝、木讷的负面印象，但钝感力却是我们赢得美好生活的手段和智慧。”事实上，“钝感力”和郑板桥倡导的“难得糊涂”有相通之处，也即“一个人如果对周围的人事太过在意，可能会迷失方向”。

举个例子，前些年，有一个叫《华盛顿时报》的美国小报，经常出来恶心中国，当时我们很拿它当回事，动不动就为它辟谣。后来我提一个建议，不要理这种报纸，它在美国是非主流的小报纸，没人理它，你越理它，它越有名，就越来劲。从某种意义上说，《华盛顿时报》是因为中国答理它而出的名。

这个时候，就需要钝感力登场了，就是说对这种小报不屑一顾，只在美国主要媒体攻击我们的时候，才予以回击，因为它们的影响力值得我们回应。事实上，这种钝感力不论是在做人还是国家走向强大的过程中都是需要的，在它背后，站立的是强大的内心。所以，我希望中国将来是繁荣的外表，强大的内心，淡定的心态。

自己不乱，谁也奈何不了你。这也正是渡边淳一所强调的，“钝感力不等于迟钝，它强调的是对困境的一种耐力，是厚着脸皮对抗外界的能力，它是一种积极向前的人生态度。”

戴占军：对中国来说，现在有一个很大的问题，就是有点一扎就跳的感觉，谁扎都跳。这样不行。

马晓霖：是一部分躁狂的国民在跳，我看中国政府倒还能沉住气。

戴占军：还有一个核心词汇，现在更要经常提醒，就是邓小平讲的“韬光养晦”。从民意上来看，从大局上来看，中国还是要沉住气，在现阶段还是要韬光养晦，即使以后真正有一种较成熟的大国的状态，我们依然离不开韬光养晦，这个词汇也是我们今天讨论的核心词汇。淡定，是韬光养晦应有的一种精神状态，我是这样看的。

我们要外在的淡定还是内在的淡定

戴占军：以互联网为代表的民意，现在对政府、对社会的影响力越来越大，这也是中国国民参与国家事务和影响政府态度的一个途径。我觉得国民心态很要紧，你以一种什么样的心态来看世界，看自己，看周边，这种态度的定位很关键。

张国庆：这跟咱们有多少朋友也有关系，朋友多了心里也比较踏实，怕的是你孤立地站在国际竞争的寒风冷雨中。

戴占军：目前来看，我们似乎和俄罗斯走得最近，为什么？一些外在的因素，从而促成中国和俄罗斯走得比较近，交往比较好。这两个互相忌惮的大国走到一起，我觉得是有多重原因的。

俄罗斯人从骨子里是看不上中国人的，中国人则在骨子里看不上日本人，日本跟中国不在一个竞争层面上。中俄两国勘界之后，说法非常多，说亏说赚的都有，中国百姓说中国亏了，也有俄罗斯人议论自己的政府让步太多等。实际上，两个大国在处理关系上，各自都要做出妥协。

我去过俄罗斯几次。早先的时候，中国旅游者到了俄罗斯，俄罗斯边境士兵赶着中国人跑。近年来，情况大不一样了。我2010年年底刚刚去过俄罗斯，无论是边检官员还是边防士兵，特别是普通俄罗斯百姓，对中国人的态度已经发生很大变化。现在反倒是有些俄罗斯人很担心中国人，因为从国境两边的城乡建设对比看出，中国现在真的是富强起来了。此外，中国在俄远东地区有较大的劳务输入，种地的、盖房的、跑买卖的、打地摊儿的、开公司的、开发房地产的，据说有二三十万人。不过，从前些年的统计数据看，中国对俄劳务输入人口，仅占俄远东总人口的百分之三四。但这也让他们很担心，说“人口扩张”“经济占领”等，把纯粹是经济特征的劳务人口，夸张成政治或外交议题。还有些俄罗斯人，很担心中国政府或民众再提出归还当年被沙俄掠走的土地。

回到我们所谈战略对手的话题，战略对手是一种历史的必然、地缘政治的必然，也是民族气质、心态的必然。有些东西就是犯相。如果总是心怀鬼胎，麻秆打狼——两头怕，没有战略对手也会弄出战略对手来。

结兄弟的盟，而非婚姻的盟

徐立凡：这个淡定不光是指国民，政府也要有充满智慧的淡定表现。2010年俄罗斯人收拾中国大市场，逼着中国大市场迁移，光温州就损失几十亿美圆。这种时候，政府必须出面，不能讲求原始的淡定。无为和淡定，不是一回事。

张国庆：中国和俄罗斯的关系是最微妙的，无论是在“上合组织”，还是在

"金砖国家"，恰恰都在一起。

马晓霖：从近现代历史看，中国现在的地位是最舒服的。首先纵向比较，中国的综合国力、影响力、话语权都是1840年以后未曾有过的。其次，中国与世界的融入程度也是前所未有的，被尊重、被接纳、被欣赏、被防范的这种程度也是未曾经历的。

中国已经成为美国之外最引人注目的国家，而且已经上升为美国最重视的对手。美国对中国的战略正处于攻守转换的历史阶段，其过去几十年的战略重心已经从欧洲、中东、中亚（亚洲中部地区）进行了调整，"重返亚洲"，直逼中国。2009年至2010年，美国在南海、东海和黄海的一系列军事演习表明，它感觉中国的战略威胁已经到来，中国影响世界的时代已经到来，它不得不抓紧调整战略布局，甚至对中国进行战略试探或战略干扰。美国的航母舰队聚集亚太甚至中国东南沿海，中国经济社会最发达的东部地区都在其攻击的理论半径范围内，这本身说明中国强大到前所未有的地步。

横向地，从地缘关系来讲，中国这些年很少陷入边界纠纷、领土冲突，近30年未曾动枪动炮，处在总体和平的大好环境中，无论大周边安全态势，还是小周边安全态势，都是少有的于我有利状态。我觉得中国现在这种位置特别好，刚才讲这是历史的必然，或者说发展的必然，也可以说这是大国力量的此消彼长，到了该中国风光的时候。

中国打开"上升通道"

张国庆：用股票来形容，中国现在好像是一只正在往上走的大牛股，上升通道已然打开，虽会有震荡，但向上势头很难遏制，除非自身出现大问题。

马晓霖：中国正处在历史的发轫期和上升期，但我希望在上升期内中国走得越远越好、越稳越好。

徐立凡：是在上升，但是也存在夭折的可能。

马晓霖：我完全赞同。国家的发展如同企业的发展一样，创业阶段、原始资本积累阶段往往不会垮掉，但是，一旦扩张特别是盲目扩张、超越实力的扩张，往往会使企业死亡，而且会死得很快。这与扩张规模、投资方向、战略布局和节奏把握有很大关系。比如，纳粹德国就是死于扩张，苏联也是垮于扩张。公司从决策者到普通员工，心态是否淡定很重要，国家从领导者到普通国民，能否冷静看待本国所处的发展阶段和内外环境至关重要。一国的综合实力和拓展能力、潜力，未来的发展方向必须做一个全盘和长远的把握和谋划。

现阶段的中国，从综合话语权来讲，起码是世界老三，排在美国和俄罗斯之后。中国在很多情况下风头和身影都遮盖了俄罗斯，但是，综合起来讲，俄罗斯依然非常强大，尤其是它的军事实力和世界影响力，不可小觑。

再过10年，咱们或许可能百分之百地紧追美国，“坐二望一”，剩下的选择是，坐二奔不奔一？我觉得保持一种“坐二望一”远比“坐二超一”更理性、更智慧。

小到个人，大到国家，从保持成长性来讲不要把弓拉得太满，相反，永远保持危机感，前面始终有一个比自己跑得更快的伙伴，有一个比自己能力更高的对象，使自己持久怀有一种追赶而不懈怠的动力和期望值，这样才是永生之道，恒大之路。

美国如何使自己保持活力和竞争性？永远要给自己树一个假想敌。有明确的假想敌存在，相应的国家发展目标、战略规划设计、军事力量布局、科技技术研发，都会在针对性中保持动态，维持进步。一个国家没有发展动力是因为它认定天下无敌，天下无敌意味着刀枪入库，马放南山。一旦出现这种情况，国家和民族基本上会失去前进动力，进入平台期或半衰期。

另一个现实的例子就是以色列，这个弹丸小国就是一个充满危机气质的国家，危机状态是最有利于它生存和发展的。没有危机，犹太民族会被周围的世界同化；没有危机，犹太人会丧失激情和创造性，甚至会陷入内部的自我消耗。

国际竞争更像短道速滑

张国庆：我想到一个体育项目，叫短道速滑。短道速滑项目跟别的都不一样，速滑是大家比速度。短道速滑，有时候几个人很慢，但是取决于带头的速度，他起来你就起来。如果你一直在前面跑你太危险，因为你跑透支之后人家把你过了，或者你跑太快人家把你绊倒了。

牛力：关于战略对手还有两个问题，有位朋友提到，如果算战略对手的话，分析一下日、俄、印、美怎么排序。我们刚开始有一个大概顺序，俄罗斯算是排第一。

徐立凡：美、俄是第一序列的，日、印是第二序列。

张国庆：短期来说，日本已经退到第三级别。

牛力：中国和日本就像大象和蚂蚁之间的关系吗？我个人觉得应该不会这么简单，而且蚂蚁也有蚂蚁的长处。

徐立凡：最近日本右翼都已经承认，看来又得回到千年来传统的东亚秩序当中，那就是以中国为主。

牛力：进入第二部分我也开一个小头，刚才张老师说到关于定位的话题，这之前一个多小时都是在讲我们怎么看自己，我们怎么定位。这跟赛跑一样，我先站到哪个地方，从哪里起步，采取什么样的姿势。这使我联想到《大学》里的一段话："大学之道，在明明德，在亲民，在止于至善。"

"知止而后有定"，咱们现在停下来考虑一下我们在什么地方，我们处于什么样的位置，我们周边的环境是什么。刚开始走的这两步非常关键，首先搞明白谁是我们的敌人，当然不可能有永远的敌人，谁是我们的朋友，我们怎么跟他们合作，怎么利用，怎么把我们的优势更扩大一些。

所以，我觉得这种顺序非常好，"知止而后有定，定而后能静，静而后能安，安而后能虑，虑而后能得"。从另外一句话讲也是这样，"格物而致知，致知而后意诚，意诚而后心正，心正而后身修，修身齐家治国平天下。"意思都差不多。我们现在做的还是格物的状态，要弄清楚，谁是我们的敌人，谁是我们的朋友。

这就像下棋一样，刚才说到大三角、小三角，下围棋就是这样，大三角指的是怎样通盘考虑布局，小三角指的是怎样在局部上把自己做活。现在，我们需要看看，我们在这个大三角、小三角当中，还有哪些需要通盘考虑和布局的因素，以及在小范围当中可以做活的内容。

张国庆：戴老师怎么看"金砖"和"博鳌"呢？

从话语权到规则制定权

戴占军：“金砖国家”第三次峰会，从“金砖四国”成为“金砖五国”。有一个词非常热，叫做“抱团”。就是五大新兴经济体联起手来，一起闯世界。首先中国有这种愿望，其他四国也有这种愿望。我个人感觉除了“G8”（八国集团）之外，特别是除美国之外，可能没有人不乐见其成。

我是这样看，目前类似这样的一些国际合作机制，“金砖国家”也好，“上合组织”也好，东盟（东南亚国家联盟）“10+1”[①]或“10+3”[②]也好，以及其他中国所参与的多边、双边合作，使中国多了几条能够成为或者比较顺利地成为大国、强国的途径。

一是它们给了中国更好的话语平台。以美国为首的西方发达国家附和的旧有国际规则，正在受到以“金砖国家”为代表的新兴经济体的挑战。多极化世界正在加速，谁也不能忽视中国和其他新兴国家的诉求。

话语权多了，声音一致，人多势众，拥有实力，才可能争夺到规则制定权，改变“玩法”，改变不合理的国际政治和经济秩序。你讲话，没有讲台，没有听众，或者是各说各话，没有志同道合的朋友，则所谓话语权或规则权，就全是空谈。而类似“金砖国家”这样的合作机制，给我们提供了发表主张的讲台和开展更广泛合作的机会。

二是展示中国的发展模式。从以往大国的崛起历史来看，在它崛起的时候，总是充满了与相关方的矛盾冲突，伴随着战争、血腥和对周边的伤害，这样的模式和状态，一二百年来就是这样走过来的。英国如此，德国如此，日本如此，美国和苏联也不例外。

在新的社会历史条件下，有没有大国崛起的新模式、新途径？有。中国希望通过广泛的国际合作和互利共赢、包容性发展，来为世界破解这道谜题。中国的崛

---

① 东盟“10+1”：东盟10国（文莱、印度、马来西亚、菲律宾、新加坡、泰国、越南、老挝、缅甸、柬埔寨）与中国。

② 东盟“10+3”：东盟10国与中日韩3国。

起，不以伤害其他国家和国际社会为代价，反而对新兴经济体而言，是发展的机遇和动力。因此，无论是“金砖五国”也好，还是其他的一些区域性、国际化合作也好，中国是在桌面上说话，是和有着共同愿望的朋友们抱起团来说话。

张国庆：您觉得“金砖”中的这些国家是不是能抱成团？

牛力：现在“金砖五国”里面的新兴经济体，5个里面占了3个，彼此之间既是“战略对手”又是“朋友”，怎么做好呢？

戴占军：很简单，中国现在就像一个正在成熟的大公司，既遵守现有的商业规则，又希望创造新的商业规则，有利益的生意就做了，而且是人人得利，玩的是竞技合作的游戏，守住基本的道德底线和原则。你刚才讲到所谓“战略对手”“朋友”，这要看从哪个角度来说了，没有那么绝对。朋友关系中往往会有分歧，而所谓“战略对手”，也往往会有利益一致或接近的时候，这是现代国际关系复杂的特征。

张国庆：国际关系中唯一的不倒翁因素就是利益。

牛力：可以从另一个角度来考虑，就像刚才我们谈到结构性矛盾问题一样，矛盾无处不在，但有矛就有盾，有不利的一面，也有有利的一面。刚开始我们看得比较多的是对立的一面，现在则考虑的是怎么有合作的一面、有利的一面、做朋友的一面。

抛出“金砖”，引来什么

张国庆：怎么看“金砖国家”在利比亚问题上的表态呢？

戴占军：值得注意的是，“金砖国家”表达了停止冲突、回归政治解决途径的一致愿望。“金砖国家”本来一直是围绕经济议题发声的，表达政治意图，这还是第一次。这也是“金砖国家”第三次峰会的一大亮点，引发人们对今后“金砖国家”机制发展方向的许多猜想。

“金砖国家”作为一个概念，是2003年美国高盛公司的奥尼尔率先提出的，直到数年后，中、俄、印、巴西四国首脑，才举行了第一次会晤。而南非加入后，“金砖国家”作为一种国际合作机制，是第三次峰会才得以确立的。

牛力：2009年第一次在俄罗斯，2010年在巴西，2011年是第三次领导人会晤。

戴占军：对，前两次会晤，在政治上几个国家没有发出任何声音，而第三次以利比亚为契机，“金砖”几国表达了在政治上的统一诉求，这个前所未有。

马晓霖：这是因为赶上大事了。

张国庆：应该说很巧，安理会表决1973号决议时，“金砖国家”竟然聚齐了：除了两个常任之外，其他都是轮动的，这次巴西、印度以及南非都赶上了，从概率上讲，并不是那么容易碰到的。

牛力：两个是常任理事国，另外三个是非常任理事国。

马晓霖：“金砖五国”的形成和集体亮相，体现了世界整体力量的“第二梯队”，或者“1.5梯队”。从国际政治角度看，中国和俄罗斯当然是一类大国，拥有安理会的否决权，但从经济军事实力的杠杆衡量，则是二三类国家。

“金砖五国”放在全球视野或联合国190多个成员国的层次来讲，是一支非常厉害的集团力量。“金砖五国”的集体亮相向世界传达出这样的信号：这个世界不是大国说了算，而是大家说了算。

当前的世界呈现两个非常明显的变化：一是多极化趋势确实不可阻挡，同时非洲联盟和阿拉巴国际联盟这样的地区组织陷入动荡和分化的局面。二是在西方主导的当代地区战争中，美国首次不伸头，而是闪身幕后或者顺势“跟跑”。美国“跟跑”不是放弃第一让别人摘金牌，而是暂时让别人领跑，以节省体力，在关键时冲出来左右前景方向和节奏，并在最后时刻摘取最大的果实。

美国在利比亚危机的处理上明显是有心无力，更不愿意当坏蛋。客观因素是，美国战略转移，重点在谋划亚太地区，而不是纠缠中东。即使在中东，利比亚也不是它的关键节点国家，重点还是沙特、巴林、也门和埃及。所以，美国宁愿听任卡扎菲主政并保持现状，但是，卡扎菲那边又出现人道主义灾难，出现严重侵害人权、民主和自由的暴行，美国作为“捍卫人权”的祖师爷或卫道士，当然不能丢掉体面的旗帜，所以不得不加以应付，自然也就被法国绑架，从消极应对，到半推半就，从高喊口号到低调表态，只做少说。

还有一点，美国现在的外交特点，就是讲究“软实力”“巧实力”，进行“圆滑”外交，奥巴马上台以后这个转变特别明显。美国在外交方面今后可能越来越像中国，中国在外交方面或许以后越来越像美国，这也反映出中美力量对比的升降和强弱。

美国一方面实力下降，很多地方不得不求助于多边渠道，求助于中国、俄罗斯、欧盟这样的伙伴一起来解决，美国的话语表达，也不像以前那么咄咄逼人，比较多地强调和平、外交、伙伴、多边、共识等。出兵利比亚，美国强调的问题很多，比如第一要有必要性，有没有必要打？第二，所有伙伴都要同意，即北约（北大西洋公约组织）所有成员国都不反对。美国过去可不是这样，不管伙伴同意与否，它想干都干。第三，强调地区国家支持，尤其是阿拉伯国家的支持。美国的表态完全是中国式的外交辞令，足见这些年美国在外交智慧、理念和包装方面，已经与中国有颇多交集。所以，中美现在在外交上的摩擦也越来越少，中国投票赞成安理会1970号决议、弃权放行1973号决议。

不少人解读说，中国支持卡扎菲政权。这完全是误读。中国没有支持卡扎菲政权，否则不可能有1973号决议的顺利出台。从中国本身的外交理念而言，反对通过武力方式解决纠纷，但是非盟（非洲联盟）和阿盟（阿拉伯国家联盟）特别是后者力促“禁飞”决议的出台，在这种情况下，中国不可能干预阿拉伯国家内部事务。利比亚危机和“金砖五国”集体亮相的两个态势，都显示最大的力量格局变化特点：美国难以一手遮天，以中国为代表的新兴国家正在崛起，之后的世界将是群雄逐鹿的局面。

在一个群雄逐鹿的时代，中国不仅要在和美国处理关系定位时把好第二的位置，也要在全球内把好伙伴这个角色，这是中国角色的核心。过去十几年，中国的角色是做伙伴。无论是“G20”（廿国集团），还是美国人臆想中的“G2”；无论是与东盟对话，还是担纲“金砖”集团；无论是建立中非合作论坛，还是打造中阿合作论坛，中国都是努力做好伙伴，把自己定位为伙伴的角色。必须强调，中国现在只有伙伴没有敌人，如果有谁以中国为敌，中国也力争化敌为友，坚持做伙伴。

好砖砌到长城上

张国庆：立凡你觉得“金砖国家”组合展示之后，将来在经济领域会有更多的共识吗？影响游戏规则制定吗？

牛力：“金砖国家”正在推去美圆化。

徐立凡：现代史上中国还从来没有当过盟主。现在不管在“上合”还是“金砖”，至少是并列盟主，以前中国不在国际社会之内，经验很生疏。现在中国跟“金砖”也好，“上合”也好，“东盟”也好，我观察是处于这样的阶段：女大十八变，处于变的阶段。

具体有两个表现，第一，“金砖”也好，“上合”也好，它是一个功能性组织。功能性组织就不要觉得其成员会认同你的一切观点，捍卫你的一切利益。不要觉得你的一切价值观我都认同，哥们儿利益都是一致的。不可能的。

功能性组织的意思，是指一方面在有些事情上也会吵，比如“金砖五国”互相之间吵得很厉害，吵汇率，吵大宗商品价格，等等。这是功能性组织的特点，不是全方位的合作。另一方面，对之前自己没有能参与进来的国际事务规则又并力发声，以图修正。

我们说，这个世界上最大的博弈是规则的博弈，“金砖五国”就是干这个事的，首先挑战的是国际金融秩序，瞄准的就是美圆。这次在博鳌，五国关于货币达成协议，其意在美圆霸权。比如大力推动的货币互换。所有商品都是美圆计价的，巴西或者俄罗斯从哪来人民币？没有，那我给你一点，你也给我一点卢布，这样以后做买卖的时候直接本币结算，避开美圆汇率的风险。各国央行部分互存一些本币，方便做贸易。现在，人民币结算已经占到中国贸易总量的7%。这是一个彼此都有利的事，因为可以防范美圆带来的汇率风险。

功能性组织有两个特点，一个是内部也吵，但通常都是规则级别以下的具体的事务。另一个是目前国际博弈最高端的事情。

最后的博弈都是经济博弈，最高的博弈是经济规则博弈。IMF（国际货币基金组织）和WB（世界银行）为代表的旧的国际金融秩序，是否能向对我们有利的方向转变？“金砖国家”组织的主要战略性应该在这里。

“金砖国家”的概念提出10年了，之前没有任何实质性内容填充。2009年为什么突然加速结盟？就是因为金融危机刺激的，全是让美圆害的，所以立刻结盟。希望“金砖国家”以后对最高的秩序金融规则的挑战能够持续下去，这是符合中国利益的，当然也符合组织成员的利益。

第二，取得大宗商品定价权。最近全球性通胀，新兴经济体饱受其苦。价格是怎么出来的？为什么这么高？价格从根本上说就是买卖双方、供需双方达成一致的结果。但是现在这个价格不由我们决定。比如，俄罗斯是潜在的超过沙特的第一大石油生产国，有绝对条件当原油供应方。中国是全世界最大的外汇储备富裕国，绝对有支付能力，同时又是最大的原油进口国。中国和俄罗斯一个买一个卖，都是大生意，本来应该对原油价格有最大发言权。然而它们都没有发言权，为什么原油价格就得由纽约期货交易所和超级交易所那些人定呢？美国不产油，但却拥有最后定价权。这没有天理啊。因此，中国和俄罗斯不能仅是满足于做石油生意，要有争夺定价权的战略合作雄心。本身这种战略性合作，才是消减天然敌对性的最佳途径，光知道做生意做不到这一点，反而可能生出怨气。

马晓霖：有没有可能以后供产销之间直接定价？

徐立凡：有可能。所以我们跟这些国家合作的空间是多么巨大！大家可以想象，美国有不合理的国际大宗商品定价权，如果我们也有，上游商品出事造成的通货膨胀才有可能从源头上控制。中国的能源瓶颈才有可能打破，光囤油是打不破的。所以，一个是金融规则的挑战，另一个是我们对大宗商品定价权。这个应该是我们与“金砖”“上合”合作的最高诉求。诉求低了，是对合作关系的最大浪费。

美国人开着世界上最大的“赌场”

张国庆：期货实质上是华尔街在玩儿。少数人在忽悠全世界。

马晓霖：原油价格第一次是阿拉伯国家石油战争那次定的，从3美圆提到近11美圆。

徐立凡：那是基辛格纵容他们提价，为什么基辛格纵容他们提价？实际上美国通过纵容他们获得一定的利益。基辛格纵容欧佩克的人抬价是让美国参与定价，因为美国本土除阿拉斯加，一般是不开采石油的。然后美国又告诉大家说，把这个做成期货（金融衍生品），你们挣得更多，但是你们不会做这个玩意，我们帮你们做，我们来开这个场子。定价权就这么拥有了。

举个简单的例子，2008年到2010年的金融危机期间，为什么经济复苏相对较快？就是因为国际油价一直是80美圆上下，没有惹事。但是从2010年到2011年，油价突然涨了30%。难道几个月时间，世界石油的需求量突然增加了？经济突然繁荣了吗？没有。就是期货炒作，借北非（非洲大陆北部地区）、中东形势炒。

2008年炒得最厉害的时候，一个普通油管爆炸也会成为炒作理由。在这种情况下，中国很被动。许多企业被迫与国际玩家签原油对赌协议，赔得跳楼。到现在，许多中国企业仍然在被索债。

所以，中国跟这些新兴经济体结盟该做的事情，不是合同。合同在其他地方都可以签，广交会（中国进出口商品交易会）就够了。经贸在这个战略场合上没有意义，无非是挣钱。

中国不缺乏合同，缺乏的是一起挑战不合理规则的兄弟。“上合”也好，“金砖国家”也好，中国作为带头大哥之一，应该起到什么作用？要给这些国家注入一种使命感，我们坐在一起，大老远飞过来一趟，不是聊聊天签点合同的，我们还要挑战规则。因为你做挑战规则的伙伴的同时，这些国家的，包括一些战略对手国家，敌对成分就会越来越少，共同利益也会越来越大。中国作为一个主导者，加入国际社会没几年，现在突然做带头大哥还比较生疏，要给这些国家注入使命感。所谓使命感就是持之以恒地修改不合理的国际政治金融秩序。

牛力：你也支持G2，但是这块中国又带一帮小兄弟跟美国人对着干吗？

徐立凡：不能静态地看，也不是和美国对着干。人不会跟太弱的人做朋友，国家也是如此。要是担心和美国对着干，人家不高兴，所以不干，那在现有规则下，你就只能永远弱。你再富也不过是大肥猪，不会赢得真正的尊重。

要想让人尊重，就得行动。你强了，人家才把你当朋友，而且是时间较长的稳定的朋友。反过来说，这种稳定的朋友关系，对于美国也是有真正益处的。我们必须敢于博弈。不是我们要对着干，是形格势禁，不得已为之。这也不仅代表中国利益。当然，这种所谓的干，不能是硬实力的比拼，而是对美国式规则的持续的探索修改。

人脉是一种力量

张国庆：中国现在不提G2，不理美国怎么说，我不上你的套，因为我跟你不是一个档次，我是谁，我心里有数。我们不进G8，进去之后就脱离新兴经济体了。

“金砖国家”第三次峰会，使我对未来抱有很高期待，通过“金砖”来做大，想象和操作空间都特别大。可以将相似模式推广开来，比如说“10+1”，可以把“东盟”慢慢纳进来，可以做结算这种互动的东西。

别忘了这五国都有能量。交朋友决定你的人脉，有时候我认识1000个人没用，有的人还给你添乱，所以真正的牛人认识四五个就够了，有什么事都给你解决了。你看这几个国家，俄罗斯在那一片，中亚及其他独联体国家，多数都受它影响，它能吸引一帮人。中国能够把东南亚（亚洲的东南部地区）和东北亚各国也吸引进来。在拉美，巴西是老大，我对拉美很看好，拉美现在越来越团结，而且越来越脱美，这个对咱们有利。印度把南亚（亚洲南部地区）稳定住了，南非把非洲一些国家团结进来，整个世界的一半就都带起来了。

徐立凡：当注入那种使命感之后，大家一起挑战规则，即使暂时不能改变规则，也将获得比现在更大的利益。比如，成员国之间的国际政治互信。各国国内政治可能制度不同，但在国际政治上主要意见一致，这个影响力是十分巨大的。

基于这种远景的考量，具体到成员国之间一些不同的现实诉求，我的看法是，可以比现在更开放一些。比如联合国安理会改革，中国和俄罗斯以外，不止一个“金砖国家”有这个诉求。怎么处理呢？不能人情都给美国做了。否则，美国送送人情，就可能瓦解“金砖国家”的战略合作。不能这么低成本。

现在，安理会越来越松散，小范围区域合作的权力、能量在超过联合国大会，100多个国家，开个峰会一个国家说四五分钟有意义吗？大家都在过小日子。所以我觉得我们不要恪守自己是“五常”，“五常”面子很大，不许别人再进来影响安理会效率。可问题是，安理会效率本来就不高。我们要抓实质利益，而不要抓面子利益。谁想当常任理事国，都可在有利于中国利益的情况下被同意，特别是决心跟中国一起挑战国际传统规则的国家。

“市场万能论”害惨了中国

徐立凡：还有一点要看到，不找到国际政治上的共同点并努力维护，而只让市场说话，是不会成功的。举个例子，2010年1月1日中国—东盟自贸区正式成立，好像是打通了，大家双赢赚钱。一般情况下这是很好的合作方式，但一旦在战略层面发生冲突，市场是不管用的。中国—东盟自贸区的开通和东盟在南海问题上与中国出现明显争议，时间上基本一致，这说明，有些战略层面的事情，不会因为一起做生意就能解决。

不抓战略的事，会误事。可能这话说重了，但是我们确实应该反思，国内治理有一种倾向，国际交往也有同一种倾向，这种倾向我们称之为市场万能主义。必须知道，市场绝对不是万能的，不同的兄弟当中要注入有历史性的使命感，就是我们一起到底要做什么。如果光是做买卖，就别搞那么复杂了。

张国庆：“入常”的问题，我保留意见。但我支持对市场万能论的质疑。

戴占军：立凡的观点我同意，在整个战略考虑上，应该有利益就干，既着眼于眼前利益，更要着眼于长远利益。在中国改革开放之初，中国没钱，中国人穷，中国人连肚子都喂不饱，何谈当盟主？那时候为了搂点钱，甚至不惜一切。但是发展到现在这一步，不能再做小本买卖了，俗话叫“一把一利索”，这样的事情不能再做。

刚才讲到为新的合作组织，或是为新的联盟，注入道德的意识，甚至要占有国际秩序新高地，这样的使命感和国际责任意识，对我们来说是必需的。因为只有做到这一步，中国才能够真正确定成为大国的基本因素，否则连基本因素都不具备，何来大国的崛起？这是第一条。

第二条，现实的利益往往不是在现实当中可以攫取的，在市场领域也好，在思想文化领域也好，要想获得一点点利益并不难，然而小利易得，大利难获，你的立足点有多高，获得的利益才能有多大，才能做到不仅让钱跟着你走，还能让人跟着你走。

刚才谈到东盟问题非常重要，但是我们想一想，东盟能不能死心塌地跟你干、跟你走？就目前来看我觉得不太可能。当然，安邻、友邻的工作，我们还是要做好。但从更广阔的发展空间来说，我们招呼这样一批小兄弟还不够，还要紧紧拉上国际第二势力，这对于中国的成长，包括促进整个国际秩序新规则的演变，可能产生更大的推力。

张国庆：我觉得在IMF以及WB这块，五国慢慢照如今趋势走，将来会不会抵御一下美国？

徐立凡：我觉得不会。IMF和提高中国战略性地位的关联性并不大。IMF的权重就是投票权的问题，这个投票权指什么？你的股份多你就可以提权重。当然中国权重的提高是欧洲让的结果，欧洲为什么让？不是它主动要求降低国际地位，是因为这个事和国际地位本来就只有间接关联。欧债危机了，欧洲这个股东应该掏的份子钱掏不起了，所以它愿意让出权重。

我觉得IMF或者WB的权重增加跟中国实力增长有关系，但和欢迎中国提高战略地位没关系。这里面，不少人有误读。人家只不过看中你的钱。比如萨科齐来中国，呼吁IMF改革，并且表示不需要人民币自由兑换，人民币也应该进入IMF的特别提款权中。表面上看这是多么大的好意啊。但问题是，这好意是冲钱来的。IMF的钱从哪来呢？各主要经济体都出钱，组建成特别提款权，救助危机国家。中国是最大的外汇储备富裕国，所以IMF愿意提高我们的权重，愿意我们不用币制改革就进去。这跟所谓的政治地位没有关系。

当然，IMF作为国际金融秩序的最后监管者、最后处理者，也是最后借款人，全球哪个国家金融危机了，IMF借给你钱时你就要按它的规则办。从这个角度说，中国如果出的钱多了，可以间接影响到一些规则制定。但别忘了，美国有一票否决权。规则不可能真的让中国定。所以这个事不要看得太高。1997年、1998年亚洲金融危机的时候，当时韩国比较惨，IMF作为贷款人借它钱的时候，条件很苛刻，得按IMF的规则办事。很多人想的是，如果中国掏了份子钱后，无论是救希腊，还是将来救葡萄牙、爱尔兰时，是不是都按中国的规则办事？这不是提高话语权了吗？问题来了，即使美国不动一票否决权，让我们参与定规则，但我们现在有规则吗？有什么标准？哪些条款？

马晓霖：这和中国外交原则相抵触，中国从来不干涉别国内政。

掌声不能当饭吃

徐立凡：所以我们要考虑，这个规则怎么与时俱进，有没有调整的必要？我们心里要有谱。很有可能出现这样的情况，你出了份子钱，最后发现你没有影响什么，你可能会获得掌声，觉得面子很满足，仅此而已。这些钱都是纳税人的钱，都是很多产业工人的血汗钱，不要这样花。

因此，我的看法是，第一，我们要鼓励潜在的伙伴们一起冲击不合理的国际规则。第二，当人家说“你说我的规则不对，那你拿出你的规则”的时候，我们真能拿出来。这意味着战略重构。这方面，我们还有很多空白，差距很大。

戴占军：两相比较来看，“金砖国家”机制和IMF的最大差别就是前者是我们创立的新规则，而后者是人家的老规则，我们再怎么玩儿，也跳不出人家的手心。

对IMF，我们注入再多的资金，也管不了大用。它实际上是个古怪的股份公司，虽说谁投钱多谁占的股份多，谁的投票权就大，但是看不到红利。而且还有一个很大的问题，就是你再怎么投入，都不可改变美国在其中的地位，美国所占的份额是恒定的——17.67%，它拥有一票否决权。在IMF机制中，重大议题通过率要达到85%，所以只要美国一家反对，还别说它拉上哥们弟兄，你什么事情都甭想办。因此注入很多的资金后，你的特别提款权和投票权可能有所增加，但IMF这个大的结构，你却是改变不了的。所以我同意立凡的观点，在IMF这码事上，我们花再多的心思也无非是中国说话的分量和总份额占有率增加了那么一点点，从3.72%到6.19%，意思真的不大。我们还是要把更多的精力、更多的工夫、更多的经济力量，用在新规则的创立上，要有所为有所不为。

国际关系也是讲气场的

牛力：我觉得话题可以稍微转一下，刚才一直谈的是大三角问题，大的战略布局，规则上也相对一致性。但还涉及区域性，一方面是全球性合作，比如“金砖”、IMF，但是还有一些区域性的，“上合”、中国与东盟、中国与非洲，还有中国和拉美等，各个小块我们都涉及一下，哪些我们可以把它做得很活，做得很过瘾，哪些问题比较大。我现在比较纠结的是，我们看问题的时候，国际化视野好，但在具体操作上，我们怎么样才能一盘一盘把它吃了。还有，我们说做朋友，这里面存在一个问题，就是我把你当朋友，你把我当朋友吗？大家是不是各有心事？

张国庆：这里还有一个问题，怎么才能做朋友，什么人才能做朋友。这里面有几个前提，比如首先价值观要趋同，气场也要比较对，谈得来，还要有相近的追求，因为就算有时谈不来，通过理想也能把大家聚在一起。

徐立凡：在我来看，“金砖国家”应该是中国挑战国际金融秩序的途径，“上合”第一是反恐，第二是中国切入中亚这样一个欧亚大陆[①]重要位置的踏板。我们在文件表达当中容易把所有话说全了，然后就自己迷失了，搞不清自己要干什么。比如像拉美，它完全可以做中国软实力方面思想资源的兄弟。

牛力：非洲也有着很相似的经历，我们亚、非、拉这一块有很强的支持。

马晓霖：中国现在的外交重点还是锁定大国，中美关系、中俄关系、中日关系和中欧关系。我觉得“上合组织”已经陷入一个瓶颈状态，它从起源来讲旨在防范三种势力：恐怖主义、分离主义和极端主义，维护成员国内部安全与稳定。但是，这个组织发展到当前的阶段，还是没有解决一个本质性问题，即大国之间的彼此信任，以及文明之间的冲突。

这两个症结，加上中、俄定位的“碰撞”，使问题复杂化了。中国与俄罗斯是某种层面上的“战略对手”，战略上彼此持久的戒备始终没有放弃和消弭。“金砖五国”合为一体成为多级力量集团可以对抗欧盟，俄罗斯很愿意推动。但是，在“上合组织”范畴内，俄罗斯固有的大国沙文主义难以消退，它在对华历史交往中一直不吃亏，而且很长时间是处于强势地位、大哥地位。俄罗斯本身国土面积超大，军事力量优势强，国民素质也高，并且以欧洲人自居，内心并不买中国的账，即使中国目前发展得比它更好。这种心态注定俄罗斯在推动“上合组织”发展和功能升级方面三心二意，表现出“双头鹰”的本性。

张国庆：有点像人际关系中的几种关系。中国在“金砖国家”里面算是主持人，潜移默化领导一个话题往前走，这个角色要扮演好。你看上去不那么冒头，但是什么东西都按你的方向走。在“上合组织”永远当二哥，绝对不能跟俄罗斯挑战，因为中亚是人家的根儿。

马晓霖：中俄关系定位，人家是过去的老大哥，实际上也依然具有大哥的分量，但是，中国是否还愿意让俄罗斯当大哥？我看未必。

---

① 欧洲大陆和亚洲大陆的合称。

首先，从语言和种族来讲，“上合组织”主要成员国都属于斯拉夫语系，无论是成员国数量，还是语言使用的覆盖面，决定了“上合组织”的俄语主体现实。这种与中华文明从语言到文明的差异也是现实存在并发挥作用。其次，“上合组织”及后续要加入的中亚、西亚（亚洲的西南部地区）国家，还有个重要纽带是伊斯兰教，它们容易打成一片，而且容易对中国的边疆地区形成宗教影响，进而成为制约中国内部特别是边疆地区稳定的现实因素和潜在威胁。中国不能不有所顾忌。

最后，“上合组织”发展到一定规模的时候，将来能不能向功能更复杂的区域合作组织扩展？能不能向区域政治经济军事一体化终极目标扩展？即使解决组织的扩员问题都比较难：伊朗、阿富汗、印度、巴基斯坦、白俄罗斯甚至斯里兰卡都想加入。组织的扩容必然将地区国家之间的矛盾包括边界冲突捎带进来，麻烦不断。

区域合作总是取其利而避其害。这些种种问题也是结构性矛盾，导致“上合组织”处于比较尴尬的局面。每个区域组织都有它的局限性，才导致不同区域性联合体的出现。其实，在不同组织、不同平台、不同阶段、不同议题、不同领域，中国都可以以伙伴身份介入并发挥作用。

张国庆：中国和非洲，包括一些资源型国家，我们是援助者，但也会由此获得一些能源的供给，当然必须要维护好形象。中国和邻国是特别的关系，我们不能拿别的东西套邻国关系，比如东北亚、东南亚又是一种关系。邻居怎么处好，是很有学问的。

中国和拉美国家，经常弄一弄思想和文化沙龙，互相鼓鼓劲，这个比较好。中国如何将这几种关系处理好，是未来几年很关键的事。其中，与“金砖国家”的关系是最核心的。

不做国际暴发户

戴占军：刚才谈到几大关系和几大功能性区域组织，实际上核心一条就是，我们是在交朋友，肯定不是在树敌人。但要注意一个问题，当我们交的朋友越来越多的时候，当朋友的交情越来越深的时候，矛盾就可能都出来了，这就是恋爱和结婚的不同。

恋爱的时候双方都有所收敛，刻意照顾对方；一旦结婚过日子，样儿也不装了，什么都透明了，麻烦也就来了。

现在比较大的问题是，第一，中国怎样把几大关系很好地整合起来，能够既为我所用，也对人有利，别一天到晚老想着这件事只对我合适，只占便宜不吃亏，这样一种心态要不得。

第二，如何处理好深入交往之后跟朋友之间所出现的问题。这是需要正视的话题。比如我们和拉美的交往，包括跟巴西关系非常好，但是就在“金砖国家”第三次会议期间，在一些友好势头不错的拉美国家中，巴西却传出不和谐或反对的声音，认为和中国攀上朋友，可能会搭上中国发展的快车，但也可能会给自己国内的经济带来很多负面影响，比如本土企业在竞争中输给中国企业，造成产业萎缩、失业率上升等。怀有这样担心的人，并不在少数。

我曾经到过拉丁美洲地区，现在中国人在那里，称得上是大款。你只要进商店一掏钱包，人家就一定能认出你是中国人，而再不会把你当成日本人、韩国人、新加坡人。他会赞美你：“中国人有钱！”

我在去墨西哥坎昆的一艘船上，通过翻译曾和一帮年轻人攀谈，其中，一位大眼睛的漂亮美眉说：“你们中国人太有钱了，我曾亲眼看到中国人，抢进奢侈品商店，用一个手指照着柜台橱窗一比画，把里面的商品全包了。”开始她还是满脸羡慕，但说到最后，却露出不屑的表情。这让我意识到，其实她还是从骨子里看不起我们，认为我们是暴发户，没有文化，这个也正常。但实际上这些国家的国民最大的一个担心是，这么有钱的中国人到他们那里做生意，会不会砸了他们的饭碗？我个人觉得类似这样的一些疑虑，中国要正视，要想办法避免或加以解决。而在这方面，我们过去考虑得似乎不多。中国的商品，物美价廉，蜂拥而至，给当地人弄得一点活口都没有，无论是中国制造，还是做生意提供服务，中国走出去的企业，中国政府相关部门，我觉得都要顾及当地民众的感受和实际情况，不能光想着自己赚钱。如果在这样一些问题上，我们就想着自己合适，就想着当盟主，甚至当“霸主”，再好的合作平台，怕是也要做砸了。

徐立凡：第一，不要市场万能主义。生意都是短期利益，不是战略利益。第二，强调我们结的兄弟伙伴是功能性的，它是我们的兄弟伙伴，不是夫妻。不要动不动就非要发展成夫妻关系，我们只是在这个事情上有共同利益，在那个事情还吵架呢。对中国来说，要清醒地认识到功能性。第三，我们在不同的大圈、小圈兄弟伙伴当中，要有所为有所不为，不要强出头。我说的圈子也包括IMF。

马晓霖：我觉得基于中国外交传统，基于现在的国力、综合实力，基于现在国际政治经济秩序，我们应该灵活处理，不称霸，不结盟，用心加强区域化合作。因为现在利益点很分散。现在是国际化时代，中国在不同的区域化框架内推动区域化进程的发展和建设，不同的平台上选一个黄金点，哪个位置我们是老大，各方面都认可而且利益最大化，那就做老大。如果在这个地方做老二最合适最舒服，有人愿意当老大，那就让别人当老大。

像IMF，我们最好的角色是做老四、老五、老六，甚至不排名。我们现在区域化发展，要照顾到包容性增长，竞争与合作的大趋势，我们不能因为搞一个“金砖国家”引起跟美国的对抗，没有必要，因为这样的话，最后不会是双赢的局面。这点一定要认清，不要实力增加了，发展需求提升了，我们的头脑就跟着发热了，忘记了矛盾正躲在阴影中。

用金钱考验女人，用女人考验男人

张国庆：我提一个关键词，上章我提了“大象理论”，这节我提“胡雪岩理论”。我比较佩服胡雪岩，他做的第一笔生意挣了好多钱，而此前他还流浪街头，但胡雪岩就是与众不同，他把最大的利益都给了别人，有的人只是帮了他一点，都会得到巨大利益。看上去挺傻，但是他最后成为最富的人。

中国现在要学胡雪岩。

胡雪岩还有一个优点是很有政治头脑，比如他跟左宗棠，跟很多人结盟，利用规则替自己办事，利用各种资源替自己办事，朋友也多，而且交的都是很强的朋友，最后他走得最快。

但是很不幸，胡雪岩最后输在女人身上，输在了道德上，也输在了优势意识过强上。这也可以解释，现在许多成功男人，一旦在男女关系上犯糊涂，往往就会连累事业，甚至锒铛入狱。

马晓霖：德国、日本战后发展这么快，就是跟着美国跑。

张国庆：胡雪岩是不动声色地傍大款，像短道速滑的时候你在第二位，跟着第一位。

马晓霖：你是当一个公司的大股东风险大，还是当多家公司的小股东风险大？后者显然更好。

牛力：我稍微引申一下，上一章说到“大象理论”，我突然想到刺猬，当说到合作的时候我记得有一个非常有名的“刺猬理论”，就是不能离得太近，太近就会刺伤对方，但也不能离得太远，离得远会冷。

我一直在想怎么抱团。

戴占军：像朋友一样拥抱，不要像夫妻一样拥抱就好。

牛力：让大家既保持这样的理想，又不至于伤害到对方。

3

人民是国家资产最好的保值人

象征性动物：老虎。

入选理由：过大外储已如虎，数代人或睡不好觉。

本章PK：美国国债是毒药还是糖果？

正方观点：我们被美国国债绑架了，购入美国国债是饮鸩止渴。

反方观点：持有美国国债，既是救美国也是救自己。

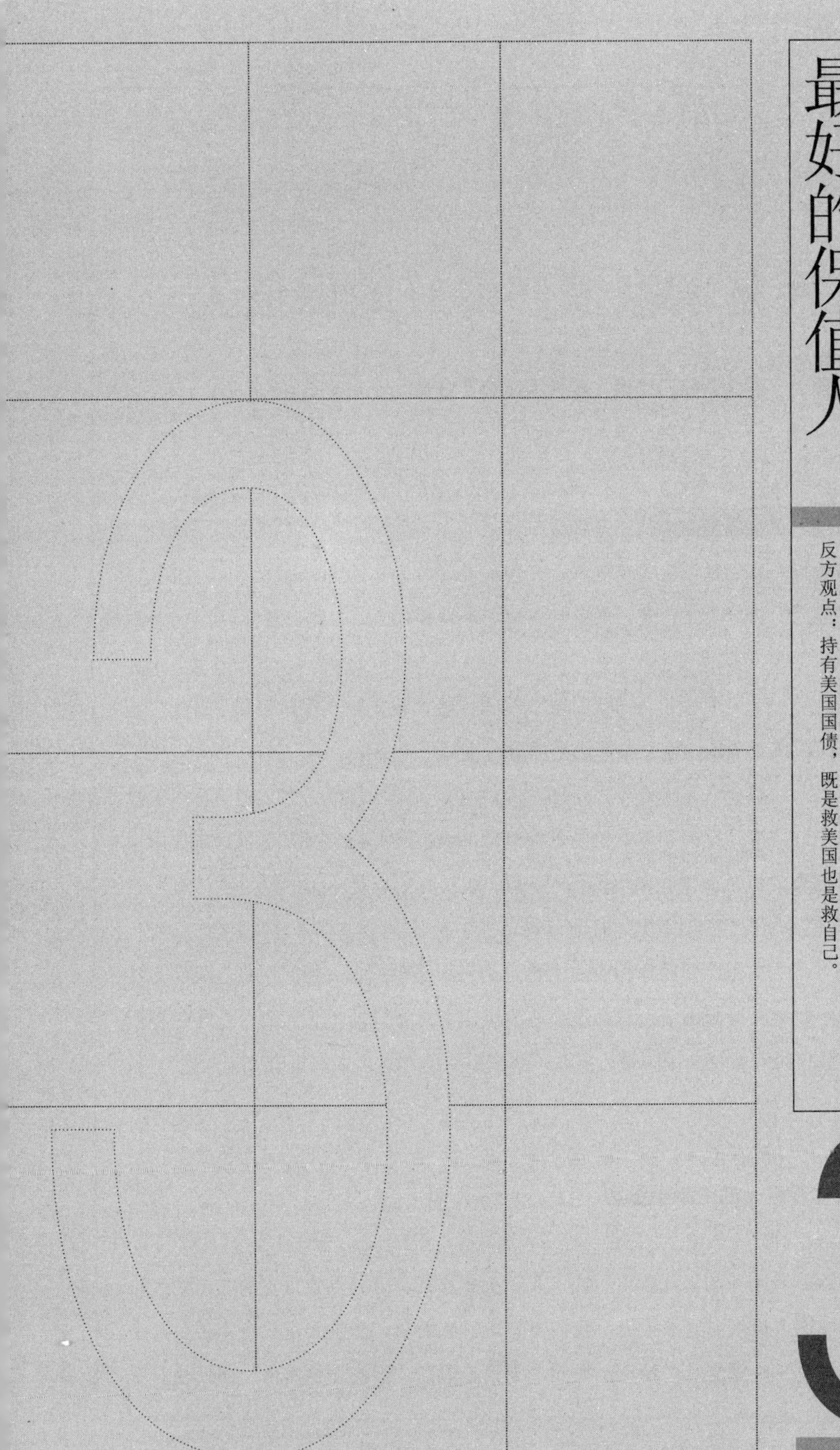

人民是国家资产最好的保值人

象征性动物：老虎。
入选理由：过大外储已如虎，数代人或睡不好觉。

本章PK：美国国债是毒药还是糖果？

正方观点：我们被美国国债绑架了，购入美国国债是饮鸩止渴。

反方观点：持有美国国债，既是救美国也是救自己。

牛力：这一节，我先给大家提供点儿线索，既然说到资产保护问题，首先想到的就是美国国债，美国国债是毒药还是糖果，得分析一下。

我看到一组数据，过去几年，中国政府持续购买美国国债，但是美国本土的投资者却不停地减持，比如10年前美国国债总额3万亿美圆，当中2万亿以上是美国本土投资者拥有，但是到现在美国国债4万亿，却只有三成是本土的投资者持有，也就是1万多亿。而且这个比例还在不断下降。

美国人不买美国国债的原因表面上看是利息率不吸引人。但问题是，我们为什么要坚持不懈地买美国国债，这会不会造成中国海外资产的流失？如今，连股神巴菲特都不建议投资者买美国国债。那么，我们购买的这些国债有没有安全问题？

美国才是最大的汇率操纵国

戴占军：我刚才和立凡聊天时说，人手头有点钱，还是买点可见的有形物产比较靠谱。中国人玩纸财富不大灵，我们要想玩转纸财富，恐怕还需要10年甚至几十年时间的历练。中国文化传统也是如此，无论是晋商、徽商还是浙商，即使是开钱庄的，最初依托的几乎都是地产，最后发了财，投入的依然是地产——盖房子、买田地。我们还是要发挥自己的长处，货币换实物，而避开自己的短处。

现在的中国百姓，为什么恨美国？我们可以找到很多理由，但我觉得最大的原因，还是国债问题。所谓“恨”是因“爱”而生的。一开始，我们“很爱”美国国债，觉得既保险又增值，拿着心里踏实，还能让美国有求于我，同时我们又获得了出口产品的稳定市场。这样一路买下来，中国拥有了大量美国国债，外汇储备中，美圆资产曾达到80%，其中60%以上是美国国债。我们买美国国债占到其总发行量的百分之十几，按照美国最新修正的数据，我们持有1万多亿美圆的美国国债，超过了日本，是美国的全球第一大债主。

然而近年来，美圆和美国国债变得“可恨”起来了，特别是爆发金融危机以来，美圆一直走弱，再加上它为了摆脱危机，嫁祸于人，大玩定量宽松，开机猛印钞票，使得美圆大幅贬值，致使我国的美圆资产，包括所持美国国债，出现严重缩水。我个人认为，美国才是最大的汇率操纵国，是美国政府一手导演了这场“货币战争”，它不费吹灰之力，一夜之间就让中国百姓的血汗钱打了水漂儿。老实说，这是让所有中国人痛在心头的一件事情。

我个人觉得，中国被美国国债绑架了，无论它是糖果也好，是毒药也好，都得吃，没办法，别无选择。为什么要购买美国国债？简单说，一是为了防备美圆贬值，保护我国外汇储备安全；二是为了降低美国国内的通胀风险，进而保住中国产品在美市场。但是，在美国的一手操纵下，当美圆出现大幅贬值的时候，如果我们抛售美国国债，势必造成美圆进一步贬值，而中国持有美国国债总量过于巨大，不可能清空，这又会使我们手头的美国纸财富愈发缩水，从而使我们的损失更大。如此说来，中国处于非常尴尬的两难境地。

吞下美国国债，我现在还没有完全看清楚对我们有多少利有多少弊，但是我的一个基本判断是，依目前的情势看，只有吞下它，没有选择的余地，即使不是“为了自己”，也只能“为了美国”了，明明知道遭到绑架，也不得不被牵着鼻子走。

之所以如此，还有一个重要原因，就是美圆霸权的症候和结果。美圆是全球硬通货，尽管美国为了扩大出口、提振经济，自己强行贬值，反过来又压别人升值，也就是说美圆越来越不值钱了，但从目前来看，还没有任何一种货币可以替代它。

因此，在可预见的一个阶段内，以购买、持有美国国债来保值，恐怕依然是我们的一个主要手段，这也是没有办法的办法。

张国庆：如果这些年不买美圆国债的话，我们做点别的呢？

徐立凡：我同意戴老师说的，我们没办法，美圆资产是毒药吗？真的是毒药，特别是当我们在美国定一个货币政策后让人感受到财富缩水的痛苦时。这是人家的权力。但问题是，这个毒药你必须喝，饮鸩止渴。

从货币角度说，20世纪70年代之前黄金是钱，再往前中国白银是财富，布雷顿森林体系[①]破裂之后纸币是财富。发展到今天，美圆、欧元、日圆、英镑都是可以视为财富的纸了。它们叫避险货币也叫储备货币，美圆更是全球认可的计价货币。所以，这些纸可以视为财富。

但是，这是在一般情形下而言的。如果发生战争或其他不可抗力的灾难，或者出于这些铸币国的某种恶意战略，你储藏的财富会缩水，甚至还可能变成垃圾。现在，我们外汇储备越来越大，当你发现这些巨大财富是建立在如此脆弱基础上的时候，怎能不冒出一身冷汗。这些可是我们积30多年改革开放之时间，积全国人民之艰辛努力换来的啊。

还有，我们不买这些纸财富了，去买有形的物理资产。可是，我们如果买物理资产，比如石油、粮食等有形的东西，必然导致“中国溢价”。我们会被卖方宰。由此导致的局面是：我们坐拥巨资，却不会处置。

为什么有钱也烦恼

戴占军：现在中国想买什么，什么就涨。

徐立凡：这种“有钱的困境”说明两个非常大的战略性问题。第一个问题是，中国需要那么多外汇储备吗？当然外汇储备里面有一个概念，每个国家一定要有保证经济安全的量，否则的话，当1998年、2008年式的金融危机发生时，你无钱应对。这是一个教训。

① 布雷顿森林体系：以美圆和黄金为基础的金汇兑本位制。其实质是建立一种以美圆为中心的国际货币体质，基本内容包括美圆与黄金挂钩、其他国家的货币与美圆挂钩以及实行固定汇率制度。

最终支持货币的是实体经济，当初为什么有亚洲金融危机和全球金融危机？比如赌澳元，澳元为什么坚挺？因为铁矿石涨价了，铁矿石定价权在自己手里，我要多少钱就多少钱，澳元当然坚挺。

当货币偏离基本价值的时候就会出问题，就会有金融危机。现在的国际金融体系和监管体系，实际上是倾向于支持货币偏离基本价值的，因此，金融危机恐怕不会一两次就结束，以后还会再来，形成一个周期性规律。应该说，中国这么大的国家，没有相当数量的储备是不行的。有人估算过，为了安全，中国拥有6000亿外汇储备就够了，再打宽一点，1万亿总够了吧。我们现在是3万亿，实际上比这个还多，因为不可能精确统计，特别是百姓家里的外国资产。问题是，比1万亿的安全线多出来的这些，有意义吗？到底是利大于弊还是弊大于利？特别是付出了巨大的民生和环境代价后，值得吗？

第二个问题是，不管怎么说已经有了这么多钱了，那么谁来支配效果最好？我觉得，除了为国家安全政府持有的外，大部分应该分配给老百姓。我们在银行前会碰到好多炒汇的人，老百姓永远比政府储备财产更加敏锐，相反，政府效率极低，比如“中投”[①]。而且，从民生为本的角度说，给百姓支配也是应有之义。蒙古、中东能做到的，我们更应该做到。

日本给了我们一个很好的先进经验。大家会有很奇怪的问题，日本停滞20年，衰退可能是从2011年开始。不管怎么说，为什么日本经济这么不好，社会依然安定？原因就在于，日本是藏汇于民的。日本外汇储备其实远大于中国，差不多有5万亿，但主要在百姓和企业手中。这样一方面保证了人民家中有粮，心中不慌，另一方面也保证了较高的应对外汇风险的效率，避免因为美国政策造成过大的损失。这个经验值得学习。

马晓霖：把这个财富分摊给百姓的时候，就能保证百姓平时的淡定和生活确有保障。当国家需要集中财富的时候，可通过征收税费再取之于百姓。

张国庆：而且，中国老百姓特别善于经营，最有经营头脑的除了犹太人就是中国人。

① 中投：“中国投资有限责任公司”的简称。

要学山西土财主

徐立凡：现实情况下，包括环境污染、生活水平提高慢等各方面代价之后，换了这么多钱，已经有这么多钱，而且还是政府觉得自己控制比较有安全感。在还难以把钱分给我们自己打理的情况下，怎么处置？

我的看法是，纸财富不是真的财富，还得变成物质。即使有“中国溢价”，也要买，宰你，也要挨宰。因为挨宰好于喝毒药。更何况类似于石油这样的东西是不可再生的，即使再溢价，最终从战略上说，从长远角度考虑并不赔。

日本人买山西的煤，买中东的油，也有“日本溢价”。但是他们认了。我认为这是大智若愚。在政府继续支配主要财富的情况下，个人理财也好，国家理财也好，一定要学山西土财主，买金子、银子拿罐子埋起来，别只藏点纸。

迷信纸财富还有另外一个巨大的风险。比如一旦战争状态，债务全免，作废了。兰德公司是美国最大的智库，2010年有一个报告，说美国欠中国7000亿美圆，打了伊拉克这么多年高支出下来也就花了7000亿。与其这样欠着中国的钱，不如找个借口跟中国局部打一下，债务全免了。当然这只是一家之言，而且美国在美圆霸权确立的情况下，通常不会自己把自己的信用干掉的。但是兰德公司不是愤青，有这样的一个考量，至少说明这是一个可能的方向。这对于中国财富来说，是比缩水更大的风险。你能保证永远不会发生吗？

所以，对3万亿外汇储备的处置，我个人觉得需要非常彻底的改革。

牛力：你说的意思是鸡蛋不要放在一个篮子里。

徐立凡：鸡蛋不放在一个篮子里只是一个技术性处理，这个谁都知道，买点欧元，买点日圆，买点美圆。问题是纸东西的价值太可疑太不安全。现在，我们玩儿的“术”太多，玩儿“道”的东西太少。要从战略改进上着手，解决中国财富周围的巨大危险。这些危险不是想象出来的，是客观存在的。

马晓霖：现在美国政治家跟中国这么商量：我还不了你债，我们共同设一个局抢别人钱然后还你。

徐立凡：从战略层面说，各个可能性都要考虑到。我们现在的财产，其实都是全民财产，主要委托给“中投”等公司。

戴占军：“中投”公司，是国内操盘赢利拿来填补国外亏空的。

徐立凡：段子都说，“中投”公司重金投资于哪儿，哪儿就大灾大难。“中投”在全世界投资界成了笑话，这很可悲。

中国的海外投资到了调仓的时候

牛力：回到题目上来，为什么立凡还是同意要买美国国债呢？

张国庆：他的意思是暂持，现在不能全都处理。有点像股市里面庄家机构调仓，通过振荡完成转换。中国应该这样干，趁着世界乱的时候，振荡调仓，慢慢把我们的东西变成有意义的东西。

马晓霖：论经济我是外行，但是我觉得应该这样看待美国国债问题，即持有美国国债既是救美国也是救中国自己，这是中国压宝美国的未来。如果看好美国发展的明天，在美国比较弱势的情况下持有其国债也是最好的机会。另外，客观来讲，中国已经与美圆挂钩，外汇已经储备为美圆，不减持美国国债就是对美圆坚挺的最大支持。

中国是美圆最大的持有者，中国自己不看好美圆还有谁看好它？中国若抛弃美圆，必然形成众人推倒墙，你抛我也抛，实际上导致中国资产加速贬值，因为事实上，中国已经被美国的美圆绑架。基于这个教训，美国经济复苏以后，中国必须慢慢退出以美圆为主的货币和储备体系，要分散处理中国的财富，不能把鸡蛋都放在美国那个篮子里，起码不能完全与美圆挂钩。

徐立凡：我的观点是宁肯挨宰不要喝毒药。

戴占军：接着说刚才牛力提的问题。我们知道它可能是毒药，我们知道喝下去之后能保命但肚子疼，那为什么还要这样做？其实核心问题就是，中国需要美国的市场，中国需要美国人花钱，为了让他有钱花，我的钱借给他，也得干。他花了钱，他消费了，我才能有生产，才能保住我的就业，才能保住我的社会稳定，才能保住我的经济7%以上的增长率。

我们不搞那么快的速度行不行？回答是不行，这是中国的结构性问题。所以中央提出，要扩内需，促消费，调结构，推动经济增长。这和我们所谈的问题，是相互关联的。

马晓霖：问题是，中国出口乃至中国经济现在对美国的依存度太高。

徐立凡：我们外汇对美国的依存度太高，当然是一个现实，但是欧盟现在是中国第一大市场，我们并没有持有太多欧元，美国是第二市场，但是我们持有过多的美圆，没有持那么多的欧元、日圆，那个市场还在，为什么还在？

2001年世界经济体系分工之后，中国作为世界工厂已经确定了，别人不可能不买中国东西。越南的袜子、土耳其的鞋，不可能冲击我们。我们保证了海外市场，其实跟我们是否持有过多的真钱假财富没有必然的关联性。

傍美国比傍欧盟舒服

戴占军：为什么要在美国这样做？说出来还是傍美国比傍欧盟舒服，我们不能追老二老三，而要追着老大走。

牛力：我看到一个说法，说我们买了那么多外汇，回头他们拿着外汇再买我们的产品，最后还是丰富我们的市场，我们还能发展。但是有一组数据显示，我们已经连续10年资金外流，人家没在我们这里投资，投到外面了，这个钱就永远出去了。

徐立凡：如果是资金外流的话，是中国的幸事。一个例子就够了，我们每天说流动性泛滥，大家知道中国这个市场上有多少钱吗？很多人都想不到，有人说50万亿到60万亿。央行货币政策管多少？5万亿。再加息，再提高存储率，央行也还是影响不了所有社会融资额度。

50多万亿从哪来？仅仅外汇就占23万亿人民币。问题来了，我们要那么多外汇储备干什么？银行里的钱是笼中虎，现在牙齿最锋利的虎不是人民币资产，而是外汇资产，是最猛烈的虎。

牛力：一旦蒸发了会是什么样的状态？

张国庆：财富缩水，少一半钱。

徐立凡：你需要有六七千亿的涉及国家安全的、防止索罗斯偷袭的一个基数，别像1998年泰国那样。你只要略微高于关系国家经济安全的额度即可，因为全世界没有一个资本家能拿出六七千亿的钱来做空中国。这是不可能的事情，谁这样做空就是找死。此外，多出来的钱成了通胀因素。这说明其中有很大的问题。

牛力：算是安全储备吧？

戴占军：就是备用资金，以防万一。谁家里不放个千儿八百的，万一赶上个什么事儿呢。

徐立凡：比如3万亿减1万亿的安全基数，那2万亿就是目前对中国经济威胁最大的。央行的这个政策当然会让贷款率增加，抑制企业生产，存款率增加，但是解决不了还在增加的外汇占款。

钱是要寻利的，它不会趴在银行不动，它会出来兴风作浪。

马晓霖：出来干吗？

徐立凡：做资产泡沫，加大人民的生活成本。

张国庆：我们这一轮的主题是鲸鱼和鲨鱼的问题，它出来就是鲨鱼。

徐立凡：所以，我觉得外汇储备的持续增加是一个噩耗，一定不要觉得是好事。要想到这意味着国内的流动性又增加了。现在应该消储，最好办法是认宰，买不可再生的物理资产。

如果有更彻底的制度建设，请取消不合格的财产代管人，交由我们来处理。任何一个银行门口蹲着问你“要美圆吗”的人，专业知识可能都比一些官方机构强。

我怀疑，海归占上风主导中国金融政策不一定服水土。你学的是西方金融理论。理论是什么？理论是实践后的结晶，你学的是西方金融实践发展的那套东西，它是否适合中国这个土壤，是否适合资本管制的中国土壤？肯定不适合。这时，你就会发现我们的金融为什么如此脆弱和危险？这涉及更彻底的一个制度改革。

不做国际二傻子

张国庆：这里面还有一个问题，这些人学的时候，有一个前提，美国那套理论是在美国土壤中，美国资本家多少年熬过来才习惯了用这个东西。中国人在那儿待一两年，根本没有那种熬的经历，能理解乃至熟稔这种投资理念吗？

马晓霖：或者说，一个龙种只要放在跳蚤子宫里怀胎10个月，生下来肯定变种为跳蚤，而已经不是龙。

戴占军：我们举个现实的例子，当时“中投”进“两房”[①]的时候，就是由于观念问题、理论问题，核心是价值观问题，才导致经济上的重大失误。“中投”当时的基本判断是，“两房”不可能倒，这么大体量的一个东西，国家不可能不管，美国政府不可能眼睁睁地看着它破产倒闭。这是我们的观点，这是我们的思维模式。明明知道“两房”是危险的，但“中投”觉得它可以火中取栗，能火中取栗，拿到的栗子应该最香、最好吃的，尽管有可能烫手。

用我们的规则，去美国的赌桌赌，用我们的企业运行规范、财富道德规范去套别人的现实，这怎么能有好果子吃？

徐立凡：中国积累了大量财富，而且都是物理财富。中国人打理物理财富，春秋战国就有高手，比如陶朱、范蠡。这方面我们有的是经验，有的是心得。

美国是个年轻国家，它没钱的，一开始就空手套白狼，所以别跟他们玩儿金融这一套，我们老老实实取我们的长处，打理物理财富为主。比如2008年中国很多企业和人家对赌，吃亏在哪？赌货币或原油，利润对半分，如果这个跌，我们承担无限责任，这是相当不平等的条约，中国企业竟然也干。而且人家的合同很多地方我们看不懂，那也签了。我们真的要承认，玩不过人家的地方少跟人家玩儿。

张国庆：这点应该学巴菲特，巴菲特从来不玩不熟悉的东西，电子股那么热，他永远不玩，他就喜欢看得见摸得着的。

所以，投资大师都讲系统的，你的投资体系对了，成果也就自然而然地体现出来了，反之，如果总是摇摆不定，见异思迁，输的概率一定大于赢的概率。

戴占军：我太太刚从英国回来，跟我讲了一个特好玩的事。他们的一个团友，去当地酒馆品尝威士忌，店家共摆了三种品牌，供客人选择。这位老兄不知哪种最有名，口味最好，又舍不得花钱一一品尝，于是打开随身电脑，用网卡上网查询。很快有了结果，他买了其中一款喝下，花了2.5英镑，还得意扬扬地说“没花冤枉钱”。后来仔细一琢磨，不对呀，他就是把那三种威士忌都买下来，一一品尝，总共也花不了六七英镑；而他上网查询所花的钱，却是100多块人民币，远远超出购买三种酒的钱了。中国很多投资企业，就是这个样子。

---

① 两房：美国最大的两家住房抵押贷款机构房利美和房地美。

要做“机灵小不懂”

张国庆：这是中国人的弱点，战术上聪明，战略上迟钝，在投资上、人际关系上、感情上、事业上都这样。我很喜欢看的一部戏是《机灵小不懂》，觉得那是真正聪明到骨子里的人。

马晓霖：在全球竞争的层面看，美、俄、欧都是大玩家，像玩麻将一样，世界这个麻将桌面很高，中国过去像个没长大的孩子，个头矮，只能在桌子下面看到几条腿，听见桌面哗啦啦响，不知究竟怎么玩。等中国长大了，强壮了，也有资本被允许上桌参与搓麻将，这时候的中国依然缺乏经验和玩的实力、计谋，动辄给庄家点炮。到现在，情况也基本是这样。像俄罗斯也有全球战略，但是无心无力，而美国总体有心又有力，美、俄、欧、日等列强，它们都是做一步，看两步，想三步。成长中的中国必然要先交学费，付出各种代价。

张国庆：我不同意交学费的说法！我有两个理念，第一，没玩过股票的人一定要虚拟操盘一番，不能直接就拿一百万冲进去交所谓学费。那是国际二傻子的做法。要学习一段时间再真刀真枪上阵，这时候心理上和经验上都痛快。

第二，我们参与它的游戏规则玩儿的时候，为什么老犯错误？因为自大。就像现在很多人有了钱觉得可以摆平一切，这是国内的思维，但是国际上归我们管吗？我们真的以为钱可以摆平一切吗？中海油并购就是典型例子，没有考虑人家的文化、政治等诸多因素。

一知半解最可怕。一些人貌似到聪明的地方溜达了一圈，就以为自己是聪明人了，觉得不过如此，结果呢，成了二傻子加强版。我就遇到过一些海归，把自己当做美国镀金过的精英人物，梦想很丰满，现实却很骨感。最惨的是将这些人当做诸葛亮的人，很信任地将“马谡”推上阵，结果往往是输得一塌糊涂。

许多时候，你真的把自己当盘菜时，其实你已成了别人的菜。

牛力：我这儿还看到一组数字，2009年中国年报显示，“中投”员工总数246人，硕士及以上学历199人，有海外工作经历的人达到115人，比率占近半。此外“中投”还拥有31名外籍员工。新近的招聘公告说，根据业务发展需要，公司将面向全球开展新一轮集中招聘活动，诚邀来自不同国家、不同文化背景的英才加入，拓展发展机会。我在想，我们要拥抱世界，是不是要付学费，这个是不是我们该付的学费呢？

徐立凡：不应该。这个新闻我一点不尖刻地理解为，不相信自己的人民能处置财产，但相信洋人。实际上，洋高管在中国企业做好的案例几乎没有，不要迷信那个。

戴占军："中投"屡战屡败，许多行内人分析，其中很重要的一个原因，就是它人头不行。人头不行是指什么不行呢？你弄了一帮政府的人，弄了一帮国企的人，到你这来做操盘手，可有些人不是这块料儿啊。所以才有了后来的所谓全球网罗、引进人才，国内还弄了一帮高学历的金融博士、管理博士等。他学历高，可并不能代表能力强啊。

再说了，就算换了人头、换了头脑，但问题是，许多机制、体制上的东西没有变，光换人头又有何用？比如我们要买个苹果，总要有人分析比较这个苹果跟别的苹果哪个更便宜，哪个品质更好，哪个是新鲜的，哪个是不新鲜的，你总要有个评价和标准吧。可我们在类似这些问题的处理上，做得很不熟巧，单单知道聘请行家，委托一些咨询公司来做。

我们挣钱也不能总想一个人挣，这是一个很大的误区。钱全让你自己挣了，不可能，你必须有专业的机制、专业的体制、专业的人才、专业的管理，各方面帮你来一起做，有钱大家挣。否则，就可能遇麻烦，出乱子，当冤大头。所以，就算头脑变化了，没有体制、机制、专业化操作等实质性改变，还是不行。

牛力：我们的意思是，一方面是肯定有问题，另一方面是不是要想想有没有什么办法解决问题。"中投"2007年9月29日成立到现在，出了很多问题，比如刚才谈到摩根士丹利，还有东电。

戴占军：外媒说"中投"在日本东电占到10%，但它自己说没有那么多。

徐立凡：抛开涉及国家安全的外汇储备，剩下的钱打造成国民基金有何不可？把钱做成一份基金，这个基金交给职业的，可以是我们自己选的代理人，也可以我们自己打理。比起政府理财，越是民间化，效率越高，越能够趋利避害。

张国庆：说到这里，前两章都是用动物，第一章是大象，第二章是刺猬，这一章是用老虎，笼中虎放出来还是不放出来。

老虎为什么是王？老虎很牛，它轻易不乱动，节约能量，但是一动一个准。我觉得投资上需要老虎，务实。

另外，老虎还有一个习惯，就是只吃“浓缩食物”。知道吗，现在很多人得病的原因就是吃得太杂了。一顿饭，你常常会吃不同的肉，猪肉、牛肉、羊肉，这样最容易得病，不符合胃肠的消化规律。而老虎，一次就吃一种肉，决不吃第二种。

在老虎身上，我们看到专业的力量，还有就是一种凝聚精、气、神所形成的霸气。

徐立凡：现在“中投”已经到什么地步？投资韩国电影、韩国电视剧。

牛力：这不就是一个积累经验的过程吗？从另外一个角度来讲，有赚就有赔的，总体还是有赚的。

徐立凡：这些外汇储备性质等于央企，你会宽容央企吗？都是全民的钱，只不过因为你产权意识不清晰。

牛力：如果让我玩儿，我可能赔得什么都没了，这个我不懂。

张国庆：你不懂，不玩儿是最好的，是对社会的最大贡献。“中投”的问题一个是衙门化，第二个是海归至上。

中国的智慧在民间，永远都是这样。当年诸葛亮就在民间，高人全在民间。

牛力：你这个民间我也知道，但是总得有一个出来的吧？

张国庆：“中投”问题，它如果犯一次错误，我不说它什么。关键是世界上还有比它更不长记性的吗？在一个地方摔那么多次跟头，那就不是智力问题了。号称是智力最高的一帮人，怎么可能呢？如果是自己的钱，你觉得这帮人会这么干吗？如果他们的祖国是美国，他们会这样干吗？

海外投资，先乌龟再兔子

牛力：刚才说到鸡蛋不要放在一个篮子里，稍微引申一下，把钱分到几个篮子里，有利也有弊，财富太分散了回报有时也会降低，投资相对集中，如果遇到牛股就会有惊人的回报。就跟买彩票似的，几年就守这么一个号，守着就守着了，守不着拉倒。

戴占军：对待财富有两条，首先是要安全，其次才是增值。所谓分篮放鸡蛋，解决的是安全问题，而不是增值问题。篮子里是不是都要放鸡蛋？什么篮子里放鸡蛋？是放金蛋还是放一碰就碎的蛋？这解决的是增值的问题。

我们的话题是中国海外资产怎么增值，我看首先还是安全可靠，先做到保值，能不能增值在其次。当然，风险越大，可能收益越大，也就是说，我们在安全和增值之间，要找到一个最佳的平衡点。这个道理都明白，就是我们实际操作上出了一些问题，包括“中投”暴露的一些问题，包括我们为什么在现在这种情况下还要购买美国国债。换言之，储蓄、运作纸财富的方式要有所变化，不能在一棵树上吊死。

中国海外资产，除了上边说的国债之外，还有一块是我们的民间投资，包括私营企业投资。中国企业在海外投资遇到很多麻烦，首先是意识形态方面的冲突，同样是卖苹果，可能他觉得卖给意识形态更接近的资本，心里更踏实一点，从所谓国家安全或者从他的价值观来说，这也不值得大惊小怪。

除此之外，我们现在的投资领域过于集中，引起海外被并购者的不安，从而加大了我们的投资难度。比如中国人一窝蜂地投资能源、矿业、原材料、建筑工程，领域太集中了，让人恐惧你会形成垄断，从而对你保持警惕、怀疑的心理。澳大利亚政府针对中国对矿业的投资，就加大了审查力度，设置了在产矿业投资不得超过15%、新矿不得超过50%的限制。另外，我们参与并购投资的企业，对不同文化的冲突估计不足，接手国外企业后，在管理文化或者企业文化上有点水土不服，因此在企业内部引发了新的矛盾，影响了企业的运营成长。

从目前趋势看，中国正在从被并购者转变成并购者，中国的海外投资增长迅速，近年的年均增幅在70%以上，据2010年上半年的统计，中国参与的海外并购交易额仅次于美国，排在全球第二。目前，我们已在170多个国家和地区设立境外直接投资企业1.3万多家，投资累计净额达2500亿美圆。

海外经济利益，正成为中国的核心经济利益之一。然而，由于一些中国投资企业急功近利，业务不熟，管理生涩，错判形势，导致赢利水平低下。中国企业海外投资项目的总体盈亏数据没有统计，但我估计半数以上亏损或零利润，这应该是不争的事实。还有的恐怕是血本无归，或是只能苦苦等待，听天由命了。比如在利比亚的投资，人是撤回来了，可投下的钱却拿不走，如今那里是烽火连天，前途未卜，中国在利比亚的投资会不会全军覆没？这还是个未知数。类似的尴尬，并不鲜见。所以，我国企业亟须提高海外投资的风险意识和风险管理能力，特别是在后危机时代的复杂背景下，投资环境、市场环境、所在国政治环境和政策环境的不确定因素层出不穷。企业要把可能出现的困难和问题估计充分，事前作出缜密的评估，事中作出前瞻性预判，时刻准备好应对风险的预案，这样钱才比较保险。

要特别提醒的是，在海外投资上，不能盲目跟风，中国人的从众心理要不得。我们的一些企业有了钱，看别人趁着金融危机去海外“抄底”，自己也匆匆忙忙跟着下笊篱，不知道跨国并购的水有多深，结果陷进去拔不出来。中国做买家是刚刚开始起步，随着经验的不断积累，包括国际市场上对整个中国国家品牌的认可，中国的海外投资并购之路，可能会走得越来越顺些。

徐立凡：我再补充一下。国家理财，就是这个外汇，我们基于两个判断，第一，3万亿外汇储备太多，比老虎更危险的是外汇储备，至少多了2万亿。这是央行管不了的，这也是通胀的因素。第二个现实情况是赔得太厉害。在这种情况下，外汇储备，根本不应该增值，保值就不错了。首先要对纸财富不信任，其次不惜付出中国溢价的代价也要买不可再生的物理资产。

牛力：有一个刚才没怎么涉及的问题，中国产品在海外的尴尬。中国产品在海外遭遇到的尴尬到底是由于质量问题还是过于廉价影响的？中国产品品牌的无序和泛滥是不是也是导致在海外尴尬的原因之一？

勤快过头也招人烦

马晓霖：中国产品在海外有两个层面的问题，一是本身的品质问题，二是对所在国经济的冲击问题。品质问题直接导致损害消费者利益，中国的产品以价廉物美著称并构成核心竞争力，当然是相对的美和绝对的廉，尤其在发展中国家特别受喜欢，当然，后来在发达国家包括像美国这样的国家也日益赢得市场。

以美国为例，美国人以前买电视更喜欢买索尼，质量非常好，后来发现中国的电视也不错，不仅便宜而且质量过关。中国产品的性价比构成世界范围内的竞争优势，也满足了很多购买能力相对弱的家庭和其他消费者。但是，由于中国产品在海外市场自我竞争日益激烈，生产与贸易关卡管制方面又存在缺失或漏洞，导致大量品质极差的地摊货进入国外市场，加之本地代理商昧着良心，以次充好，一味靠低价争夺市场份额，导致中国产品被迅速注水，价格未必上涨，可质量却不断下降，即使在巴勒斯坦和伊拉克战争的战乱地区，当地人都看不上中国货，抨击中国货的质量问题。更有甚者，由于质量问题还造成人命官司，比如俄罗斯曾经出现过进口中国白酒喝死人的事。

中国产品品质的名声堕落，有国内生产环节的问题，也有经销商环节的问题，因为经销商、代理商、进出口商只顾自己赚取利益，并没有考虑维护生产和消费两个顶端的利益。

中国产品引发的问题远不是质量问题。从最早的西班牙鞋商焚烧中国店铺，到后来美国发起轮胎特保案，都反映出一系列问题，中国的产品出口后已经与海外市场的生产和销售环节产生结构性矛盾，这种矛盾涵盖产品种类、型号、品质、价格、成本等多个因素，关系到行销之处的产业、就业、收入乃至生活品质。

坦率地说，中国的产品为何价格偏低，因为我们的产业成本低，包括原材料购买、产品设计、生产、包装、运输等，因为我们的产品对内无须支付合理的薪水与福利、设计费、环境保护费等，在境外竞争者看来当然是不正当、不公平竞争。起先中国产品作为补漏品出现，弥补价格差或者品质差，最后发展为冲击他国市场乃至就业，甚至断了很多人的饭碗，造成社会不满和恐慌，自然引起他们对中国产品的排斥和敌对。

再往更深一点追究，中国就业人员随着产品走向海外，不仅导致某些产能的向外转移，冲击当地产业结构，更重要的是，大量中国产品涌入，扰乱了东道国的消费方式、生活节奏甚至生活方式，进而降低了原有的安全感和幸福指数。

举个简单的例子，不少中国人在海外开餐馆，原本是好事，丰富当地人的饮食品种和口味，便利了当地生活，也活跃了经济，但是，当中餐馆过多影响到本地原有餐馆的生存时，麻烦就来了。

再比如，本地有人开个杂货铺，每天到点关门，周末歇业休假，享受生活，但是，随着中国人落户并介入这个行当，当地杂货商发现，他们的生意越来越淡，钱越挣越少，因为在他们休息、放松的时候，中国同行并没有停止服务，自然也就抢走了他们的生意。久而久之，本地杂货商为了生计不得不改变原有的生活节奏和规律维持生计，生活品质直线下降，最终把账都算在了中国人的头上。因为他们感觉中国人来后，他们的踏实感、幸福感和安全感没了，巨大的生存竞争迫使他们不再是悠闲和讲究慢节奏、高品位的法国人、意大利人和英国人，而是变成为生活、为攒钱而朝夕忙碌的“中国人”。

边贸的牌子被自己人砸了

张国庆：举个最典型的例子，20世纪90年代初的中国边贸，曾经辉煌一时的公司没过几年都垮掉了，原因就是我们对俄贸易上劣质货太多。当时的背景是苏联解体，很多人处在比较困难的状态下，囊中羞涩想买中国便宜货，以抵消变局和危机带来的冲击。但是我们那时候发过去的许多货物，却是劣质货，严重伤害了俄罗斯人的权益和感情。人家用真金白银买的东西，里面是黑心棉，喝进去是假酒。将心比心，你会怎么看对方？

贸然降低外贸门槛是关键原因。原来我们是正规外贸公司，有着规范的操作模式，比较讲究质量、品质，信用也较好。后来全部放开后，小商小贩都去了，浑水摸鱼的也去了，乱搞一气，很快便引发了俄罗斯人的仇华情绪。直到今天，我们在俄罗斯的生意都很难做，因为阴影还在。

戴占军：近10年以来，全球叫嚷：“了不得了，中国人又来了！”

“中国人又来了”，主要是两个概念，一个是作为自然实体的人的概念。中国人到处跑，有旅游的，有闯出去捞世界的，有落地生根的，还有打一枪换一个地方的。中国人有点像吉普赛人，哪里都敢去，去哪里都能活。世界上任何一个角落，说没有中国人的地方，恐怕是没有了。

第二个是说中国的产品。我们的话题叫做中国产品在海外的尴尬，这个尴尬来自于哪里呢？一方面世界已经认可你是世界工厂，你想摘掉这个帽子都摘不掉，也没人顶得起来呀。另一方面，它也确实依赖你，中国制造物美价廉，它离不开中国产品。我们已经创造了多项生活用品的全球产销量第一，是全球首屈一指的“鞋王”“衣王”“灯王”“礼品王”“小商品王”“小五金王”等，占领了全球大部分市场。这边它离不开你，那边让它对中国货说“我爱你”，还真不容易。

为什么？两个问题，一是产品自身的问题，另一个是市场问题。

产品的内在、外在质量，行话叫做实物质量。你的实物质量水平怎么样，这是要过市场和消费者这一关的。关于中国产品的质量及安全问题，现在国内外的消费者都有意见，也有不少行家把脉下药。我个人认为，抛开法律、道德的层面先不谈，中国产品质量问题的核心，还是个价格问题。

中国货要和人家竞争，创新能力上不行，功能上不行，设计上不行，科技含量上不行，工艺上不行，适用性上不行，剩下的还有什么？就剩价格优势了。价格优势主要来自两大块，一块是人工成本较低，另一块是降低原材料成本。降低原材料成本有多种办法，但见效最快的办法，就是偷工减料、以次充好。大家想想，这怎么能不出问题？

老实说，近几年来，我们中国的产品特别是出口产品，在创新上、设计上、工艺上等，上得很猛，已经直逼世界一流水平，但我们依然在品牌上弱势，同时，人工成本的优势开始丧失。在这种情况下，中国货不能定价过高，要卖得出去，还得打价格牌。而要控制价格，就只能向原材料成本挖潜了。因此我预测，中国产品，恐怕还会在原材料问题上摔跟头。从价格到原材料成本控制，中国制造就处在这个怪圈内。不是我们做不出好产品，而是为了拥有价格竞争力，不得不在原材料上做文章。所以说，价格是个核心问题，它让中国货扬眉吐气，也可能把中国货害惨！

与之相关的，还有质量标准问题。说来说去，是人家有标准话语权即标准的制定权，人家的一些标准我们达不到，执行的质量安全标准比人家低。

比较典型的例子，是新近曝出的雀巢等国际品牌，在瑞典被查出重金属超标这件事。同样是雀巢生产的东西，我们国家的没有问题，在瑞典生产的却出了问题，这是怎么回事？实际上就是评判的标准不同。我们国家相关的标准，规定的相关重金属限量值，是0.3毫克，而人家的限量值是多少微克，两者比较，相差1000多倍。用瑞典的标准来检验中国市场上的产品，根本不能获得市场准入；而我们依据低标准生产的东西，拿到人家那里去，自然也是过不了关的。

另一个层面的问题，就是质量诚信。不是我们能力不行，而是质量诚信上亟须提高。我能不能把一个杯子造好？没问题的。问题是我为了降低成本，提高我的价格竞争力和可怜的利润，分明能做好的东西，我都不把它做好；能使的好材料我不使，我要买便宜的材料；能达到的高标准我不追求，因为低标准制造省钱。还有假冒伪劣、坑蒙拐骗的，更不用说了。这就是质量诚信不行，而非质量手段不行。此外，在质量控制、质量管理的能力上，我们和国际大公司比较，和发达国家比较，还有一定差距。

再来说说市场问题。中国产品遭遇的尴尬，除了质量问题外，目前更为严重的是遭到多个市场的抵制，面临所谓“不公平待遇”，成为贸易保护主义的最大牺牲品。在一些国家眼里，中国制造现在就是洪水猛兽，它们的市场，它们的商业环境，它们的文化土壤，没有办法接纳我们。

是我们的实物质量、服务质量又出了什么问题吗？不是。就是人家该休息了，我们不休息，我们24小时开门迎客，人歇马不歇，把钱都赚到自家兜里去了，弄得人家没法跟我们玩儿。

去澳大利亚，看到澳大利亚一帮妇女在那里游行喊叫，干吗呢？是抗议中国家长，说中国家长一天到晚逼着孩子学习，人家的孩子玩，咱的孩子不玩，工夫全花在书本上了。结果，咱中国孩子10个人进到班里，半年后，这个班学习成绩前10名，全是咱中国的“小二郎”。

这么个竞争法，谁受得了啊？中国的产品也是这么个劲头，进到人家那里，对原有的或人家约定俗成的规矩不管不顾，无序竞争，结果四面树敌，引起公愤。全球的贸易争端，进出口产品争端，中国占到其中的三成以上，而且还有愈演愈烈的趋势。特别是金融危机之后，各国为了自保市场和饭碗，采取了很多市场准入限制措施和贸易救济措施，常见的有反补贴、反倾销、临时保障性措施等。看似冠冕堂皇，实际上常常是没事找事，就是他们的日子紧了，本土产业受不了了，需要保护了，我们中国的产品不能卖了。

还有一个新的动向——对中国产品采取技术性贸易壁垒，制定出更高、更多的标准，打我们个措手不及，把我们的产品用技术性措施挡在门外。比如，围绕企业的环境责任、减排责任、安全责任、社会责任等，制定一系列我们达不到或很难达到的标准。我们要进他的市场卖手机，好啊，他不说不让我们卖，他会说："你的手机质量很好，也很便宜，但我问问你生产这个手机的企业，你种树了没有？你做慈善事业了没有？你是否善待你的职工了？你消耗了多少能源啊？"这一问，中国企业傻了。人家就用这些东西，成为抑制我们产品进入市场的条件和标准。

我给中国出口企业一个忠告，现在要让产品成功打入海外市场，要持续站稳，你的言行举止就一定要谨慎。你既然要把产品卖到别人家里，你就要遵守人家的规矩和玩法；你既然要成为世界制造商、销售商，你就要对世界承担责任。在这样的问题上，如果我们再不更好地进行自我调节和自我约束，恐怕会拖累整个中国经济的发展。

大家知道，我们的经济是外向型经济，中国经济发展在相当程度上要靠卖产品、卖服务，而且卖的价格相当低廉。我们那么多钱是怎么来的？那是老百姓的血汗钱，是农民工、城市工一点一点积累起来的。我们走出去的企业，应该转变一些商业方式和思维方式，让中国的产品和服务更有亲和力。否则的话，这不仅仅涉及经济问题、质量问题，还涉及中国更长远的国家品牌利益。如果我们的产品老出质量安全问题，我们在市场上老不遵守规矩，对当地人原有的资源和结构老是充当"麻烦制造者"，最后，我们的牌子一定坏了。

什么是牌子坏了？其实就是国家软实力坏掉了。可想而知，在未来世界历史进程中，软实力其实就是硬实力，软实力与硬实力的协调运用，即是巧实力。所以，无论从我们的市场策略上还是质量策略上，中国都要反思。

马晓霖：说到底，中国在海外产品竞争遭遇尴尬还是内部的问题，中国的经济增长是盘剥式和掠夺性增长，不是和谐式和包容性增长。人家指责中国产品以低于成本价来投入市场参与竞争，我们往往会辩解说，我们的成本就是三五元，但是，如果参照国外劳资标准的成本，环保成本，以及其他社会成本的付出，中国产品在现有价格上外挂一个零可能也不算多。

前些年对外出口要给国家创汇，我们可以不接受这个低成本，但是，现在政府提出包容性增长，提出转变增长方式，注重增长质量和效果、注重环保，提高所有劳动者的待遇，确实必须要扭转外国竞争者所指出的实质性问题。所以，解决中国产品和中国人在海外遭到排斥的根本性出路要从国内开始，从身边开始，必须向世界通行的规则看齐。

戴占军：提到规则，我们不能像流氓无产者那样，把原有规则通通打烂。有些规则，包括市场规则，我们要去尊重它，适应它，不能见什么砸什么，一切都推倒重来。无论如何，规则也是一种人类共同的文化遗产。

说到大象，我觉得有时候我们像鲁莽的大象，但有的时候又过于谨小慎微。

4

中国要怎样的海外保护

象征性动物：鲸鱼。

入选理由：温和地处在食物链最高端。

本章PK：中国将来的航母，是内向一点，还是外向一些？

正方观点：中国航母下水的政治意义，远远大于实际军事意义。

反方观点：中国航母既是中国成为海洋大国的宣示，又是护国护民利器。

中国要怎样的海外保护

象征性动物：鲸鱼。
入选理由：温和地处在食物链最高端。

本章PK：中国将来的航母，是内向一点，还是外向一些？

正方观点：中国航母下水的政治意义，远远大于实际军事意义。

反方观点：中国航母既是中国成为海洋大国的宣示，又是护国护民利器。

牛力：我们谈过了所处的环境，下面我们就要想想我们有什么。我们兜里的钱变成了外汇，在海外的资产怎么去保护，更多的是从经济层面，说到中国资产、中国品牌，甚至还有中国形象问题，我们在2011年年初看到中国国家形象片（角度篇、人物篇）等，都在强调中国形象概念。

接下来，咱们可以考虑从政治、军事再切入更多一些，分析得更明确一些。原来是一个大的范畴，把它分到各个小的范畴里面，我们再往下走可以分到更具体的，比如说航母，我们也知道7月份有可能“瓦良格”号航母[①]就会下水了，现在我们在大连港口都能看到，天蓝色的样子。各种各样的评论都有，外媒的报道也非常多。

我知道最近有一个分析，说“瓦良格”号航母有点非驴非马，什么都想放在一起，结果不伦不类。马来西亚《南洋商报》4月11日刊文说，在世界各国，尤其是西方大国要求中国承担更多全球责任的时候，中国进入航母时代，也是为了响应全球号召，为世界和平尽责分忧的体现。我觉得我们可以先从这个观点进入。

---

① “瓦良格”号航母：2011年7月27日，中国国防部首次证实，目前正在改造一艘废旧航空母舰平台，用于科研试验和训练。2011年8月10日“瓦良格”号航母进行出海航行试验。

第四章

没有大杀器不配保护大国公民

马晓霖：我觉得拥有航母对中国来讲是非常必要的，原来咱们实力条件达不到而已。从国防战略的角度来讲，以前是本土防卫型的，一是源于中国的实际力量，而且国土概念守旧，只限于960万平方千米领土和300万平方千米领水。但是在全球化时代，中国的利益已经全球化，比如远在南极，只要有一个中国人在那里，中国的国家利益就会延伸到那里，公民的安危当然也是国家利益的一部分。

随着能源供应的全球化，市场分布的全球化，以及从业人员安全风险的全球化，中国在世界各地参与不同层面的竞争，乃至作为一个大国所承担的对世界的基本责任，都要求中国以全新、全球的视野看待航母舰队的打造。因为它是维护国家核心利益的重要手段和方式，还是承担国家和国际责任的必要工具和平台，中国必须适应时代对航母舰队的要求。这种情况下，中国的军事力量从浅蓝走向深蓝，从近海走向远洋，是历史的必然，是国家强大的必然，也是世界角色的必然。

2年前酝酿中国海军是否前往索马里护航时，我就对媒体表示，中国海军一定要参加护航，一定要借机出海，一定要借机远航。从承担国际责任和义务来讲，中国从20世纪80年代末参加联合国维和行动，至今已经出动1.4万人次，中国军队走向海外已经是事实。从维和角度看，中国已经在尽职尽责，符合其大国应有的担当。

但是，从更广的领域来看，中国海军也必须走向更远的地方，尤其是打击海盗，确保海上航线畅通，确保中国战略物资和商品流通正常运转，强大的海军必不可少。从非洲之角到马六甲海峡，这条航线是全世界最重要的航行通道，对中国来讲也是经济命脉，中国对外贸易80%的货运、中国石油进口中的90%都依赖于这条航线，如果没有强大的海军，如果没有强大的航母舰队，一旦出现危机，很难做到有效护航。

另外，从保护海洋权益来讲，航母舰队也是必要的。南海最远端离中国大陆近2000千米，如果没有航母，很难有效防范南海沿岸其他国家对南海权益的蚕食。南海49个岛礁，有29个被越南霸占，其他若干也被周边国家实际控制，如果中国有一支航母舰队长期巡视南海，将起到极大的震慑作用。因为关键时刻还是要靠枪炮说话，靠军事实力做后盾。

当然，就目前而言，我认为航母下水的政治意义和象征意义远远大于实际的军事意义，因为从有航母到形成航母舰队起码要10年，从形成航母舰队到锻炼出可靠的航母战斗力还要几十年。我个人认为，有了航母，中国的综合军事力量实质上并没有发生变化，但是，它对我们保卫全球战略利益来讲非常有象征意义。

像老罗斯福一样理直气壮地发展海军

牛力：就航母再稍微展开一些，我们现在针对这个消息有各种各样的评论，有人觉得是好的，也有人觉得是向全球示威，有可能会产生不利的东西。

张国庆：中国现在所处的历史时代，特别像100年前的美国。美国自南北战争之后进入镀金时代，那30年有点像我们最近这些年，贪污、腐败、垄断、破坏环境等一系列问题出现，直到老罗斯福出现。

老罗斯福给我最深刻的印象是，他是一个海军狂，海军部长出身，在任总统的时候，海军支出连年增加，最多的时候，竟然占到了联邦总支出的20%以上！当时也有欧洲国家非议他，老罗斯福的做法是不解释，照旧飞速发展，最终用海军优势堵住了别人的嘴。

结果是，美国海军与欧洲大国的差距逐步缩小，1905年为世界第六位，到了1909年，则跃升为世界第二位，成为仅次于英国海军的强大海上作战力量。美国也从此成为海洋大国。

最有意思的是1907年12月，美国军舰在海军少将罗布利·埃文斯指挥下排成战斗队形，从汉普顿锚地出发驶向南美和麦哲伦海峡，进行了航程4.6万海里，历时14个月的航行。这次巡航，除了向全世界显示美国已成为一个强大的海上强国外，还在美国国内唤起人们对罗斯福海军建设规划的支持，并验证了美国舰队有能力绕过一片大陆，驶过一个大洋，到达东方水域后仍能保持临战状态。

美国海上力量的强势，以及在国际舞台扮演的越发重要的角色，激起了罗斯福内心深处的豪迈情怀。于是，在20世纪之初，罗斯福信心满怀地大声对国人说："现在不同了，我们已经变成世界强国。"这唤起了民众内心深处的激情，也使得他推动国内变革的种种主张更为引人注目，更具深厚的民意基础。

到了小罗斯福时代，美国彻底成为世界第一军事大国，其对海军事业的热情也得到了回报——在二战中，赢得太平洋战争。从某种意义上说，但凡成为世界强国的国家，海军都是很厉害的，这几乎成了一种标志。

发展航母不只是为了"圆梦"

戴占军：说来说去，航母是一件实物武器，它为什么能够引起全中国乃至全球的军事家、战略家、经济学家这么热烈的讨论？航母是海权的一个标志，这就是问题的核心。航母的意义，既有战略层面、宣示层面的意义，又有实际的作战意义。

我们先说航母能干什么，严格地说它就是一个作战平台，按照美国造舰体制来说，它的主要用途是搭载飞机。航母出动，是一个庞大的战斗群，不同的舰种分担不同功能，从而组合在一起形成强大的战略打击力量，它在海上可以比较快速地机动、抵达，形成更自由、更大的控制半径和作战纵深，抢夺制空制海权。

对于我们现在正在改建的"瓦良格"号，有人说是非驴非马，其实骡子也不错嘛。我们的航母似乎和美国的体制不同，除了搭载飞机，还安装了相控阵雷达，据说还装了远近程攻防武器系统，这样一来，它本身不仅是战机的载具，而且构成了一座功能相对完备的海上作战平台。我想中国有自己的考量，中国没有精力或经济实力去快速建造美国版的庞大航母战斗群。

我也是坚定的航母支持者，但是我跟晓霖有一个很大的不同在于，晓霖认为10年训练成军，几十年才能形成有效战斗力。我认为进展速度会比这个快得多。要相信中国人的聪明和才智是足够的。况且刚才谈到的这个时间表，是按照西方的航母建军历程和标准推算出来的，西方标准是怎么来的？过去没有模板，它只能自己一点点摸索着走。但我们是后发，有后发优势，我们知道他们什么时候走了弯路，我们可以少走弯路，多走捷径。所以我认为，中国航母起点不会太低，也有自己的特色。而目前我们的做法也是完全对头的，就是我先去改造一艘，获得经验，在此基础上再发展。

我们再来看看航母的实际作用。解放军一造航母，为什么周边有点紧张？先说台湾问题。当然海峡两岸是手足同胞，我们一直讲的都是和平统一。但今天我们是从纯军事的角度来分析，如果有了航母，解放军不仅在海峡西岸形成强大压力，还可以在台湾东岸形成强有力的军事存在，实际上就使台湾面临着腹背受击的困境。

一面受敌和四面受敌，局面有很大不同。美国一直承诺要驰援台湾，如果我们有航母战斗群的话，美国驰援的构想可能就要落空。刚才晓霖还谈到两个问题，一个是南海权益问题，现在2000千米的海洋纵深，我们现有的飞机作战半径达不到，而中国空中加油机的能力又是弱项，据说其中部分要件还需要外购。如果我们有航母的话，保卫南海权益，那就没有任何问题了。

另一个是马六甲海峡问题。马六甲海峡是连接太平洋和印度洋的咽喉，对我们来说，讲句不好听的话，那是中国的睾丸，谁想捏就能捏死。恰恰在这一点上，跟我们叫唤最凶的不是美国人，而是印度人。据未经证实的消息，中国的石油储备只够15天，我想不见得这么短，但无论如何，马六甲海峡是我们油料运输供给的一个咽喉，如果人家掐住这个咽喉，对我们来说是个很大的麻烦。但是，如果我们也有航母，在马六甲海峡形成有效存在，那这个问题就可以迎刃而解了。

能源安全，是当今中国的一个重要议题。我们在陆路修了几条输油、输气管线，北面有俄罗斯、哈萨克斯坦，南面有巴基斯坦、缅甸。实际上，陆路管线，除了有经济上降低成本的考量和有效性之外，跟我们在海上石油运输线的薄弱是有关系的。试想，如果我们有几个航母群摆在海上，修不修那些管线也就无所谓了。

由此引申出的一个重要话题是，中国要不要成为海洋大国？中国人要不要有海洋意识？传统上，中国是黄土文化、大陆文化，但是我们知道人类的未来是在海洋，我们必须向海洋拓展我们的空间。要走向海洋，目前最具标志性的事物，就是航母。有人讲中国造航母无非是圆70年的航母梦，当年的国民政府，在20世纪40年代的时候弄过一个航母计划，结果最后啥也没弄成，所谓70年航母梦，就是这么来的。但我认为，我们现在造舰的目的绝不仅仅是圆一个梦想，绝不是“面子工程”，它实际上表达了中国走向深水海洋的坚定意志，是我们这个被视为传统的内陆国家要成为海洋大国的精神宣示。至于我们有了航母怎么使用，那是另外一个层面的话题。

牛力：刚才是从军事角度来谈，现在航母能够展露出它足够优势的地方并不是太多，而且现在遇到的杀手也很牛，比如说潜艇，潜艇号称是“航母杀手”。还有它的成本，英国和法国已经开始共用航母了。它的意义到底多大？我不反对造航母，也有听友说，作为中国人，当然希望有自己的航母，但是发展到后来，会不会成为中看不中用呢？

航母不是用来威风的

徐立凡：刚才各位说得都很对，但航母有两个问题，第一个问题是该不该造，这涉及中国是不是有资格去实践海权论。什么叫海权？目前中国海权的主要表现地方在南海，这里相当于沙特阿拉伯，南海本身有1100口油井，没有一口是中国的，越南每天从这里抽走1亿美圆。不是说作战半径的问题，我们派个特混舰队过去，谁也不敢动，但是特混舰队待不住，水都喝不上。所以应该建航母。

第二个问题，我不同意刚才大家说到的投放到苏伊士运河、马六甲海峡那么远。为什么不同意呢？在我来看，使用航母的时候不要有国际雄心，要先有守卫我们自己海疆的决心。大家一定要把账算清楚。世界上三十几个重要海峡都是美国控制的，中国少付出的是中国根本负担不起的成本。中国付不起，只有美国人付得起。中国成为全球经济一体化的最大受益国，在于没有出保镖费。我们的安全保镖费是美国人出的。因此，现阶段我们不需要考虑投放到太远的地方。现在自家的油水还在向外冒，还没有止住呢！

因此，我觉得目前航母对于中国来说是要向内使用的，南海是我们的，维护我们的疆土之内的海域的安全。如果总想着和美国一样在全球海域要道港口威风凛凛，甚至我们来主要负责安全，一是做不到，二是顾远不顾近。这种心态，像我们刚挣了外汇储备一样，有暴富心态，老子有钱了，老子有航母了，所以跟美国玩一把。南海是我们的核心利益所在，我们的海疆所在，先把它弄好。我的看法是航母要用在内。

牛力：最新的调查结果显示，超过八成的受访者认为航母将提升中国的整体军事实力，近八成受访者期待航母发挥国土防御作用，七成多受访者认为现阶段投入资金建造和养活航母是值得的。

戴占军：我认为航母现在最大的实际意义就是两条：一个是台湾问题，台海一旦有事，航母能派上大用场；第二就是维护我国南海权益，航母非常有效。

徐立凡：美国一直替我们付保镖费很好，在这个长跑当中，我们追着它跑蛮好。在军事运用上，我认为也适合同一个逻辑。我们还是跟在它屁股后面比较好。事实证明，在全球经济一体化后，至少到现在，中国获得了最大的利益，现阶段看来是安全的。如果他们真的不想出兵，想回缩美国本土了，那个时候我们再说是不是向远方投入。实际上航母的打造已经导致越南和美国军事合作升级，当然是低层级军事演习，并已导致2010年下半年以来把中国跟东盟自由贸易区的一些成果吞掉，这个成果是1997年中国出钱救东南亚金融危机积累下的。最终，你得算清楚这个账，我觉得这个不符合中国利益。一，航母一定要有，对内使用，甚至不需要使用，你往那一立就够了；二，一定是防守性的。

戴占军：现在的说法叫做不针对任何国家，仍然是防御性使用。

中国需要自己的全球战略

马晓霖：谈到中国海外利益保护，我认为需要有“三个战略”概念。第一，要“战略谋划”或者叫“战略宣示”，中国需要告诉全世界自己的全球战略利益是什么？中国必须树立全球战略观。

为什么美国要到处插手？因为它觉得利益无所不在，包括一个国家的政治制度都关系到美国的利益。美国国家战略有一个基本逻辑，民主国家不会相互开战，所以民主国家最稳定，民主国家不产生极端主义，不产生恐怖主义，也不威胁公认的世界秩序。美国在全球范围内建构自己的利益格局，一直如此。

中国尽管没有达到美国的实力和地位，但是，不妨以全球眼光来谋划和分析自己的利益所在，并告诉世界，我们中国的显性利益在哪里，隐性利益又是什么？有些需要说清楚的利益则争取说清楚，有些不需要或暂不需要说清楚的利益就模糊处理。总之，一定要有全球利益观，这样才能未雨绸缪，军事选项也好，政治方式也罢，都可以用来维护中国的利益。

第二是必须在全球范围内进行“战略布局”。从中东动荡引发的空前规模撤侨，到全球泛起的排斥中国产品浪潮，都说明一个问题，全球化时代的中国已经和其他国家的经济社会发展密不可分。我们必须在全球化和经济一体化视野下布局中国的海外利益投放与保护，无论是海外投资方向、投资项目选择、市场拓展与投放、能源发掘与输入，还是所有这些商业行为的上下游链条及横向关联，都必须考虑。

在谋划自己的蛋糕时，必须考虑是否动了别人的蛋糕；在外派大量劳务人员时，必须考虑是否冲击别人的劳动就业空间；在获取他国资源时，必须考虑是否积极回馈这些资源的主人。中国与阿拉伯国家关系非常好，在阿拉伯国家面临高失业率、高物价的困难形势下，中国是否可以考虑利用调整国内经济结构，加速产业升级的机会，将一些过时的劳动密集型产业转移到人口多、就业困难的阿拉伯国家？中国利益的海外拓展，既要自己赢，又要造福于当地。造福于当地，有助于当地与中国互惠互利，有助于中国软实力和硬实力的长期维护，并与当地形成利益共同体，从根本上确保中国的海外利益。

第三是“战略干预”。航母的出现是延伸中国战略保护或战略干预的重要手段和依托，这次利比亚中国公民大撤离在很短的时间内撤出3万多人，直接花销10亿人民币，官方公布的因人员撤出、项目中断而产生的直接经济损失是188亿美圆，而实际损失可能在数百亿美圆。

中国为确保迅速、全部和安全撤回本国公民，前所未有地调动海军和空军出击，实现海陆空联动，这是一次意义重大的国际亮相。过去，中国在世界的军事亮相主要是通过几次局部战争和边境冲突，近些年则是借助联合国维和行动。索马里护航可谓是中国军事亮相的新阶段，而此番3架空军运输机穿越多国领空，远征万里，到利比亚、突尼斯、埃及、苏丹等国执行任务，飞了12架次接回危难中的本国人员，意义巨大。这是一次非常漂亮的国家形象公关行为，也是领导层的一次战略性测试，是个大手笔，是关系到中国空军能否飞出去，而且以后能否常态飞行的大国谋略之举。

话又说回来，这次利比亚危机，美国有心无力或者心不在焉，不得不让法国领头折腾，法国当然有核心利益，试图拥有非洲和地中海一带的超级话语权，试图掌控利比亚石油，但是，我们也看到美国不能遮盖天空时出现的大国力量博弈空隙，而这个空隙，中国尚未填补进去，因为中国的利益没有大到不得不强力存在的时候。

目前，中国在中东地区有30万公民学习、工作和经商，在非洲的安哥拉一国人员也达到30万。如果说，外撤3万多人都要花如此大的成本，放弃如此大的利益，当中国需要撤出30万人员时，如何撤？如何放弃十倍百倍于目前的利益？那个时候，中国进行干预就恐怕不是空想，而是必须面对的现实，因为或许直接干预才是成本最低的。

戴占军：中国现在到底有多少人在海外没有确切数字，我估计全球范围内大概有5000万左右。

马晓霖：这次利比亚我们撤得很及时，如果那边陷入战争，如果中国有数百人遭到屠杀或者成千上万人陷入战争困境，中国还可能不干预吗？你不干预就不能确保本国利益，也就对内无法交代，起码会引发国内的不稳定。而且，一个国家的强盛，往往就是通过这种巨大的投入而呈现的。

我过去看过很多好莱坞电影，深感美国的爱国主义教育无处不在，但是，真正感动我、震撼我的是《侏罗纪公园》里的一个镜头：当一队美国人被恐龙追杀得无处可逃濒临跳海时，大海里突然探出美国的两栖坦克，天空中出现美国的战斗机，远处的海面上出现美国的航母身影，一幕国家大救援在电影的最危险和最高潮展开，解救束手无策的国民于倒悬。这个时刻，没有任何语言比国家强大更有说服力了——做这个国家的百姓能没有安全感和尊严感吗？这样的国家能不让国民为之自豪吗？

所以，在经历了这次利比亚大撤离后，中国必须考虑如何面对“战略保护”和“战略干预”这个巨大而现实的课题。在这个全球性的一盘棋面前，中国的陆海空力量如何机动响应、即时到位？中国战略保护与干预的供应线和接应网络如何谋划，都是很迫切的问题。当然，到了这个程度，中国的外交也将面临巨大挑战，甚至是重大调整，因为中国的利益权重发生变化了，中国的体量也发生变化了，中国不能再以过去的外交思路和响应模式应对新的重大利益的挑战了。

徐立凡：我们的这个主题是海外保护，现在非常静态被动式的领事保护，已经远远不能够解渴，远远不能保护中国海外利益。有时候大使馆会发出国民出国旅游警告等，这套静态的被动式的领事保护机制，作为一个常态的工作可以存在，它保护的是个体公民的利益，包括生命权和财产权。但是现在中国在利比亚，成建制、成规模的海外风险已经出现。因此，海外利益保护战略上已经发展到这样的阶段，即一定要有前瞻性的预案，包括危机的管理、危机的干预，干预里面分层次，什么地步是交涉解决的，什么地步是要动手的，是联合动手还是自己动手，这些必须建立起来。我的看法是：战略、预案要积极，但是以航母为代表的大杀器的使用要向内。

用剑告诉你我是谁

戴占军：我们讲中国的海外利益，应该包括两大块：一是人员，比如侨民，在海外工作的国民；二是中国在海外的投资，在海外的经济利益。目前我国在海外的投资总额，仅次于美国，排在世界第二。从资金的流量上来说，我们非金融投资的流量，在我国GDP中所占比重大约为1%，一些发展中国家是2%，而发达国家则高达5%左右。从这个数据对比可以看出，中国在海外投资这一块，还有很大的潜力，毫无疑问会加大力度，资金流量也会不断增加。由于中国的海外资产愈来愈庞大、愈来愈重要，所以才有了海外保护这个概念的提出。

海外保护有多种方式，我想提出的问题是，除了传统的保护方式，我们要不要拿起武装保护这把利剑？对这个问题，中国一直回避武力、武装这些个字眼，我觉得现在到了绕不过去的时候了。

绕不过去，首先是因为安全的局势发生了变化，原来传统的安全问题还没有全部解决，现在一些非传统安全问题又出现了，这是一个现实的问题。其次，我们的体量大了，我们整个经济的体量，包括海外人员规模，我们整个国家的分量，包括对外投资利益的分量，已经到了这个火候，这个话题再也绕不过去了。

我个人是武装保护坚定的拥护者。两个原因，一是从现实来看——傻子过年看邻居——我们就说瑞士，他们中立100多年，现在都成立了100人的特战队，这个特战队干吗？专职海外武装保护，就是一旦出现非常情况的时候，需要在海外保护侨民利益的时候，就动用这个部队。我觉得中国这样一个国家，没有海外武装保护是不行的。

中国目前也是树大招风的国家，有爱我们的也有恨我们的，再出现武力排华的事件怎么办？眼睁睁看着不管吗？所以我觉得，我们要有武装保护的法律、理念、精神准备和物质、手段上的准备，特别是在战略层面上，要把我们保护海外侨民和海外利益的话说明白，把红线画清楚，再不能羞羞答答、模棱两可。我们绝不能承诺放弃使用武力来解决海外利益问题，要明确表示在什么样情况下，我有权力使用武力来保护我的侨民、我的利益。

张国庆：国际关系中有一个“一报还一报”理论，很耐人寻味。美国为什么占这么多海外便宜？有一些，可以在其国家安全战略中找到线索。在美国人最重视的国家安全战略报告中，它把美国人所有的安全考虑、安全需求都讲好，然后告诉你，谁要是冒犯了我，我会怎么收拾你。

这些年出了那么多事，为什么很少有美国人被折腾？就是因为美国说得清楚，下手也狠。就像一个小混混遇到泰森，想打架之前，是一定要想到后果的，比如保险上了没有，残疾了后半生怎么办？

从某种意义上说，美国的国家安全战略，就是在对全世界广而告之。

马晓霖：美国总统为了一个本国人在其他国家犯法都亲自表态干预，也只有这样才会让全世界的人知道，美国每个人的命都是很值钱的。

大国需要“三不主义”

张国庆：在我看来，大国需要有“三不主义”。第一个是不解释。中国人有一个缺点，总在解释，跟人解释我这个升值怎么怎么地。解释什么？印度问我，要航母干啥？我有什么好解释的？你印度国家没我大，海洋利益没我多，安理会你又不是常任，你凭什么要？你怎么知道我是世界威胁，你就不是世界威胁？这100年来中国侵略过谁？你印度还打过巴基斯坦呢。

刚才我讲罗斯福的例子，当年海军费用6%、12%、20%递增，他跟谁解释了？最后罗斯福还得了诺贝尔和平奖，发展军事最狠的人得诺贝尔和平奖！而且与奥巴马不同，罗斯福当年是实至名归，他协调了日俄战争。

第二是不讳言利益。国际关系，从本质上说，就是利益关系，我就为了利益，有问题吗？你难道不是为了利益吗？不为利益，美国给我1万亿美圆行不行？所以不要讳言利益。在一个国家利益至上的星球上，不讲利益，人家反而觉得你是外星人。

第三，君子不立于危墙之下。无论是利比亚，还是其他一些近年来发生动荡的国家，我们都有投资，而且许多投资都是在非常危险的地段。利比亚我们撤得快，不撤怎么办，好几万人？你是参与联合行动还是帮助海外维和？不是说全世界只有你那儿一个地方才能做事情，其实有很多选择的，有选择的时候为什么不选择跟你友好的，局势相对比较稳定的？

徐立凡：我插一句。后发国家并不是都有优势的，你想挑肥肉地方，已经没有了。

张国庆：与第三条相比，前两条更重要，也更要尽快落实，你不在一些地方布局的话，出了事情你拿什么应对？打的话你怎么打？我觉得航母对中国现实意义大于形象意义，第一是威慑力量，第二是近海保护，第三是解决周边纠纷，第四是促进海油开采，第五是呵护海外利益。

牛力：之前立凡写过一篇文章，讲中国海外权益保护需要上升为主动性，很符合我们讨论的话题。讲的是权益，不仅仅是利益，还有我的权利，我在这个地方就要保证我国公民的权利。另外，从原来被动地去救火，哪里出问题被动地去应变，变成主动地应对，这赋予发展航母以新的意义。

徐立凡：刚才说到《侏罗纪公园》的例子，中国的公民、个体和企业的海外利益不因为离开本土而失效，我一天到晚说这个。而且，你的诉求点要聪明，我轻易不说是国家利益，我说的是我公民的利益。你一定要说我的企业利益，我的公民利益，不能说它离开本土就失效。相反，你一说国家利益，人家想的就是政权利益，就想钻空了。当然，从根本上说，政权利益与公民利益是 致的，但是，不能让别人钻空子。

马晓霖：战略保护、军事手段一定是最后手段，中国一定得首先用好国际地位、威慑能力、话语权，尤其是安理会否决权，其实，在利比亚问题上，中国发挥得很得当。

戴占军：武力的手段，是最终没有办法的办法，但是一定要事先说明这是一个选项。我们现在很大的一个问题是，该硬的时候不硬，该把话说明白的时候没有把话说明白，以至于造成拐弯抹角的话太多，让人不知道我们要做什么。

武力是我们最不愿意看到的手段，但是这个选项，不能扔。

张国庆：在这个以西方文化和政治传统为主导的世界，模糊吃不开。

戴占军：中国最大的智慧是兜圈子，中国最高的境界也是兜圈子，然后模棱两可，糊里糊涂的什么事也办不成。

别跟自己过不去

马晓霖：咱们实力没有达到像美国那样，可以一口气否决二三十个安理会决议草案，也没有大到像俄罗斯那样，对你好就真的对你好，跟你不好就把你踢到一边。

张国庆：我坚决反对安理会的扩容问题，其中一个考量就是海外利益。什么是海外利益？海外利益我们讲了很多，但别忘了，联合国尤其是安理会，是很好的捍卫海外利益的平台。

从扩容角度来说，我们要知道我们的否决权多么珍贵，是当年罗斯福帮忙，中国用3000多万生命换来的东西，我们凭什么给你，或者说让你们稀释掉，更何况，这里面还有对历史问题死不认账的国家在蠢蠢欲动。

我们做很多事情，都不要忘了一个问题——代价。像人民币汇率升值，我们做了很多让步，最后得到什么了？什么都没有得到让什么步？美国忽悠了我们这么久，给了我们什么？是承认了市场经济地位，还是放宽了高科技出口管制？

牛力：我一直想表达一个概念，得做聪明的男人。大智慧的概念是不较劲，不与天较劲，不与人较劲，不与事较劲，要选择最有策略的方法达到最大的效果。

张国庆：有一本书就叫《别跟自己过不去》。

牛力：聪明。就跟打牌一样，你手里得有牌。我们现在弄航母也好，海上编队也好，撤侨也好，先是维和，后来撤侨的时候空军也都上了，这就是我们的牌。现在，我们要增加一些牌，比如航母，这是很重要的牌，我是不是这时候出不一定，但至少我手里有。别人出牌的时候一定要小心。再一个我怎么出牌，我先出大猫后面没有了，还是先出小的大猫在后面压着。另外，我们该怎么挖掘自己的潜力，比如我们说的海外权益保护，像海上生命补给线。

我觉得可以换一个思路考虑，比如我们能否做到像古人那样明修栈道、暗度陈仓。我们现在被动地去打，比如保护印度洋的运输线，但是我们是不是应该两条腿走路，去挖潜，找一些能源替代方式。比如利比亚遇到问题，我们撤侨归撤侨，但我们不用担心中东过来的石油到不了中国。就是说，怎么样寻求自己的生门，别光想哪些是死门。

马晓霖：从确保能源角度来讲，我们还是很难摆脱对能源的依赖，80%是煤炭，20%是石油。从确保能源供应角度来讲，海上线是必保的。要避风险怎么办？第一是多元化，减少对利比亚、沙特这些地缘热点地区的依赖。美国这点做得很好，中国必须向非洲、中亚、俄罗斯这边来考虑。第二，战略西进，陆地打通纵贯中亚、南亚和西亚的内陆交通线。伊朗也多次建议与中国共建一个铁路网，陆路通道可以到伊朗，到波斯湾，到中东。打通西部走廊，正好与咱们的西部大开发战略衔接起来，与国家西气东输能源保障世纪工程结合起来。

牛力：前一段时间，哈萨克斯坦打开油气，已经通了一部分。

马晓霖：根本性的问题是，石油不可再生，它是在高价位的平台上徘徊，将来很难低于90美圆了，因为石油越开采越少。所以，最终的解决出路在于新的替代能源，新的洁净能源。

5

人民币该不该更值钱

本章PK：人民币升值能否倒逼产业升级？

入选理由：龙翔九天，坚挺的货币是翅膀。

象征性动物：龙。

正方观点：人民币升值是治理通胀的最后工具，又可倒逼企业升级转型。

反方观点：用人民币升值来倒逼产业升级，这个方法在中国的国情下行不通。

人民币该不该更值钱

象征性动物：龙。
入选理由：龙翔九天，坚挺的货币是翅膀。

本章PK：人民币升值能否倒逼产业升级？

正方观点：人民币升值是治理通胀的最后工具，又可倒逼企业升级转型。

反方观点：用人民币升值来倒逼产业升级，这个方法在中国的国情下行不通。

牛力：接下来的话题是关于人民币该不该更值钱。

张国庆：刚才讲到手上的牌，人民币汇率也是一张牌，我们要以我为主地打，不能被别人牵着鼻子走。

人民币价格是无疆界的主权

徐立凡：关于人民币该不该更值钱，我们要先找到一个逻辑起点，否则谁都有理，最后只能摸出一个莫衷一是的大象。如果没人否认民本为大，那么从民本的角度说就好办了。

大家的工资、房子（即使是房奴，产权抵押于银行的房子），都是人民币资产。绝大多数中国人都是人民币用户，你的财富都是人民币资产。人民币贬值了，你的财富就缩水。人民币升值了，绝大多数老百姓的财产就升值，这是我们考虑人民币该不该升值的思维出发点，是核心逻辑。从终极目标来看，人民币必须升值，因为人民币升值，老百姓有钱，大家出国的时候感觉到兑换的好处，在家的时候能感到财产保值增值的好处。

接下来的问题是，升多少对老百姓的财富最好，同时不太伤及出口型企业？首先，我不同意购买力平价的说法，购买力平价的计算方式里漏洞太多。商品成千上万，拿哪一种商品做比较是合适的？能否真实反映不同货币自身价格？没有这样的商品。

同样一个汉堡包，比如在美国是3美圆，在中国是9块钱，所以你认为汇率应该是1∶3。但假如你要用土豆丝去作对比呢？国外一些地方土豆很值钱，在中国很不值钱。这样算下来的汇价是不是还应该倒挂？是不是表示人民币应该比美圆还值钱？所以购买力平价不太准。

在我看来，汇率是一个动态指标，没有一个恒定的标准。从这个角度说，美国国会的舒默他们也很可笑，他们说你人民币应该升值30%。可笑在两个方面：第一，你拿什么指标算出来的？凭什么说你算的是科学的？第二，你又说汇率应该由市场划定。这当然是对的，市场才能反映真实汇率。但是，市场预期千变万化，可能给出一个所谓合理的汇率提升目标吗？如果你要是真认为市场的合理性，那你就得承认：任何时候的汇率都有合理的成分，即使不完全是市场决定的汇率。中国外贸做得这么大，要是汇率定得太离谱，过于偏离市场基本面，比如真定到人民币比美圆值钱，人家还会和我们做生意吗？不会的。人家愿意和我们做生意，本身已经表明对汇率有一定程度的认可。所以，我的看法是，没有一个可预期的汇率标准。

货币后边是国家实力，如果中国控制所有国际大宗商品的运输线，国内经济好，能够防范所有海外的主要风险，所有大得可能伤及经济系统性的风险都能防住，那人民币是全世界最值钱的货币就对了。现在还不到那个时候，已知风险不少，未知风险难估，你凭什么给人民币定价格？

还有，不考虑企业因人民币过快升值的风险，行吗？那么多农民工（产业工人）怎么办？社会风险怎么办？现在，所有的汇率敏感型企业，以纺织出口、服装出口、鞋出口、钢铁业为主。这些行业的平均利润率不到5%，吃的是辛苦饭，人民币过快升值就意味着大量的企业关门，大量的人失业。哪一国的政府也得考虑这样的情况，所以，现阶段人民币不可能升值过猛。

戴占军：主要是劳动密集型出口行业面临着巨大的倒闭风险。

用人民币汇率治通胀

徐立凡：话又说回来，进口企业有好处。因为全世界商品都是美圆计价的，升了值我可以用比较少的人民币换来同样数量和质量的商品。所以，这个事情从任何单方面的某个角度看，都不能描绘出一个完整的轮廓。

在外部压力过大，时不时就要刺激你一下的情况下，至少要坚持以下两个原则：第一，坚持人民币应该升值，这是老百姓财产增值所必需，这个战略不能变；第二，坚持人民币升值的节奏自己决定。

我们要知道，人民币价格的制定权是国家主权。我是一直关注规则的人，在我来看，这个国家主权不次于以前说的寸土力争的那种传统主权，这是一个无形的权力疆界。

很不解，我们有时候会与美国等国家沟通这个事。我不反对沟通，毕竟如果能沟通得了，就是最低成本地维护本国利益和双边关系。但沟通是不是总会有效？会不会让人家认为我们是向他们承诺了什么？美国国会那几位，包括美国政府，一说就是他们看中国是不是在人民币汇率上履行承诺。承诺什么了？主权是可以讨论的吗？你分享了我的主权，现在你倒还有道德优势！你分割我的主权，现在你还说我不守信用，动不动就说你要把我列入汇率操纵国。所以，我们一定要把沟通和承诺明明白白地区分开来，不要授人以柄。

那么，主动升值的节奏怎么把握？这是非常困难的问题。我的看法是，只在2011年通胀形势下，用比以往节奏更快的速度升值，比如升2%。我这么说一定是要挨骂的，但是，形势要求如此。

人民币升值实际上在通胀情况下是治理通胀的最后工具。现在整个中国市面上，温州炒房团、山西炒房团，我们有50万亿以上的盘子在流动，但是央行只能管5到6万亿，还得用行政手段控制住1/10的流动性。你想加息加到什么程度？存款加到正利率就可以了。或许按照2011年通胀预期的管理目标4%算，2011年会加到4%，现在是3.25%。但别忘了，加到4%意味着贷款利率超过8%。现在弄个涨停多难啊！贷款成本太高，企业还敢做实体吗？所以加息是有限度的。那么，存款准备金率能治通胀吗？2010年调高了9次，治住通胀了吗？2011年一个月调高一次，又如何？别说什么政策有滞后效应，调高了这么多次，还滞后？所以，货币政策实际上是已经要透支了，对通胀的边际效用在递减。

这个时候，治通胀只剩下一个工具了，就是汇率。从根本上说，人民币值钱对老百姓财产有益，对治理通胀有益。主动提升2%可能会倒一大批的中小出口密集型企业，但是支柱企业倒不了。而正好，2011年因为工资成本上升等一系列原因，珠三角有点民工荒，也就是说，受升值影响的农民工数量相对少。这样，升值就有了缓冲。这是一次机会。

主动升值之后，第一是把输入性的热钱打掉了。2011年升2%，这样进来套利的热钱就没意思了，你进来也不挣钱，这样可以减掉一部分通胀压力。第二，以目前的汇率6.53[①]，中国每得1美圆，意味着在市场上发行6.5327元人民币，升值之后就不发这么多了。现在巨量的流动性，将近一半都是外汇占款，过多的外国钱已经成为沉重包袱，成了通胀最主要的内生型因素之一。

当然，升值这一最后工具的使用，里面有行业代价。失去了这个血，能否从其他地方补回来？其他政策要跟进。比如说本地的就业政策，在中西部的劳工出口大省，你要把出口退税的钱作为财政补贴补进来。这个钱让劳工出口大省作为减震的财政补贴，与其补企业，不如补个人，与其补政府，不如补企业。又比如说，倒逼出口企业升级转型。

我们现在的外贸格局实质是拿中国整体名声换通胀，换的是3万亿外汇储备。你4万亿又如何？外汇缩水的风险更大。这部分不是不能牺牲的，但是从民本的角度来说，如何吸纳企业倒闭后的产业工人要有预案。

戴占军：与其补货币工资，不如更多地补贴民生保障、社会保障。立凡主张急升，但还是要说明白贬值或升值到底利弊在哪里。如果人民币升值，我们抽象地说，对每一个中国民众是有好处的事。但要具体地说，情况可能就不一样了。具体说，花钱的地方不同，购买对象不同，升值或贬值的利弊是有差别的。比如在国外花钱的时候，如果人民币升值，你会感觉很爽。另外人民币升值，还有一个好处，就是通过这样一种强制性外部因素，从根本上触动中国产业结构和产品的升级换

① 2011年4月15日，据中国货币网上的询价系统报价，北京时间16:30，美圆/人民币询价系统收于6.5327。

代。中国的企业改造，尤其是中国这样的社会形态下的企业改造，是需要一些外部压力的。

坐“3”望“7”的中国志气

徐立凡：中国人辛辛苦苦牺牲环境、各种工伤事故，造了10块钱的东西，最多挣3块钱。那7块钱去哪儿了？在知识产权费、仓储物流……这些地方。

那么，我们产业升级的方向是什么？培训农民工做仓储、做物流，去保护知识产权或者打造中国的品牌。中国的出口产品真正的方向是在这里。

外国人不用动手，是因为有品牌，有设计费，明明白白挣你7块钱。我觉得人民币提升之后减震不是说没有方向：第一，财政把出口退税的钱挪到财政补贴上。第二，培养我们出口企业政策导向，往仓储物流、知识产权保护或者创造自己的知识产权这个方向去玩儿。我觉得3块钱不能丢，7块钱我还要，这个才是有志气的中国创造的具体方向。

张国庆：特别好玩的一个现象，中国2010年提出自主创新的概念，这本来是没有任何问题的概念，可美国却急了，为什么呢？美国反复批评中国的背后，是对中国做对事情的忧虑。

需要牢记的是，“敌人”急的事情往往是你做对了的，而如果“敌人”说你做得太好了继续做吧，往往是有问题的。

我有一些朋友是知识产权部门的，经常会聊到这个话题：中国这些年最忽视的就是知识产权，让别人挣了太多钱。现在做知识产权案子的律师最赚钱，案子无数。

反过来说，两位说的“倒逼”的事我不能苟同。这个事情放在美国差不多，也许能倒逼点儿新意出来，因为美国市场不失灵，有社会保障。中国社会跟美国社会不一样，立凡说的没问题，创新没问题，但是有几个前提必须考虑到：第一，我们的社保体系，大量失业问题出来之后，别以为市场能吸纳，真有可怜的孩子，没有社保体制怎么办？我们年年说社保，到现在说差1500亿缺口补不上，问题是，我们的社保体系不建立是不行的，迟早要为此埋单。

第二，博弈体系不健全也不行。我个人并不反对人民币最终升值，就像我从来不说中国股市不能上10 000点，但是现在不行。我就讨厌很多人整天说股市马上冲击5000点。这是胡说八道，但是最终上10 000点我是看好的，如果中国不出大乱一定会走上去。同样的道理，人民币升值很多年，不知升了多少个2%了，可倒逼出什么来了？

不能跟着日圆前仆后继

戴占军：从2005年人民币汇改以来，到2009年的时候，人民币对美圆已升值了23%，我估计这2年应该是接近30%了。可美国人说你还有空间，你最少还有7%到20%的升值余地。我们再升20%，是个什么概念？前后加起来升值50%！

就算我们又笨又傻，不知道升值或者贬值之后能够给中国带来什么样的有利或者不利的影响，但我们是可以类比分析的。1985年，美、日、德、法、英签署“广场协议”之后，日圆兑美圆大幅升值，从250∶1变成了120∶1，其结果是带来日本泡沫经济和整个产业经济发展的20年崩溃。

对于广场协议这个事，有两个说法：一个说法认为是美国对日的一个大阴谋；另一种说法是日本政府自己想要这样做，来促成国民财富的急剧增长以及国内产业的新调整，所以宁可花出20年时间也要这么干。但无论如何，日本在日圆大幅升值后，国内经济低迷了一二十年，幸亏它搭上了中国改革开放发展经济的列车，这才出现了一线生机。日本是一面镜子，告诉我们在人民币升值这个问题上，一定要慎重。

徐立凡：人民币升值2%，根据美圆兑人民币的汇率为1∶6.53元，因此人民币兑换美圆增值0.15元以内，2%是0.15元以内的事情，而且是2011年。

戴占军：我个人理解你的激增不是2%，我认为2%不能算是激增。

徐立凡：我只是限制在0.15元以内，这是第一。第二，广场协议的核心不仅是在汇率上搞日本一下，还要开放日本的资本项目。但是谁对中国有这样强大的胁迫力？不存在。所以前提是不一样的，病症很类似，但实际上不一样。

戴占军：能达到8%吗？

徐立凡：咱们主要是看其中的食品类的价格，绝对是两位数。住房类的构成又不准，租房最近涨得厉害，房价没怎么降。所以那5.4的CPI是抽了水的，这个是更大的民生，中国人不能永远做袜子，当然这个战略我们没有太大分歧，关键在人民币升值，0.15元不够，升0.2～0.3元都可以，但要做好其他的配套措施。说白了，首先人民币升值不是外部性问题，是一个内部性问题。其次，人民币升值不是经济问题，它是一个公共政策问题。

美国是个大忽悠

张国庆：跟美国人打交道一定要提高警惕，要明白欲壑难填的道理。对美国人来说，中短期目标，绝不是我们说的升2%，而是升20%～30%。并且，即便到了那一天，美国还会换个角度说事。

过去几年，我们升了30%左右，美国住口了吗？

更重要的是，美国这些年，年年压我们升值，我们得到了什么？市场经济地位得到了吗？高科技出口管制放开了吗？什么都没给我，还整天忽悠我，说迟早会给我们的，要我们先升值。那不是纯忽悠人吗？

再一个是创新机制问题。创新不是想创就创的，否则的话，我们升值过程中早就创新了。现在很多因素是不可控的，升值也好，不升值也好，我们考虑到最终的社会代价、政治代价了吗？就像我们在人生的关键时刻说“I do”之前，必须自问：我想好了，能负得起责任吗？

想好再干，比急着行动重要。比如社保体系、减税问题、工资问题、房价问题，看上去错综复杂，其本质上都与老百姓的收入问题有关。所以，管理层在进行改革，或者进行国际博弈之前，一定要问问自己：民生的方方面面准备好了吗？转型方面的政策支持准备好了吗？还有就是，我们想好往哪儿转了吗？包括前几年的几十万亿的贷款放出去之前，是否应该想好会有怎样的市场反应和通胀代价？有没有什么安全防护？如果真的想清楚了，也不至于像今天这样尴尬。当时，我就非常担心几十万亿的资金老虎的盲目出笼，做节目、写文章谈过几次，可惜管理层没注意到。也许那个时候，也没人听得进去。

所以，一切要从内因出发，不要管别人，我们不是为了给美国一个交代，我们需要负责的，是自己的人民，是中国的明天。所以，我们就是要理直气壮地从内因出发，我们觉得可以升就升，需要降的时候就降下来。

与此相关的其他博弈，也要是这个态度。在这方面，我们特别需要向美国和俄罗斯学习，增强讨价还价的能力，而且不能羞于讨价还价，我升值也要让你付出代价，凭什么我要顺着你的心愿？

戴占军：在汇率问题上，美国人希望用完全市场经济地位国家的标准来要求我们，但我们并没有从美国那里得到这样一个地位，这就出现一个悖论。博弈也好，讨价还价也好，不管它叫什么，中国一定要想办法，美国人现在打汇率牌制衡中国，我们看看中国人和美国人有没有得玩儿，美国人自认为它最有效的牌就是汇率，那我们能不能反过来，中国能不能也玩这张牌，通过这张牌的操作得到我们应该得到的利益，这是应该考虑的一个问题。

徐立凡：我想起邓小平当年会见撒切尔夫人，撒切尔夫人摔一跤的时候他说了一句话："主权问题不讨论。"主权问题不是用来交换的，无论是30%还是2%。我刚才说的2%是主动升值，应该是我们的主动意识。中国如果作好准备了，升50%、降30%都有可能，主权问题不能用来交换，这是人民币升值的一个基本的理念。

但是，2011年由于通胀太狠，珠三角用工荒严重，受损人群比较小，所以我还是建议来个急升。这样，在主动升0.15元之后，剩下的时间，就不听美国国会的了，他们在我们耳边苍蝇一样地嗡嗡也没关系。

我一次性升完，热钱就没有了。我们把话再往透了说，热钱是目前中国金融当局推诿通胀的主要的替罪羊。热钱只占300多亿美圆，也就是不到2000亿人民币。

张国庆：你怕索罗斯做空中国吗？

徐立凡：怕。索罗斯在香港，他的通道是港币，用港币影响人民币。

用工荒是好事

戴占军：我觉得用工荒有很大的虚假现象，很多企业招收不来工人，给人感觉，我们就业岗位是有的，但是劳动生产力供给不足。实际上，这背后是有问题的。最近这几年，特别是在长三角、珠三角一带，很多企业经过了转型升级，但是由农村出来的劳动生产力素质，达不到企业升级后的水平要求。

另一个问题也非常严重，是我一直担心的，也是企业家反映比较多的，就是现在的年轻人不愿意做工，包括农村的孩子，出来也不愿意打工。企业普遍的反映是，留不住人，涨工资都留不住人。我想，这和现在年轻人的就业观以及生存方式、生活方式的变化有关系。

现在的企业去招工，来的孩子提出的第一个条件不是工资问题，而是问你两件事，第一问加不加夜班，加夜班不干，说这个工厂三班倒，不干。第二问是不是双休日，如果只休息一天，不干，给加班费也不干。我觉得这和就业观念、生存理念的变化有很大关系。

从另外一个角度来讲，现在整个社会，既有“享乐主义”理念上的膨胀，也有了“享乐”的资本和条件。过去的年轻人，像我们这一代人，长到18岁，中学一毕业就被家里踢出去，像老狼把小狼赶走一样，我们得自立，自己养活自己。我记得当时挣16块钱工资，除了自己吃饭，还得每月帮助家里。

我们现在经过30多年改革开放，有了积累，一些年轻人不用去打工，也可以生活，所以现在就业观和就业条件上已经发生很大变化。这种变化使企业感到巨大的压力，这个压力就是它招不来人。人就闲在那里，岗位也在那里等他，可一些年轻人却不愿意干。不愿意干，是他观念变了，同时他也有条件不干了。从农村出来，家里四个孩子，二哥、三哥都在打工，家里的钱够花了，他为什么还要去打工？工厂三班倒，赶上夜班，又不能上网，又不能泡妞，那他肯定不干。

马晓霖：说到就业问题，我经常去一个自己喜欢的餐馆，了解到服务质量总上不来的主要原因之一是人手不够，招不到服务员。现在 块钱、1500块钱月薪付给餐厅服务员，依然招不到人。中国的现实尴尬就是，一方面就业压力大，另一方面，向服务业转型的时候没有人愿意来填补这些岗位。

徐立凡：我们稍微前瞻性地看，这个问题反映农民工二代们的权利意识跟上一辈不一样了，这绝对是好事。留不住人还是给的钱不够，是企业不屈服于“刘易斯拐点”（即从劳动力过剩转向短缺的转折点）的到来。2010年的一个标志性事件就是富士康，大家都从社会角度看的，跳那么多人。后来郭台铭主动开始加钱。

中国已进入到老龄化社会，老龄化社会的特点是青壮劳动力负担增强，还哪来那么多红利？对中国来说，人口红利或许现在还没结束，但有衰减的趋势。用工荒有各种各样的原因，我要求双休日错了吗？农民工不应该要求双休日吗？现在是中国企业不愿意承认人口红利会结束。

再举个例子，新疆产棉花，1999年是500块钱一吨，计重量，人工摘的。2011年1500块钱，你不给我这么多我就不干了。这次中国通胀有极其复杂的因素，包括工资成本已经上涨。现在不是逃荒式的打工年代了，我在村里打麻将也挺好，我何必出去多挣1000块钱。

戴占军：说人民币该不该更值钱，随之而来的问题是，中国人的劳动是不是应该更值钱。

马晓霖：产业升级，服务业比重增加，一方面岗位招工不足，另一方面很多人没有工作，实际上是个系统工程。有传统因素，还有一个是就业引导，包括现在社会的消费观、价值观。

从传统来讲，中国东西部差距很大。西北地方的人过去都不愿意出来，陕西农民宁可要饭受穷也不出来，他说他祖先没给他那命。但是东南部地区，四川人、安徽人、山东人为生计所迫，闯关东，观念开放得多。

就说服务业。1994年我在科威特做记者的时候，碰到10多位中国东北女工在那里闹劳资纠纷，最后不得不把她们送回来。她们是那里第一批应招的保姆，去了以后跟东家要求平等地位，要上桌一块吃饭，不能听人家训斥，不能这个，不能那个。人家说请她们来做保姆的，不是请她们来做奶奶的。但是我们的女工振振有词，意思是说她们是工人阶级，东家得尊重她们，她们是通过劳动挣钱，东家不能在家里地位比她们高。

但是反观菲律宾，则大为不同。菲律宾国家每年侨汇[①]几百亿，主要靠女性出去做保姆，而且全世界菲佣口碑最好，现在中国大城市的有钱人都在请菲佣，因为人家性价比是最好的。就连我远在宁夏的父母，身边没有合适的保姆照顾，花800块钱在本地都找不到钟点工，因为西北那个地方，伺候人被认为是很下贱的事情，有些人觉得宁可去要饭，都不要给人端盘子端茶倒水，所以发展不起来嘛。再加上

① 侨汇：侨居在国外的本国公民或侨居在本国的外国公民汇回其祖国的款项。

现在独生子女家庭居多，娇生惯养，也就形成了服务业人员紧张的状况。社会富余那么多钱，不仅形成了一批啃老族，很多青年女性甚至愿意当二房、三房、四房，因为可以不劳而获。我觉得社会转型是一个综合征。

你能再亚健康点儿吗

张国庆：有两个事必须马上做，第一件事是尽快完善整个社会保障体系，就好像我们的身体，人到中年，身体不好马上就会出问题。中国就像小伙子走向中年，已经有了社会地位，有了一定资源，但是面临各种挑战，身体也有可能出了问题。这时候，你必须把身体内部的毒素清理掉，将亚健康状态改善过来，也就是分配制度改革、医保体系、社保体系必须健全。

第二件事是以正面的榜样和政策激励真正的创新。我一直对创业板[①]持保留意见，从创新角度来说，咱们升值快30%都没创新出来，其实有一个潮流问题，即政策在如何引导你。

说两个现象，第一，这些年流行“超女”之类的一夜成名，这个东西如果是个案的话问题不大，但如果年轻人及各个行业都在关注这个事，以它为目标去学习，就是一个国家的悲哀。这种事在西方也有，但是人家当成玩儿、乐子，人家不会那么当真，也不会因此出现追星族。

第二个现象是创业板问题。我们老鼓励创业，鼓励创新，鼓励智慧投资，创业板出来就是问题。那么高的市盈率，那么过分的暴利，究竟要传递什么信号呢？事实上，现在很多人做创业板就是投机。在一些人看来，与其用富余的钱创新，不如干脆打包个公司，很好地忽悠一番，或者寻寻租[②]，成了就赚几十上百倍。当然，不一定说这样的人都能忽悠成，但是它成了一种鼓励，鼓励很多人学这个东西，这对转型的中国社会来说是很可悲的事。一方面建立的社会体系不健全，很脆弱；另一方面我们该成熟了，不能像18岁的小伙子一样没头脑，我们必须得为生活为未来着

---

① 创业板又称二板市场，即第二股票交易市场。

② 寻租：西方经济学的一个概念。意指人们为了获得政府准许的特权以取得垄断地位并获得垄断收益而进行的各种非生产性的活动。

想，但这个时候，我们又不去进一步提升自己，这就是很可悲的事情。整个国家创新功能下降了，升值多少倍也倒逼不出来！

徐立凡：创业板之前的平均市盈率是67倍。中国工商银行，遍地能见的实体店，或者四大银行，现在是10倍以下市盈率。创业板哪家公司敢说比中国银行的基本面好？最近创业板平均市盈率60倍。专家认为，如果创业板不破，蓝筹股就不上。

创业板里面连房地产公司也敢有，它创的什么业？这就涉及微观层面，60倍的市盈率是腐败的制度成本。我们现在真正有想法想搞创新的，得不到资金支持，融不了资，现在又收紧贷款。贷款本身是国企好拿，中小企业好拿的很少。

张国庆：最典型的是*ST星美，2010年负债率高达1654%！连续3年蝉联两市负债率冠军。它的总资产不足百万，一直以来是主营都缺失的公司，有1年的年收入为零，却坐享20多亿的市值。

人们要问的是：资本市场上还有多少如同*ST星美一样屹立不倒的皮包上市公司？

徐立凡：这些破公司借着制度漏洞使创业板3年不摘牌。资本市场的腐败挤占创新资源，这是一个问题。美国证监会第一条，永远保护中小投资者利益，而中国的资本市场的功能，主板市场一开始是为国企圈钱的。比如有一个创业板公司把审批材料递到证监会，递交完材料寒暄两句，打车回去的路上已经涨停了。现在就是这样，其实是机制性腐败，挤占中国创新的企业和创新的有志向的人的资金来源、成长空间。由于知识产权保护不力，你好不容易融资，不是被偷就是被抢。

戴占军：说到产业升级，我们刚才围绕创新说得多一些，其实不光是创新问题。人民币无论是大幅还是小幅升值，都可能会引起长三角、珠三角低端劳动密集型企业的倒闭。倒闭之后，一个出路是转型生产其他类型的产品，另一个出路是，这一块原有的生产模式和资本，可能会向偏远地区转移，因为那里的劳动力成本更低，可能会适应汇率变化的市场节奏。这种情况已经出现，比如沿海地区的一些产业向西部地区转移落地，我觉得这和汇率的变化有直接关系。

徐立凡：我反对这个，广东提出来“腾笼换鸟”，比如不做袜子做芯片。我们现在有个趋向，不尊重市场自发秩序，真正有效的产业从东向中西部转移，这一定是市场行为，是企业家的自主选择，不是政府说你造袜子的关了我要弄芯片。政府还是要尊重市场规律，企业家花的是自己的钱，他比政府着急，他自己会找到新的办法。

张国庆：我们讲创新的问题和结构问题，中国现在最危险的是什么？是我们严重依赖房地产。大家的投机一个是往股市里投，还有一个就是大量地投资房地产。这2年好多上市公司都转型成房地产。

戴占军：这个话题不是人民币该不该升值，而是能不能升值的问题，我们内部有没有这个条件，能不能消化吸收，化被动为主动，化不利为有利，实际上是这个问题。

牛力：这个能够给我们带来多大的作用，比如中国和平崛起，从人民币升值上面得来多大的好处，到底对“中国要淡定”有多大的好处。这是第一，是不是有必要谈论。第二，我们说人民币升值，是不是还有另外一个问题，我们人民币紧盯美圆，那么人民币对其他货币的时候是什么态度，有没有必要讨论。我们自己设计人民币话题的时候，要对应地看美圆贬值，还有欧元，现在有人说欧元跌了10%。我个人觉得如果只谈人民币升值的问题有点单一。

张国庆：咱们的话题是“中国要淡定”，到目前为止，谈的所有话题里面都讲淡定，这个淡定在哪里？第一个淡定是我们升值是自主性的，不是别人的压力。第二个淡定是积极推动行业和企业尽快转型，这样的话将来无论人民币是升还是降对你都没致命影响。第三个淡定是加强社会保障体系。现在政府担心的很多问题都是社会转型期的问题，如果不把这个东西弄踏实了，政府不淡定，老百姓也不淡定。长途跋涉的人，连正常的给养都没有，淡定个啥？

徐立凡：一言以概之，人民币升值是国内问题，跟美国国会关系不大。

稀土不是大白菜

牛力：有一个问题我们可以稍微讨论一下，这个跟稀土为什么卖出大白菜价有关。稀土属于稀缺资源，为什么以前卖得那么便宜？换回来的外汇合不合适？破坏了咱们的生态资源值不值？

咱们的稀土资源确实比较多，全球八成以上稀土资源分布在我国南北两大块，为什么卖这么便宜？我们损失了什么？跟咱们说到的人民币有什么关系？

戴占军：先说稀土能干吗。这次中国缩紧稀土配额制，造成了美国高科技武器企业的很大紧张，这是事实。稀土具有优异的光、电、磁、超导等性能，在航天、航空、信息、电子、医疗、高科技武器等领域应用广泛，新材料开发也离不开稀土，它被称为高科技的“工业味精”和“催化剂”，所以，它拥有重要的工业价值和战略价值。

中国的稀土，主要集中在内蒙古、江西、广东、广西、四川、山东等省份，存储量占世界的30%左右，但我们的出口量却占有国际市场的绝大部分份额，达到90%以上，目前恐怕也不会低于70%。

当中国稀土进入国际市场后，很多原来开采稀土的国家，比如美国、俄罗斯、澳大利亚，都停止下来不开采了，他们买中国的，而留着自己的不用，因为稀土是不可再生的稀缺资源，比石油还要珍贵。现在人们还找不到它的可替代品，替代石油的能找到，比如清洁能源，若干年后石油就能“下岗”了，但稀土不可以。为什么人家把自己的留着不动，我们占30%的储藏量却有90%以上的出口，这是个很耐人寻味的现象。

其实，对于稀土的价值，我们国家很早就注意到了。早在20世纪50年代，就把它列入了科技发展规划，20世纪70年代又专门成立了稀土领导小组，国务院的机构几经变化，但这个领导小组始终没有撤并。

稀土这样一个深受国家重视的珍贵资源、战略资源，前些年在国际市场上竟然卖出大白菜的价，我个人觉得最大的问题是，我们虽然是储量大国、出口大国，但我们没有国际市场的定价权，规矩是人家定的，没我们说话的份。中国现在采取配额制限制出口的原因，就是想通过这样一种办法，造成国际市场的供给压力，来重新为自己赢得定价的话语权。当然，与之相关的原因还有，要保护我们的环境、资源和经济利益。现在这种无序的开采带来两个问题，一个是走私，使国家收入大幅缩水，另一个是对环境和矿脉的破坏。

稀土没有卖出好价钱，和我们的深加工能力、科技开发能力不强也有关系。我们虽然是储量大国、开采大国，但是我们的加工技术，特别是精加工核心技术不过关，应用就更成问题。

我们现在的稀土产品基本上都是低端产品。在稀土问题上，学者提出了1∶10∶100的概念，如果我们开采的稀土原矿，它的价值是1的话，那加工分离产品的价值可以达到10，而其应用产品的价值，则可以达到100。我们现在解决了什么问题呢？我们已经完全解决了1的问题，我们把它挖出来就是了，挖出来就是钱，只不过是很小的钱。我们基本解决了10的问题，我们开始做初加工，从原矿中分离提炼。不过我们对100的问题，连边都没有沾上呢。

我想，我们要夺得稀土定价的话语权，就必须解决“100”这个问题，当我们采取科技手段，深入掌握稀土应用开发技术，使其价值充分体现出来的时候，中国的稀土才会彻底摆脱大白菜价格的尴尬。

急功近利的心态下难以创新

张国庆：我补充一点，戴老师说的跟创新话题有关。这里有这么几个逻辑，第一，我们之所以有大量东西廉价卖出去，首先是我们不懂行，不懂这是好东西。因为我们不去用它，以为把它卖掉就得了。但是如果大量产业用它来做东西的时候，我们尝到甜头，就会吸引大家广泛用它。当我们知道了它的价值，再进行国际博弈就有了一个基础。

第二个是创新问题，如果稀土这种情况在美国出现的话，美国怎么办？美国真不一定说限购，它先自己消化了，尽可能自己先用了，把各种跟它配套的产业充分做大。美国先把它做了，不说100，先做30、20，先把钱赚到了，稀土价格自然就起来了。再一个美国自己先得利了，还顺便把它的产业结构转型了。

我们老讲产业结构调整不好，一个重要原因是中国人现在太急功近利了。任何事情，从工作、学习到谈恋爱都是这个状态，都是速配，都要立竿见影。这种思维在产业上特别危险，什么东西都是先把它卖了，先挣到钱再说，当然了，挣到之后，很多都用来糟蹋自己、别人和环境了。

戴占军：我们对于价值的认知，特别是在国际市场上的价值认知，是有一个过程的。改革开放之初，我们有一句话很著名的话，叫做“有水快流”。实际上，很多值钱的东西卖出很低的价格，和“有水快流”的指导思想有很大关系。当然，后来意识到了这个问题，我们在政策上作出了调整，经济发展模式也发生了很大变化。

当我们不能确知价值的时候，价值也就难免要打折了。改革开放之初，我去本溪写一本书，是关于环境问题的长篇报告文学。实地了解到，本溪有一种矿石，炼完之后剩下的矿渣，被我们认为是废物。但日本人提出，用1吨矿渣换他1吨大米，弄得本溪人一愣。矿渣是冶炼业的垃圾，也是污染物，山似的堆在那儿。日本人要矿渣换大米，1吨换1吨，这买卖太划算了。后来一琢磨不对，他傻呀，为什么拿大米换废物啊？不对头，这里边一定有名堂，等等再说吧。本溪人拒绝了日本人的“好意”，弄个大山沟子，把矿渣都堆在里边，以后再慢慢研究吧，看它到底值什么钱。后来才知道，这矿渣里面还含有多种稀有矿物质可以提炼。

当我们的经验、科技水平有限，还不能确知事物的价值，不能确知它在国际市场上的价值的时候，不要着急，不要“有水快流”，得沉得住气，别着急往前走。

借此，我特别想呼吁中国人要慢下来，别一个劲儿地往前跑。中国人应该放松一些，让行进的速度合适，还不妨停下来看看风景，欣赏一下周边，欣赏一下自己。有这样的心态和生存状态，还怕发现不了价值？

出现了提前取代日圆的良机

牛力：咱们再回头说说人民币升值和未来人民币做国际货币的问题。

徐立凡：汇率的严格定义就是货币的价格，这个倒是没有必然联系，比如日圆很便宜，但日圆是世界储备货币。便宜与否、贵与否，是看你的实体经济能不能撑住它。从根本来说，国际化是2020年就必须做的事情，否则的话，我们今天说的定价权通通都是奢谈，因为我们连自己的货币价格都决定不了，还能决定其他吗？现在，我们在做本币互换，做一个初步的准备，跟不同的国家央行谈好我给你本币，你攒着，做贸易的时候我们用本币结算，这样慢慢侵蚀美圆的霸权。

张国庆：我们谈到日圆，说到有3种国际货币，现在日本出事，人民币能不能取而代之？

徐立凡：人民币国际化进程当中，永远不要拿美圆作对比。你跑步超人，你一定要选一个能超的人，不能说一下我把你们全都超了。

我选的是日圆。日本现在这种情况，等于是给中国提供了一个机会，我倒是觉得现在定的2020年开始国际化的步伐要加快，两个国际金融中心，一个是香港，一个是上海。日圆的实体经济支撑不住它的货币价格。

张国庆：2020年，人民币阻击日圆。咱们这本书必须有几条这样的话，2020年人民币阻击日圆，最迟2020年。或者，提前到2016年人民币阻击日圆。

徐立凡：中国的实体经济，虽然尖端技术不多，但中国人勤劳，真正的竞争力在于中国人勤劳，这一点足以支撑人民币。

戴占军：是，中国人勤劳而且聪明。从中国制造走向中国创造的端倪，中国迎来科技大国新时代的曙光。中国人不要妄自菲薄，觉得自己这不行、那不行，没有这回事！

从美国方面看，美国人其实很担心两个问题：一个是人民币会不会强势，会不会有一天替代美圆；再一个就是担心中国的科技发展，怕咱们赶上他或超过他，美国人现在已经开始为此警惕而且苦恼了。

徐立凡：人民币要成为国际储备货币的一个条件，是中国必须逆差。为什么呢？你让大家用你的钱，你还想再挣你的钱，大家怎么去用你的钱？那只能多用货币。

张国庆：为了2016年人民币取代日圆，逆差也出现了，日本也出事了，都在往这个方向走。

徐立凡：你必须逆差。我们应该鼓励美国顺差，美国一顺差，美圆都回去了，谁还用它做货币，你赶快顺差吧。你要设立一个可容忍逆差额度，至少现在要有这样的思想准备，不要一说逆差就当做是坏事。逆差不一定是坏事，别害怕。

牛力：这一节什么概念？

张国庆：咱们提龙。

牛力：最新版100元人民币上面是中国龙，正在设计。中国龙正好跟人民币对上，希望人民币像中国龙一样腾飞。

我们的主张之二：人民币2016年阻击日圆。

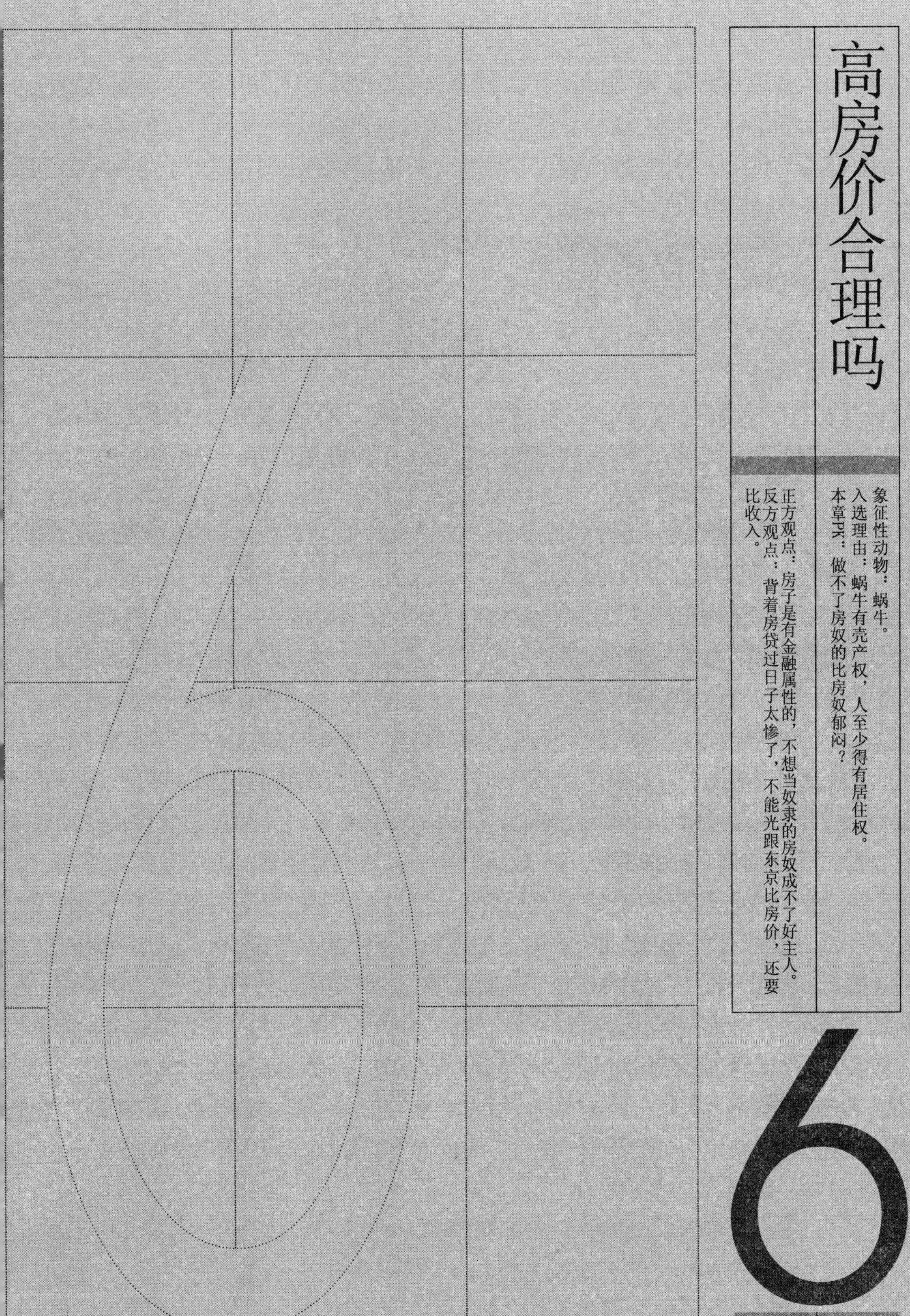

高房价合理吗

象征性动物：蜗牛。
入选理由：蜗牛有壳产权，人至少得有居住权。
本章PK：做不了房奴的比房奴郁闷？

正方观点：房子是有金融属性的，不想当奴隶的房奴成不了好主人。
反方观点：背着房贷过日子太惨了，不能光跟东京比房价，还要比收入。

6

高房价合理吗

象征性动物：蜗牛。
入选理由：蜗牛有壳产权，人至少得有居住权。

本章PK：做不了房奴的比房奴郁闷？

正方观点：房子是有金融属性的，不想当奴隶的房奴成不了好主人。

反方观点：背着房贷过日子太惨了，不能光跟东京比房价，还要比收入。

牛力：这一章探讨房地产问题。在中国经济当中，房地产业确实是龙头产业之一，新世纪以来，中国经济的奇迹，在某种意义上来说是借利生财战略的成功实现，如果中国要延续经济奇迹，还要继续推行这一战略，但是继续推行会出现无法回避的困难，首先是高房价问题。

在许多人看来，中国房价实在太高了，存在着泡沫破裂的风险。现在的高房价困局怎么破解？高房价到底合理还是不合理？有说合理的，说这是一个刚性需求，是供求造成的。

高房价是个伪命题

马晓霖：我认为高房价是伪命题。从整个中国来看，现在是钱多地少，流通渠道里的钱太多，而地是有限的，股市又靠不住。第一，从保值角度来讲，房地产是最重要的途径，而且咱们是地产经济，修地铁、修桥梁、修高速路的那么多钱，都靠卖地。

第二，东西部的不平衡，导致资源向大城市北京、上海、广州、深圳倾斜，这

但同时我又认为不合理，我不是投机才这样说，也不是价格不合理，而是价格构成因素太不合理。现在，所有的调控政策卡的都是消费终端，从购买限到贷款，真的能解决问题吗？别骗人了。

你怎么不卡地价？不卡房价构成中最重要的因素？说白了，地价收益归地方政府所有，在土地财政是客观存在、无可代替的情况下，你根本卡不住。卡不住大头，又要平息民怨，减轻房地产市场对整体经济的过大权重，就只好拿消费终端说事。这个是相当不合适的。你说什么是投机，什么是投资？要区分标准吗？投机倒把是房地产市场乱象的主要推手吗？

北京商品房均价6万并不遥远

徐立凡：为什么调控房价越调越高？钱越印越多是一方面，百姓收入明显提高是另一方面。但重要的是，没有对中央和地方财政分成制度这一结构性问题改革。

税收分成国税、地税以后，根据当时分家的思路，好收的都归国税，地方政府有断粮之忧。但地方政府又有GDP考核指标，它除了地没有其他资源，只好借地生财。在这个过程中，从地里弄出来的钱不仅用于发展生产，还催生了大量的寻租腐败案件，恶化了地方治理环境。这个问题，现在又有从城市向农村发展的趋势。农村土地在集体经营权的转让过程中出了不少状况。

这个是制度漏洞，制度本身存在问题，回避不得，也回避不了。就一线城市而言，只要级差地租存在，只要地方之间、城市之间发展高度不平衡，一线城市的房价居高不下就有合理性。这种合理性，还会受到通胀和城市化战略政策的支持。

老百姓拿什么防通胀？房子。城市化前景会让房价降下来吗？不会。所以，不要以为百姓都是傻子，有钱的就知道投机。大家都是理性的经济人，追求房子的热潮一浪接一浪，是共同理性的选择。

还要看到，调控必须注意溢出的政策效果。第一，都不建房子了，扩大内需怎么办？你不可能把它强行压得太低。第二，市面上巨大的流动性谁来容纳？房子承担了部分吸收流动性功能，如果这个功能失去，我相信“豆你玩”“蒜你狠”“姜你军”那种怪现象会更多。解决这种不良溢出的问题，加大保障房建设当然是一个办法，但是，3年1000万套保障房的资金落实和土地落实都是问题。时间也是一个问题：保障房普遍建成和入住之前怎么办？中期预期越不稳定，人们的投资行为就不稳定，市场上就说不定会出什么幺蛾子。

马晓霖：平均每人几百万都扔在房子里，就说明买房子除保值，还能养老防老，留给后代，也就意味着一个根本性的问题，即中国的社会保障体系严重缺失和滞后。

徐立凡：对于高房价的怨愤，民意沸腾，现在引向指责开发商的道德。最道德的企业家就是挣干净的钱，然后去履行社会责任。企业家不挣钱要企业干什么？企业家最道德的考核标准，是挣清白的钱。高房价，问题不在开发商。即使有些开发商确实无良，但他们不是房地产市场结构性问题的肇事者。

预测未来，刚性需求或者投资需求是强压不住的。假设确实压住了，如果哪一年美国又金融危机了怎么办？又高喊“买房是爱国”吗？一般来说，经济周期5到6年，坏日子就会来一次。我们假设成功地压住了6年刚需，然后为了救经济突然放开，你们说在喷发的需求面前，房价将是多少？敢想象吗？报复性反弹，足以让北京房子均价杀到6万，比现在年年涨还狠。这不一定是笑话。

马晓霖：他们说房地产马上进入拐点，你怎么看？

徐立凡：不大可能。第一，垄断土地的地方政府会让利吗？第二，在通胀形势下，建安成本[①]能下去吗？如果建安成本跟地方政府对于地价垄断都不动的话，从哪里找降价理由呢？为什么地方政府的房价调控目标都是跟着GDP走，GDP不可能是负的？我看，房价总体是滞胀的可能性大。过于热炒的外围地段或中小开发商可能会动摇一段。当然，如果考虑到建安成本的上升和房价现在的基本不动，算一下账就知道，其实已经降了——开发商自己吃下了成本上涨，现在没有也无法传导给购房者。

---

① 建安成本：房屋建筑成本和房屋设施设备安装成本的简称。

一线城市高房价很正常

戴占军：高房价合不合理，围绕这个话题，我提三个议题。

第一，现有房价能不能降？我的观点是绝对不能轻易大降，如果降，它的后果比人民币急剧升值带来的社会问题还要大，对中国实体经济和中国金融体系的冲击会非常严重。

刚才谈到建安成本，也就是说房地产开发企业的投入已经在那里，如果靠政府有形的手来操控市场无形的手，我怀疑能取得的效果。

现在房地产企业的投资，70%的资金来自银行贷款，如果房价急剧下降，房地产业崩盘，会造成银行出现很大的坏账。国内外经济学家的测算大概都是这样的，如果房价急剧下跌30%左右，银行将出现1万亿的坏账。房价跌下来，对于想买房子的老百姓来说，可能会欢呼雀跃，但是对中国整个金融安全和我们的金融体制，将带来极大的破坏冲击，紧接着随之而来的是所有相关产业和下游产业的倒闭、衰退，引发一系列经济和社会问题。如果非要选择的话，我宁可选择所谓的高价位，也不选择把房价急剧地打压下来。我觉得它不能降，尤其不能急降。

第二，房价会不会降？我觉得没有这个可能性！这里面有建安费用居高不下的问题，也有保证政府收益的问题。政府收益从道理上来讲是羊毛出在羊身上，取之于民用之于民。政府的土地出让金，不可能降下来，这不可避免地推高了建房成本。除了这些问题以外，还有很多催生房价上升的成本，比如人工成本。过去农民工到工地，问他会砌砖吗。会。好，一把一利索，干一天三四十块钱打发了。现在可不行了，日工资涨了一两倍。过去装房子，请一个抹灰工，60块钱一天，现在120块钱都没人干，人工劳动的价值提高了。还有其他费用，工人这块，你得给他上三险，不然就是非法用工。还有就是材料成本大幅度上升，短期内恐怕降不下来。所有这些我们能看到的东西都在上涨，凭什么房价要降？所以我推断，小幅下挫有可能，但那是暂时性的，长期说，总体上说，不会降。

第三，如果降房价，我们怎么降？现在的办法叫抽刀断水水更流。这个水本来可以自由流淌的，我垒起坝，不让它流，其结果是越积越高。我相信总有一天水还是要流出来的，因为底下等着喝水的人太多了。

怎么降？关键是不能拿市场直接开刀，而是要做好两限房这一块。政府该为老百姓做的那个房子，要把它做好了，就会影响到市场的供求结构，进而影响房价。保障房和商品房要分开，最有可能降的情况是，政府充分或比较充分地供给国民房，保证什么样收入的人可以租得起什么样的房，或者什么样的人够什么条件买什么样的房子。而我们现在所说的商品房，如果满足国民基本需求，那个时候的房价，无论高低，才是比较真实的价格。

就现在来看，保障性住房的提供，我们周边一些国家做得不错，例如新加坡、日本、韩国，甚至朝鲜。为什么？一个是房价确实贵，另一个是在那样的寸土寸金的都市空间里，能拥有一套房子已经很不错了。所以到那个时候，我们才能够说这个房子是贵还是便宜。我的预测，刚才讲到北京房价会到6万，凭什么是6万？三环、四环就那么大点地方，全世界就一个北京，全世界的北京就一个三环、四环，就这么点地方能盖房子，凭什么没有三万五万的升值空间？所以我觉得，在保障老百姓基本住房需求的前提下，再回头看市场，商品房的房价是市场决定的。

北京的房价是个特例

马晓霖：2010年我曾拍脑袋作了一个预估：5年之内北京二环以内房子均价达到10万，三环内达到7万，四环内达到5万，五环内达到3万。现在看趋势，一点都不夸张，甚至有些保守。大家总是说海南岛涨得高，海南岛房价跟中国二线城市比不算高，它只是纵向跟前几年比，涨得很高。如果海南房价放在世界级旅游岛这个天平上衡量，如果放在“华南迪拜”“中国巴厘岛”“东方夏威夷”这个定位去比较和判断，高房价就更是个伪命题。

戴占军：很多朋友问我该不该买房？我说，如果需要，什么时候买房都会赚，只要是这个房子我要住，我需要这个房子，我有基本条件去买它，从长远说，一定是只赚不赔的，只是赚多赚少的问题。

我原来住一个比较小的房子，想换个大点的，周边有房子盖起来，在三环四环之间，1平方米1万块钱，如果一次付清还有优惠，我要买，媳妇拦着不让买，我说她会后悔的。半年之后涨到1.5万，我说可以买了，都涨了，但她还是不让买。又过一个月，眼瞅着房价从1.5万涨到1.8万，我出手买了。买完之后，周围朋友都骂我傻，1万的时候不买，1.5万不买，1.8万才买，亏大了。可这个房子一路升值，现在涨到4万了，你说我是亏了还是赚了？即使是现在，我认为4万依然可以买，不信你1年后再看。

张国庆：我举个例子，通州房价3000块钱的时候，我说用不了多久涨到1万，他们都说扯淡。2008年的时候通州房价6000块钱，我说3年之内涨到1.5万，他们说我扯淡。转年通州房价2万。我觉得通州房价将来会上4万。

戴占军：在房价问题上，百姓被一些以占领道德高地自居的人所忽悠，他们讨百姓的喜欢，大骂高房价，可房价不是可以骂下来的啊。我觉得在这件事情上，一定要冷静，要从市场的角度去看问题。我也希望低房价，但市场的价格和个人理想无关。如果你用自己的心理预期去看房价问题，你一定是个傻瓜。

张国庆：我始终觉得，北京是特殊情况。房价高不高，至少北京不高。通州房价将来至少三四万，而且很多具有吸引力的设施在筹建中，一些机构和企业也有继续转移的可能。

与那些唱空但却偷偷买房的学者不同，我一路看涨，并且边看涨边买。一些听从我意见、受我影响的朋友，现在都愉快了，大都在房价三四千时买房，如今都是两三万的房价了。

我觉得做学问要表里如一，不能说一套做一套，自己都不相信自己说的，还忽悠别人。

我比较担心的是其他两个问题。老百姓为什么对房价问题耿耿于怀？有两个原因，一个是保障房问题，你必须考虑到很多人确实没有办法买房子，年轻人在北京发展学习和生活，你也不能让他住在大街上，这时候要有一系列的东西作为保障和激励。

戴占军：有些人，他家在农村有一个大院套四五间大瓦房，现在他到北京来，说他没房子。你家里的大瓦房算不算房子？你在铁岭买的房子算不算房子？你不能来到北京，就算无房户了。

最纠结的是收入而不是房价

张国庆：现在老百姓对房子纠结的一个重要原因，我觉得不单纯是房价高低问题，特别是北京房价不高，还有涨的空间，最重要的是收入问题。

你看过去10年，北京房子涨了多少倍，但是收入涨了多少？收入没跟上，甚至远远没跟上，哪怕它比房价慢涨，比如房价涨5倍，收入涨2倍、3倍，中国老百姓也能接受。

就怕收入不涨房价猛涨。很多媒体人都知道，几年前的月收入还1万块钱、8000块钱，现在连这个水平的工作都很难找了，还不如5年前的收入，而5年来房价涨了多少，CPI涨了多少？4000的房价现在2万了。所以老百姓最纠结的是收入问题。换言之，如果房价2万，但我收入也涨到了3万，情况就完全不同了。

我前段时间写了一本书《被折腾的世界》，其中赞扬了普京。普京执政初期，由于油价上涨，从20块钱涨到四五十块钱，你猜普京立马做了什么？他给大家涨工资，平均涨33%！

为什么普京支持率那么高？是因为他对老百姓仁义，就这点来说，33%的工资提升幅度，那是几十年都没有过的事情呀，你如果是俄罗斯人，你会是什么感觉？这种事，他后来办了好几次。

所以说，现在房价本身不是最大的问题，真正问题是收入没有上去。现在要做的，一个是减税，二个是收入分配制度改革，一定让大家富起来，藏富于民。

我们知道现在房价到了这个份上，我们被房地产绑架了，不能说把它给灭了，那我们的国家也散了。但是我们距离房地产泡沫破碎还有点时间，短则5年或7年，长则10来年。这个时间里面我们能够做很多事情，也是中国最后能补救的阶段了，如果到泡沫快破灭的时候再做什么就来不及了，那时候只能像日本似的等着完蛋。

所以，这个时候必须进行转型，利用房价往上走的状态，赶紧推动转型，包括稀缺资源的利用、产业升级换代、劳动力智能水平提高，同时将社会保障予以完善。到那时候，房价的高就不那么可怕，就算有一点小破裂，但是因为我们的社会基础好，转型已经成功，有新兴产业接了房地产的班，就比较抗折腾了。

过去几十年，出事的几个国家都与房地产泡沫有关。一个是日本，房地产泡沫破碎后一直缓不过劲来，这是很可怕的，现在加上地震就更是雪上加霜了。第二是美国，起因于次贷的金融危机。美国历史上大大小小20多次金融危机，为什么这次如此难以恢复，难度超过了奥巴马政府的想象？一个非常重要的原因，这次是由于次贷危机引发的，进而表现出美国金融体系的虚伪和脆弱。

事实证明，由房地产泡沫到金融泡沫的破灭路线，是最令人绝望的，而且是很难恢复的。奥巴马这几年又印钞，又扔钱，为什么美国经济就是起不来？一个是奥巴马自身的经济政策有问题，他的钱没有花到正地方。第二，美国也有无奈的地方，因为它现在已经被虚拟经济、房地产绑架了，它的实业已经大不如前，这种状态在泡沫破灭后恢复起来就特别难。这是美国经济比较难以恢复，或者说将来不是特别乐观的关键所在。

站在中国立场上，我担心的，一是收入制度不改革，将来社会将很难稳定，会影响中国往上走。我们刚才说A股1万点，前提是社会不要出现动荡和泡沫破裂，所以藏富于民的努力必须加强。二是能否利用这7到10年的转型期，尽快把很多该做的事都做了，一旦新的危机来了或者出现新的变数时，我们已经可以很淡定地去应对。

淡定是需要基础的——物质基础，政策和社会环境，从政府到民众的底气。设想，如果未来10年，中国的社会保障没问题了，劳动力素质进一步提高，自主创新做强了，产业升级做到了，海外资源没问题了，航母也有了，社会资源分配也渐趋合理了，国际上的“人脉”也丰富和扎实了，国际游戏规则也懂了，话语权也有了，我们还怕什么？！

没有当上房奴的人最可怜

徐立凡：我对时间的预期要乐观一些。第一，城市化这个期限倒是还有，因此，调整房地产权重期限还有。这个期限是20年。目前中国城市化不到50%，这是用30年的时间达到的。那么，如果城市化率需要达到70%、80%的话，差不多还要20年时间。城镇化率一天不中止，一线、二线和三线城市的房价降的理由就不充分。从国外看，美国经济不好跟房地产毫无关系，它是因为房地产和金融绑在一起了，被华尔街害了。房地产本身在美国经济中权重很低。当然，底特律废楼多的是，那不代表美国整体经济情况。

第二，我们还需要考虑的是，房产税有没有用？在我来看，未来有用，现在没用。我们的地方干部，一个地方最多待3年就提了，但是房产税你要把它培育成非常成熟的、稳定的、可以替代土地出让金的那么丰沛的税源，需要很多年。你在任期内，运气好干3年就高升了，你会干为后人栽树的事情吗？我一定是继续招牌挂，土地出让金1年那么多可以搞政绩。所以房产税你设计再好，在现实当中没有行得通的路径。

牛力：我们也得为房奴说几句话，我觉得真不容易。我很怀念二三十年前，1991年，当时全国商品房平均售价756元，现在是多少钱了，估计全国平均5000元。

咱们在座的都已经买了房，不用特别为这个事情担心，但是那些没有买房的人呢？是有外地人过来，但是本地人呢？生下来的孩子将来怎么办？房价都说高，到这个状态也是合理的，咱们跟人家比房价，跟东京比房价，他们比咱们高，但是我们跟他们比过收入吗？咱们收入比他们低。凭什么这事得让老百姓来埋单？

徐立凡：我同意国庆说的收入水平赶不上房价水平，但是收入绝对不能跟房价挂钩，为什么呢？房子有两个功能，第一是商品属性，第二是金融属性。金融属性就是指它是有投资功能的，商品属性是指它是要住的。由于中国投资渠道少，房子有金融属性，但你不可能让工资有金融属性。这个不可以挂钩的。我同意戴老师的一个观点，商品属性的，不管是满足居住权形式还是公租房住的形式，这是政府的义务。但是商品房，这套房子涨到20万，关你什么事。

张国庆：弱势群体要保护。

稿费标准至少应提到千字300元

戴占军：牛力刚才为房奴说话，假设我还有权利说话，我给房奴们一个忠告：

房奴要忍住，不想当奴隶的房奴成不了好主人！你现在当奴隶，别怕，它是有金融属性的，当你没有别的投资的时候，你已经买了房，你已经当上房奴，你背着是有点累，但是你一定有出头的一天，一定有当主人感觉的一天。房奴不可怕，现在是没有当上房奴的那些人才可怜啊！

徐立凡：我的看法，只要有杠杆率一定要用足，以前首付20%那是5倍杠杆率，2块钱可以借8块钱干事，5倍杠杆率不用干吗？现在虽然杠杆率小了，也还应该用。

马晓霖：我们替房奴说话，也就是要呼吁给他们增加收入，全民普遍提高收入待遇。

牛力：收入和房价的比到底多少合适，刚看到一个标准比例，国际公认的安全房价收入比是3：6。在北京房价收入比是13：1，广州是11：1，深圳是12：1。

张国庆：顺着牛力的话，我提一个观点，我早上在新浪微博转发了一个东西，现在很多过劳死的悲剧，社会该多照顾谁呢？真是过劳指数高的要优先考虑。比如媒体，这10年房价涨这么多，媒体人基本没怎么涨工资，很多还在降，苦得大家自嘲为媒体农民工。

还有一个稿费问题。现行稿费标准是二三十年前的，还是每千字40到60块钱。几十年都不变，房价物价涨了几十倍，有的涨了上百倍，稿费标准一直没怎么变，这就是不公平。这样的话，怎么显示出尊重知识？而且，现在拖延稿费现象也极为普遍，尽管法律规定要2个月内发放稿费，可有多少家做到了？许多人的稿费半年甚至1年后才到账，甚至有的还要追讨。问题是，半年、1年后，房价、物价又上涨多少。

戴占军：你3年写了一本书，它一次性给你课税，算在你当月的收入里。

张国庆：由于有了巨大的空子，一些媒体也在坑爹，在欺负人。比如遇到名气小的，或者不懂行情的，就按千字40、60的标准给人家，遇到名家或懂行的，就给人家400、600乃至1000。

马晓霖：老板会说："那我立刻关张了，我发不起稿费了。"

张国庆：关张就关张呗，企业支付不起薪酬还混个什么劲儿？

我写《话语权》就有一个理论，中国媒体必须大浪淘沙，必须优胜劣汰，必须放开竞争。第二个，我们有法不依的问题，已经伤害到中国的创新环境。"著作权法"规定稿费2个月内必须支付，除了牛力他们交通台一部分媒体这样做了，有多少家做到了？那些没有诚信的媒体，要它做甚？

住房产权凭什么只有70年

牛力：还有一个关键问题，人家买房子是一辈子的，咱们这个70年就到了，从1980年到现在30多年过去了，这些事情怎么解决？这么多钱押到上面，到最后还有可能不是你的。还有，中国房子的建筑质量，用不了二三十年就拆了。200万刚还完，房子没了，拆了！

戴占军：我不知道该骂谁，北京市委的那栋老建筑，看上去该有百年了吧，在长安街、王府井地段上，百年老房子很罕见，已经成为地标性建筑了。但是，刚刚扒掉了。在中国有个很要命的问题，就是老房子待不住。实际上，它反映了我们权力结构上的很大问题。抛开其他不说，我就说一个事，在北京很多掌权的人不是北京人，在山西太原掌权的人不是山西人，他对你这块水土根本没有文化意义上的情感，没有根的感觉。

徐立凡：第一，土地的适当私有是不是可以试验？我觉得这是破解70年魔咒的一个方面。按照研究理论，中国王朝兴替不是因为土地私有，而是因为税赋不公。我宁肯让地荒着也不种，种1年苛捐杂税太厉害，我白劳动1年还赔钱，这是核心原因。

第二，从我们给老百姓稳定的预期来说，应该是永久产权。

第三，现在是两个地段都在发生事情，由于土地问题，一个是城市拆迁的社会事件出现，最近一个倾向是向农村转移，实际上挑战的是农村集体土地使用权。但是，农村反而比城市制度创新得快一点，农村土地集体经营权的转让还快一些。同样在城市，关于产权永久化，创新性的探索越早，房子当中大头的地价构成因素就有可能越合理。

张国庆：我们呼吁到多少年？

徐立凡：70年产权应升级为998年。

马晓霖：700年也可以。

张国庆：那就700年。

牛力：房产这一节用什么动物？

张国庆：蜗牛。蜗牛为什么幸福？因为人家随身都带着家。

我们的主张之三：房子产权应从70年延长到700年。

7

为啥活得不踏实

象征性动物：猫。
入选理由：猫有九条命，人独此一生。
本章PK：食品安全是良心问题，还是机制问题？

正方观点：生产经营者道德沦丧，是食品质量安全问题的祸根。
反方观点：『质量腐败』和监管惩处不力，才是食品问题首恶。

为啥活得不踏实

象征性动物：猫。
入选理由：猫有九条命，人独此一生。

本章PK：食品安全是良心问题，还是机制问题？

正方观点：生产经营者道德沦丧，是食品质量安全问题的祸根。

反方观点：“质量腐败”和监管惩处不力，才是食品问题首恶。

牛力：咱们说了房奴，房价，这与我们的第七个话题有着一定联系，也即，中国人现在为什么活得不踏实？人生与经济预期为何如此凌乱？咱们最大的忧虑是什么？

谁让我们如此纠结

马晓霖：我觉得中国人活得不踏实，从硬的方面来讲是生存环境问题，贯穿一个人的一生——生老病死、社会环境、社会福利和保障等，这些方面还没有做到让人踏实的地步。庆幸的是，国家已经意识到问题所在，现在已经开始行动，还富于民也好，藏富于民也好，财富再分配也罢，都在想方设法解决。

这种不踏实，也导致了房地产的价格走高。如果我对未来没有恐惧，不怕失业，不担心失业会严重影响生活，就不会那么急切地要买房子保值。欧洲一些国家的福利已经做到了这一步，人家的失业跟中国的失业完全是两回事。中国一旦某人失业，全家基本上就天塌地陷了，欧洲人失业无非是生活不能那么体面了，不那么宽裕了，或者说不能随便出国旅行，也不能随便去打高尔夫球了，但是基本吃喝没有问题，居住没有问题，看病没有问题，意外事故保险什么的都没有问题，在这些方面，中国还有本质差别。

刚才说住和行不踏实，吃也让我们不踏实，而且貌似食品安全的问题日益严重，毒奶粉、纸馒头、瘦肉精、地沟油……以前是以次充好，比如用马肉冒充羊肉，那好歹还是肉，但是，现在发展到以假甚至以有害物质充当食物。真是世风日下，人心不堪。

食品安全的关键在于道德体系的崩溃。这些年如果说教育失败的话，最大的失败还不是我们培养的学生将来对社会是不是有用的人才，而是整个社会的做人的底线全面失守，道德观、价值观，作为可以称之为人的最基本禁忌没有了。革命的一个负产品是把所谓封建时代传统价值体系推翻打倒，但是新的社会价值体系却没有被树立起来，最后变成"人不为己，天诛地灭"，导致现在很多人都陷入精神危机，以及生存危机。

另外，从更广的消费层面看，也没有安全感，吃东西怕中毒，购物时怕购物陷阱，旅行时怕被强制消费，看病时怕买高价药。买房子一样也有陷阱，借贷也有陷阱，投资也有陷阱，社会诚信体系全面紊乱，只有信得过的人才有诚信可能。

关键是，社会的诚信缺失成本太低。我了解到，温州商业之所以十分发达，在于温商圈有着超级稳定的诚信体系，比如，我跟你借500万元，说好归还的时间和利息，打个电话就会有人把钱送来，而且无须打借条或签署合同，全凭一张嘴。我相信晋商也是这样，因为在一个相对封闭的商业圈内，你一旦失言毁约，就死定了，永无翻身或出头之日。中国现在的整体环境不是这样，完全缺乏诚信的荣誉感，以及失信的耻辱感，欺诈、造假似乎成了天经地义的事情。

戴占军：在一些国家，如果你的诚信记录不良，有污点，比方说偷税漏税，是没有人跟你做邻居的，大家都想办法搬走了。

马晓霖：全民趋利的时代已经来到，甚至兄弟姐妹之间为一间半间房子变成仇人。举例说，一间房子在低房价时候双方完成基本交易没有问题，但是，2年后突然升值几倍，原先的约定甚至白纸黑字的契约变成废纸，拒绝如期完成手续过户，反而提出退款补息不再出让产权，而原来的购房者已经不可能以原价再买到可以终身拥有并传给后代的产权房。这样的悲剧就发生在我身边，使得原本和睦大半辈子的兄妹两家反目成仇，几乎以命相拼，尽显人性贪婪与失信之恶。

从食物质量、商品质量到人与人交往，依靠的就是诚信体系。过去中国多少年靠道德约束，但是一直没有把商业社会游戏规则建立起来。西方社会把私有财产看得至高无上，当做一切经济活动的基础，在中国却不是，中国起码还没有演变到那种程度。在经济和市场为主导的社会，诚信缺失导致各方面都陷入危机，这是很大的问题。

另外一个不安全感就是法制与人权建设。总体而言，中国的人权建设方面还是有很大进步，这些年执法尽管暴露出很多问题，但前提是社会变得透明了，舆论可以监督执法，而且中国告别了大动荡时代，告别了人治而不是法制的时代。中国的确进入了法制时代，执法程度会越来越文明，但仍需要一个过程。从这个角度讲，公民权益总体上日益有保障，越来越有规则。但是从整个公民社会的构建来讲，中国的路还特别漫长。

简单来说遵守交通规则这个小事，我家附近有个红绿灯口的人行横道，绿灯时间特别短，红灯时间特别长，我经过两三年的观察，发现无论什么文化程度、什么身份的人经过那里，都忍不住闯红灯，只有我一个人像傻瓜一样坚持等待绿灯，甚至还要承受闯红灯车辆驾驶者的欺负，而旁边形同虚设的摄像头并不发挥任何作用，客观上鼓励和纵容了违反交通规则的行为，惩罚了遵守交通规则者。这点小事，在西方任何法制意识鲜明、社会公德意识强烈和诚信体系完备的社会都是大事，无论何时，无论有无旁人目击，无论有无机器监督，都自觉遵守。诚信守法已经成为公民下地穿鞋、出门穿衣一样的社会生活本能。

牛力：前两天我看到一个特别寒心的事情，建国门桥下有个人行横道，遇到红灯我都是自动停下来，旁边当然还有人不管不顾。有一次，一个母亲带着孩子也到了那个地方，母亲让孩子停下来，小孩说怎么不走，母亲说这是红灯。话音未落，旁边冲过去一男的，你让这孩子怎么看？我在想，如果后来孩子问为什么他可以走？母亲该怎么回答？他是坏人？不管怎么样，这种诚信的环境没有了。为什么我们不踏实，也是因为这个。

咆哮哥为啥这样多

马晓霖：城镇化进程中，全民素质如何提高也是个大问题。4月中旬的某天上午，我离家乘电梯下楼，里面一个个头并不高的快递公司伙计，穿得脏兮兮的，原本也没有什么。当我发现他不是用手指关闭电梯，而是，每到一层都不断用手里的圆珠笔猛捣关门按钮，我就很客气地提醒他用手按按钮关门，以免弄坏电梯。没料到，这个伙计十分恼怒地冲我喊道："这是塑料的，能戳坏吗？"我说硬塑料的也可能弄坏那个关门的按钮。他更加气愤地对我咆哮："这电梯是你们家的吗？我戳坏它了吗？你管得着吗？"我说："小伙子，我只是好心好意提醒你，而且这电梯还真是我们家的，是我们大家的，是全楼业主用物业费分摊维修的，我们每户每年要交几千元物业费，每次修电梯都要花很多钱。"尽管如此，这个伙计依然骂骂咧咧，甚至在离开电梯时还摆出要和我动手的架势。我问："你是哪个公司的，我要投诉你。"他几乎吼着告诉我公司名字和他自己姓什么，让我去投诉！最后，在楼外，他蹬起送货的车与我擦肩而过，还恶狠狠地对我说："你出门让车撞死！"

简直没有公理了。说实话，遭遇这样的堵心事，当时气得我七窍生烟。如果我年轻三五岁，这个事情肯定没完。冷静后我也在想，我现在虽然是城市人，但也是农民出身，这样一个靠在城里打工的农民工小兄弟，为何如此暴躁？

素质低，没有公德意识倒不是最可怕的，可怕的是他那种本能式的反弹，以及内心透射的不平与怒火。难道这就是城乡差别、收入差别、生活质量差别造成的扭曲或仇恨心理？我认为，这种不满与仇恨，这种冲动与躁狂，才是这个社会最大的不安定因素。生活在这样的环境下，连我这个经历过很多生死场面的人也感觉不寒而栗。

张国庆：有一个段子，男孩和女朋友分手了，怎么分手的呢？过马路的时候遇到红灯，男孩拽着女孩不让过，女孩一次没说话，两次烦了，说他木头脑袋啊。俩人因此吵架分手了。这个男孩长记性了，过1年出国留学，到了美国，又交了一美国女朋友，过道的时候也是遇到红灯，一看没人，就直接过去了。人家说他怎么回事啊，怎么这素质。结果两人又分了。弄得男孩无所适从。其实，这背后有一个评价体系问题，人不是孤立存在的，有时候是受环境影响的。

牛力：建国门周边的外国人很多，我现在过马路会看到很多不一样的风景，往那一站，等红灯的经常是外国人，还有女孩和小孩比较多。不过我发现外国人也越来越多地不遵守红绿灯了。真是入乡随俗。

张国庆：人往下走容易，下坡路最好走的。

都是短缺惹的祸

徐立凡：我们要分析一下，社会上的怒火也好，恐慌也好，它的公众心理基础是什么。是群氓现象吗？是“刁民”乃至“乌合之众”吗？是“羊群效应”[①]吗？这些问题，勒庞他们早就研究过了。我相信有这方面的原因，民智未开，对公民身份缺乏自我认同，与社会不共融，看到事情会不分情由一哄而上。信息时代，流媒体时代，又加快了信息的传播速度，但没有改善信息真假的甄别水平。人们因此更激动了。这些原因都是客观存在。

但是，我想还有更内在的一些原因。第一，公共心理基础是短缺经济造成的。短缺经济造成的结果是你老怕你比别人拥有得少，哪怕只是等红绿灯的时间，我比你早过去就多占一点。任何资源，从道路到公共设施乃至时间，我都希望抢先一步占了，就能获得更大的安全感。

第二，当违反秩序的时候，缺乏一个惩戒机制。我们口头上都知道市场经济就是法制经济，法制经济说到底是规范经济，但是偏偏在信用体系建设上没有，你不用付代价就可以做违反公共道德的事，制度空白起了一个反向激励作用。坏产品把好产品挤掉，坏孩子把好孩子挤掉。由于你迟迟不建立惩戒机制，所以它会成为一个被鼓励现象。入乡随俗，你是被鼓励的，外国人也不是神，他入了我们的乡，就把他故土的那个自小养成的好规矩意识忘了。

对此，政府要起作用，不是什么都要政府管，但这个需要政府管。政府有义务对于软的社会秩序起到规范和疏导的作用，这个也是公共安全的一部分。这个诚信

① 羊群效应：人们经常受到多数人的影响，而跟从大众的思想或行为，也被称为“从众效应”。

体系很多个体都缺失，比如多数人违反交通的概率就很大，同时企业用户也缺失。企业做了坏事不怎么受惩罚。道德的虚弱谴责多一些，有什么用？

我们目前存在的最大泡沫，不是股市泡沫，是伪市场经济泡沫。它以市场经济形式存在，体现了硬币的一面，就是追逐利润。它没有体现另一面，你追逐利润应该是在合乎规范的情况下进行的。这里既有历史的原因，因为短缺嘛，大家不排队都想抢。当然，这里面也有市场经济建立之后，泡沫没有去掉的原因。

还有，我们以前习惯被单位、国家进行生命担保，我担保你到60岁退休，现在没担保了。没担保之后，你会慌。一边慌一边还看到，那些让你能够成长和强大的市场份额已经被逐渐垄断，你就更慌了。现在已经垄断到什么程度呢？你的贫穷和你的富裕，你的上升空间，都已经在代际传承，你的父亲这辈是富裕的，你也是富裕的，你的父亲是贫穷的，你继承贫穷。因为当他富裕的时候，他会过多地占用教育资源、出国资源等，而你的孩子从小就不如人家开发得好。这里面的实质还不是什么道德问题，个人修养问题。作为个体，你可能有佛性，可能会很淡泊名利，但如果你的孩子一开始就输在起跑线上，你淡定得了吗？所以，不要拿甘于贫穷、甘于平凡之类教育人。那些真的虚伪得厉害。

政府必须要做的事情，是创造机会平等。一方面，我们不能吃大锅饭，大家工资都3000元，这个不符合市场经济原则。但另一方面，机会要平等。市场经济的核心是机会平等，不能让贫穷基因、奴隶基因继续代际传承，要让每个人看到，只要我努力，而且我是清白的努力，我就有巨大的上升空间，就可以实现我的中国梦。我们现在急需一个中国梦，而且有很多这样的例子表明我们需要中国梦。20世纪80年代有中国梦，但是现在由于国家资本主义的迹象比较重，导致很多垄断。

我们必须知道，财富无法均等，但机会必须均等，机会均等就是让所有人都觉得我有一个中国梦，心怀一个中国梦。如果每个人都在中国土地上根植这个梦想，那就是最好的预期，也是最大的软实力。

机会平等是最大的道德

张国庆：美国200多年来一直比较充满活力，即便犯了一些错误也很快能立起来，原因何在？除了它机制上的一些先进性、创新能力强之外，有一点特别重要，就是有一个美国梦。

我们讲机会均等，有本书叫《人人可以当总统》，这是最明显的美国梦。它讲的是美国人机会是平等的，都有可能成为伟大人物、优秀人物，或者达到人生顶点。这个信念吸引着美国各个群层，实现了多种功能：第一是鼓励每个人充分发挥潜能，第二是团结，把人凝聚在一起。

我特别喜欢读关于两段历史的书，一段是初唐到盛唐，第二段是延安。有些书我读数遍，对我人生有很大激励，在人生低潮的时候读了之后有种向往。你会发现，有了梦想的牵引，人会更加努力，民族会更团结。共产党所以能凝聚大家是因为有梦想带着大家，盛唐也有梦想。我们中国走向强国也要有梦想，强国之梦、富国之梦。

第三个是吸引力，能够吸引别国人民到美国，无论是投资，还是技术移民，或者仅仅是旅游。很多中国人现在都渴望到其他国家办得绿卡，我们要换个角度去看，去想为什么，一个重要原因是美国梦，再加上其他配套条件，自然吸引了大量人才过去，因此美国不强大才怪。

第四个是社会稳定。人什么时候完蛋？两种情况下，一是绝望，觉得人生没有什么意义，没有一个你能惦记的人，也没有值得做的事，这就要出事。二是没有尊严，感觉自己活得没有尊严，结果要么伤害自己，要么伤害别人。

也就是说，当大家都有梦想，并有社会保障体系维护人的尊严时，这个国家往往会走强。基于这些考虑，反馈到中国现实，就特别需要这种梦想，这种愿景。无论是从稳定的角度说，从凝聚国民心气来说，从激活民族潜能来说，还是从感召世界角度出发，中国在突破现有瓶颈继续向上走的过程中，都需要梦想的牵引，而这个梦想不是空的，是实实在在的榜样。

媒体要在这个进程中发挥作用。我记得20世纪80年代的时候，电影电视里活跃着的形象，多是带着大家创新，搞科研的科学家，热爱学习的年轻人，这些人是好的榜样，更是精、气、神的代表，很多人都被他们吸引了，学他们，像他们一样寻梦。而那个时代，也确实是一个集体寻梦的时代。

我们现在的榜样是什么人？一个是超女这样类型的，一夜成名的人，总之鼓励的不是踏踏实实的努力。二是那些暴发户，嚣张的官二代，不成器的富二代。反观美国，却很少胡乱宣传企业家，为什么？是因为在美国人看来，有钱不算什么，能为社会作贡献才令人钦佩，所以美国的媒体经常宣传做慈善事业的企业家。再有，就是宣传像比尔·盖茨那样勇于创新的人。这些宣传，很给力，不知不觉中，就树立起一个国家的精神榜样。

徐立凡：我们经常说你活得不踏实是因为没有梦。也对，也不对。有一个梦让大家看得见摸得着，那叫幸福。

我们还能吃什么

戴占军：有梦想，要淡定，但前提是活得踏实。民以食为天。说起让百姓不踏实的事情，还得从“吃”说起。

日本地震、海啸、核泄露，为什么中国人很紧张，神经兮兮的？我们担心什么？还是吃的问题。核泄露之后会不会因为食品的污染形成一个传导链条，传到我们自己体内，而使我们受到伤害？两件事情可以证明这一担心，一是一些专家认为，无论日本把事故级别从五级调到七级还是地下水已受到污染，或是已检验出钚这种可怕的元素，对百姓危害最大的，还是通过食品对人体的影响，这是最应该警觉的。二是实际发生的事件，对中国的标志性的影响是两件事，一个是食盐，日本地震、核泄露，中国率先闹起“盐慌”。另一个是俄罗斯的态度，俄罗斯政府要求加强中国输俄食品的放射性物质检测。为什么会这样？本来俄罗斯离日本非常近的，怎么不拿日本开刀？这是因为俄罗斯从日本进口的食品非常非常少，而从中国进口的食品却比较多，它不担心空气污染、水污染，只担心食品这一块。所以，食品安全对于个体也好，国家也好，都有巨大的影响力。

日本的核泄漏事故之后，中国网络上有个笑话很有意思，大概意思是说，让日本核泄漏去吧，让空气污染去吧，我们不怕，我们吃化学肉，我们吃毒奶粉，我们早练出来了，咱已经赢在起跑线上啦，所以，你日本那点毒对我们不在话下。笑话吗？不是笑话，是黑色幽默。我讲一个现实例子佐证，我们真的“赢在起跑线上”了。

某一个大城市的一所著名大学内，一批莘莘学子在学校食堂就餐后，突然发生食品中毒事件，症状大都是腹痛恶心。这一群体性事件，引来相关部门严查。学生是在食堂吃饭后中毒，那是食品有问题啊。一查，中毒的二三十个学生里面，几乎清一色的都是外国留学生，中国学生大多没事。但中外学生，吃的是同样的东西啊，同一批原料，同一座食堂，同一个厨子，同一套炊具，为什么中国孩子就没事呀？分析来分析去，估计可能是食品里面有某种添加物质，外国学生过去从未摄入过，肠胃金贵，一吃就扛不住了。但咱们的孩子，从小吃，吃习惯了，都锻炼出来了。这是个现实的例子——赢在起跑线上。

现在中国年轻一代的体质问题，已成为社会话题，包括不孕症、性功能低下、性偏移等，发病偏高。实际上这是两个原因造成的：一个是整个教育失败，从身体素质上反映出国民教育、教育体制和教育方式上的失败；二个是跟我们的食物链以及环境污染等有很大关系。

中国的食品质量安全问题，不是技术问题，不是能力问题，不是设备问题。我们想想看，在短缺经济的条件下，在市场经济没有建立的年代，我们的食品很少出问题。我六七岁的时候，农村家里养了一头猪，过年时把它杀掉炖肉，一掀锅盖，半条街飘香。而现在，很难再闻到这种肉香了。1年前，我曾到涠洲岛，吃了岛上养的鸡、猪，年轻人说，好吃啊，原来鸡肉和猪肉，是这么个味道呀。后来我们才知道，这里喂养家禽、家畜的饲料是贝壳、海藻、芭蕉叶，根本不喂人工合成的饲料。涠洲岛四面环海，是个封闭的岛屿，没有任何污染源，因此也就没有食物链的污染。

张国庆：我想起一首打油诗，叫做《你还记得猪肉的味道吗》。

食品安全监管腐败是万恶之源

戴占军：是啊，“天然猪”和“化学猪”，肉味能一样吗？过去咱条件不好的时候，食物很少出问题，现在什么都进步了，反倒是一系列问题全来了。刚才晓霖讲到道德问题，但不仅仅有这个问题。

现在最可怕的是，在整个食物链中和全部食品范围内，我们几乎找不到一个没有掺杂使假的东西。苹果会被打蜡，看着很鲜亮；香蕉被硫黄熏；糕点被上色，为了提味还弄各种化学物质添加进食物里。老实说，没有一个国家不出食品安全问题的，德国牛不牛？德国还是出现了有毒饲料事件。但我们的问题是，质量安全问题面积太大，涉及的产品太多，影响的地域和人口太广，而且是一个事件接一个事件，让人防不胜防。这样一种食品安全态势，让我们觉得活着都没有安全感，这还不可怕吗？

近2年，以三聚氰胺奶粉为标志，中国的食品质量安全问题成为国际议题。它是一个标志性事件，影响深远，但很多企业、很多政府人士没有认识到这个问题，没有认识到产品质量安全涉及国体，涉及国运，涉及国家品牌和国家形象，涉及中国的社会稳定和经济发展。但实际上它已经到这个程度，以三聚氰胺这样的标志性事件为代表，中国的品牌价值已经快被挥霍干净了！

当然，三聚氰胺也作出了“应有贡献”，就是这一重大的食品质量安全事件，直接催生了《食品安全法》的诞生。新中国成立这么多年，改革开放30多年，我们现在才刚刚有了一部《食品安全法》，这是笑话。我们原来执行了13年的《食品卫生法》，我们原来对于食品的认识，还停留在卫生不卫生的概念上，没有上升到质量安全的高度。在经历了一系列令人痛心的事件后——苏丹红、地沟油、毛发水酱油、吊白块腐竹、陈化粮、染色米、假烟假酒等，我们才以生命的代价，政治和经济的代价，社会和市场的代价，赢得了《食品安全法》的出台。

这个法的特点在哪里？专家们说一大堆，预警机制的建立、责任分段负责、明确责任主体、事后如何处理等，这些都有用，但是实际上最管用的是哪条？最管用的一条明确地写在法里面，叫做假一赔十，它是可以量化的法律手段，而且比写在《消费者权益保护法》里的假一赔二有了进步。但是，假一赔十就够了吗？能够用这样的处罚警醒造假者的良知吗？能够以此来阻止食品违法行为的发生吗？我觉得不足以，否则就不会出现“染色馒头”了。后来修改的《刑法》，增加了食品犯罪最高可处以死刑，这才有了点力度。

为什么总是出现大面积的食品质量安全问题，而这一切都深刻地影响到我们的生存观，对于未来的预期造成很大影响？首要的原因在于，一些食品的生产销售参与者，毫无顾忌地践踏人性和良知，而不用付出相应的成本。他去制造一个假产品，攫取了巨大的经济利益，但他所得到的惩罚，无论是有形的、无形的，无论是经济的，还是刑法责任上的，都不足以打痛他，也不足以阻吓其他人。就算是假一罚十，一个馒头多少钱？10倍赔偿有意义吗？

当然，这和道德的沦丧，和道德底线的失守也有很大关系。但是话又说回来，道德和良知，不是自然而然产生的，需要社会的教化和社会的规范，就是规则问题。在规则制定上，在法律制定上，我们是有缺陷的。直到现在的《食品安全法》，包括相关的《合同法》《刑法》《消费者权益保护法》《反不正当竞争法》等，制定得依然不是很严密，依然有很多漏洞，罚责也太轻。

另一个是监管的问题，我们现在法律、法规不少，但是监管不到位。当官为民做主，我们是人民的公仆，我们一直在强调行政作为，但是为什么还是漏洞百出？说直白一点，就是质量腐败严重！一个是管质量安全的人不作为，现在是多头管理的体制，围绕食品质量安全，一大堆人在管，质检、工商、卫生防疫、警察都在管。“多管齐下”就有用吗？不一定，筷子多了也许谁都夹不着肉。但更严重的问题还不在这里，因为某些体制的疏漏是可以靠人为努力来弥补的。现在让老百姓生气的是，一些官员，本应该的分内事他都不作为，他一天到晚想的是怎么往上爬，怎么拉关系、织人脉、捞实惠，哪里还有精力办正事？

更让人忧虑的是，在食品质量安全问题的背后，存在着见不得人的东西，比如钱权交易。有些质量安全问题一揭开，带出一大串腐败黑幕，让人触目惊心。此外，还有些让人不易发现的隐患，比如生产标准问题，我叫它标准腐败。标准制定，当然是越高越好，但如果产业中的企业，普遍标准都达不到，那标准就是虚的。可话又说回来，你总不能在普遍水平下制定一个低水平的东西吧？但是很奇怪，恰恰围绕产品标准，包括食品标准，就是存在着低定的问题。在这个背后，实际是满足了一部分利益集团的需要。制定规则的人和执行规则的人，在标准问题上，有没有心照不宣？有没有利益交换？这个只有天知道了。所以标准问题看似是技术问题，其实也是道义问题。

此外，质量安全底线的失守，和市场的低水平需求也有关系。我一向讲，质量问题的核心之一是价格，比如三聚氰胺奶粉，如果要达标生产，它那个企业完全可以做到。但是如果要达标生产，产品的价格就会有所提高，一些农村的低端消费者就难以承受。所以，为了满足超低价格的市场需求，三鹿集团就在奶粉中添加三聚氰胺，一方面降低成本，另一方面制造检测达标的假象。需求催生产品，催生市场，三聚氰胺奶粉就是这么出来的。但老百姓不知道黑心厂商玩的猫腻，成为最终的受害者。

食品质量安全问题，就是在上述多重因素下产生的。我认为，在当前情形下，如果不采取综合治理的办法，如果不用重刑、下猛药，如果不从根本上和结构上进行深入治理，那中国的食品质量安全还会出问题，老百姓依然还要问：我们到底吃什么？这不是一个伪命题，也不是一时的话题。

为食物里添点儿良心

徐立凡：立法好立，甚至都不是执法难的问题。我们说到机会均等问题，当你正常的商业机会不均等的时候，被垄断的时候，会逼迫一些人走邪道，这是一种挤出效应。我也想有上升空间，我也想挣钱，但是我被垄断了。我也想走正道，可正常渠道都被垄断了，也可能是市场份额已经分好了，把我挤到邪路上。所以，商业机会的均等性很重要。

张国庆：中国跟美国100年前相似的地方就是，反垄断对美国历史是非常重要的转折，从那之后美国企业有活力，有社会责任心，国家有正常秩序，政府有了威信。我觉得中国下一阶段将面临反垄断问题。

戴占军：人类基本道德和良知的沦丧，是我们这样一个社会的悲哀。比如"染色馒头"事件，这个黑幕是怎么揭开的？这个厂子的司机给公家办事，开车违章被罚了200块钱，回来领导不同意给他报销。一气之下，他揭开了久已存在的生产黑幕。我觉得这件事情很耐人琢磨，假设那200块钱领导同意给他报销了呢？"染色馒头"是不是至今还不会被揭开？接着我们会问，有多少黑幕、有多少的问题还在被掩盖着？

张国庆：大家平时吃方便面吗？据知情人介绍，某些工厂的生产状态令人发指：工人随地大小便，老鼠到处爬。

牛力：有一句话一直在我脑子里面：民以食为天。咱们看一下"食"这个字，"人"字下面是"良心"，这是特别到位的一句话。现在的食品中什么毒药、农药，什么东西都可以加，就是不加良心。

法律监管不力，标准制定有问题，为了降低成本弄一些歪门邪道，更别提道德问题。今天一直谈中国要淡定，我们就要搞明白很多不淡定的地方，变化的世界里面有哪些存在的问题，搞清这些问题以后，最好一个个去解决。

回到开始说到的“格物致知，诚心正意，修身齐家治国平天下”，刚开始咱们玩儿的是关于格物的问题，我们要知道谁是我们的敌人，谁是我们的朋友。然后是人民币到底该不该涨，房价这么高合不合理，包括海外保护。最后越谈越跟咱们内心结合到一起，正好到诚心的状态，你要没有这个状态，根本谈不上淡定。

刚才两位谈到中国梦，我们就是为了大家共同塑造中国梦来做今天这样一个事情，我们研究我们的敌人、朋友、房价、人民币等，一直到食品，衣食住行无所不包。但是这样一个中国梦，确实不是一天两天能够实现的，尤其这个中国梦是什么，它跟美国梦是一样的吗？我估计有很多一样的地方，但是也有很多不一样的地方。我们有一个民族自立的问题，美国至少不用担心随时会有人打过去。但脱离了国与国之间的关系，人的内心其实应该是一样的。

张国庆：俄罗斯有句诗是“梦想者是生死不绝的”。有梦，才有希望。

这一节选一个动物，我觉得猫比较合适。猫的生命力最强，有九条命。活得像猫可以说是一种境界，甚至有人开玩笑说女人要活得像猫就很爽，很淡定，很舒服，有人哄着陪着，多半还有安稳的窝。

活得像猫一样，要求不过分吧？

我们的主张之四：我们急需一个中国梦。

8 跑赢CPI

象征性动物：貔貅。

入选理由：为全民吃进财富是根本！

本章PK：增加投资品种和净化投资环境，哪个更重要？

正方观点：在金融市场特别是股市，目前最需要的是打黑肃清。

反方观点：投资渠道异化为少数人的工具，开放民间融资渠道、优化投资品种才是硬道理。

跑赢CPI

象征性动物：貔貅。
入选理由：为全民吃进财富是根本！

本章PK：增加投资品种和净化投资环境，哪个更重要？

正方观点：在金融市场特别是股市，目前最需要的是打黑肃清。

反方观点：投资渠道异化为少数人的工具，开放民间融资渠道、优化投资品种才是硬道理。

牛力：有 种说法，叫做“钱”军万马在过独木桥。其实，理财途径看上去还是很多的呀，买股票，买基金，买房子，现在还有一个炒币，炒钱，收藏。目前这个现象，问题在哪里？首先要解题，真的是独木桥吗？为什么要过这个独木桥？是不是现在投资渠道真的非常单一？

马晓霖：我觉得是不是这样，先得弄清楚这些问题，钱的构成如何？哪些人手里有钱？哪些有钱人在挤独木桥？独木桥之外有没有康庄大道？

牛力：首先，钱是什么，有哪些？桥是什么桥，康庄大道还是独木桥？两者之间有什么矛盾？

戴占军：咱说的独木桥是指？

徐立凡：投资渠道狭窄，放到哪个商品领域，哪个商品领域就会非理性，泡沫是我们自己造的。

戴占军：我原来以为说的是全民炒股呢。

财产性收入，你增加了吗

徐立凡：之前我已经谈到了，现在全国市场的盘子，不仅仅是央行管的5万亿到6万亿，全国盘子是50万亿以上。这50万亿以上由于区域发展不平衡，族群的发展不平衡，所以财富的掌握是非常不均衡的，少数人掌握了很多的钱，我们先不说这个和社会正义是否远离等。我们首先明确一个概念，即使是少数人掌握很多钱，也一定要尊重这些人的财产权。任何私产是公共政策唯一的合法来源，一定要把这个观念树立起来，使之成为公权力的自觉。你要对每个人的资产，不管我是只有一个凉席还是豪屋万间，都要尊重和保护。

我们客观地说，现有格局就是钱在部分区域的人手里掌握。比如说浙江人，一部分山西人，一部分广东人，一部分侨眷，钱在少数地区少数人手里掌握。但是钱要找利润可以说是钱的天性，问题是，中国现在有多少投资渠道。我们说很多，但实际上就两个：资本市场和楼市。但就这两个大项上，也是风险重重。资本市场谁能保证挣钱？职业经理人都不能给你这个保证。公募基金不能给你保证，私募基金也是经常以内幕消息交换来做事，让你心惊。所以，你多数时候往楼市投，这样投资渠道狭窄上加狭窄，这本身也是楼市出现"泡沫"的客观因素。

在这种情况下，"十七大"报告说了："增加人民群众的财产性收入。"财产性收入不是工资性收入，是你工资外的财政收入。如何体现"十七大"的方针政策？

牛力："十七大"报告首先提出创造条件，让更多群众拥有财产性收入的说法。

徐立凡：从现有市场看，这点可怜的投资渠道还异化了。异化为少数人的工具，让多数人挣不到钱，比如资本市场。资本市场要赋予普通投资者上升机会，群众获得财产性收入的机会才会平等。楼市也是一样，一定要尊重目前楼市的金融属性。

除了这两个存量的渠道需要改革，还需要拓展其他投资渠道。现实地看，汇市的放开是可以作的选择。我们不说收藏，因为收藏是门槛太高的非普通人能够介入的事情。

汇市放开，老百姓用来打理的钱从哪里来？请把政府手里多余的钱，用基金、各种补贴的形式，交给全民打理。这个从理论上是讲得通的。公共资产的性质是全民委托政府打理，比如国资委。从产权上说，你管的那些国企都属于全民的。因此，换个财产管理人，让全民自己来管是可行的。特别是那些垄断性央企，包括地方国企，对它们征收暴利税，再通过财政以某种看不见的方式转移给老百姓。我觉得这种方式第一很间接，第二效率很低。直接让中石油、中石化、中移动们找种方式，在它们的真实利润里面，除了合理的扩大再生产所需，其他的分给我们打理。其实，现在的情况是钱肯定多，市面上流通的多，但是多数人第一没钱，第二没有增值的可能。

资金失衡造成的问题，第一是加剧了通胀，甚至成为通胀的根本原因，第二是造成贫富差距继续拉大。之所以造成这种情况，是钱的使用效率太低了，不知道是不是低到了历史最低水平。

牛力：这里有一个逻辑顺序，我们先来梳理一下。刚才谈到两个重要方面，一个是怎么样保护老百姓的财产，另外一个是怎么样创造条件去增加财产性收入。我们按照这个思路去走，刚才立凡做了一个总括，一个大的范围，怎么用好钱，钱在哪里。现在让我们往下继续走，分门别类谈问题，比如我们怎么保护。

张国庆：立凡讲到机会平等，此前我们谈的是其他方面的机会平等，我认为同样重要的机会平等是在财富上的机会平等，投资上的机会平等。有几点很值得注意：第一，立凡讲到汇市问题，汇市为什么相对比较合理？因为它是全球化的东西。当一个游戏掌握在少数几人手里就特别容易出问题，很容易被操纵。如果这个东西是全球性的东西，掌握在各种各样的人手里，个别人想操纵就比较难。所以，相对个人投资者来说就比较公平，当然，你的信息量和决策力是另一码事，但是机会上相对公平。

举个例子，日本大地震当天，我的一个朋友是日企的，他在那里压抑了好几年，突然发生日本大地震，日企里的日本人非常纠结，而他却冷静地作出第一个反应，也是很专业的反应，第一时间买入日圆，全仓买入。他知道日圆要升值，结果，短短的几天内他把1年的钱都挣回来了。当然这是一个极端的例子。

牛力：发国难财。

张国庆：发的是别人的国难财。

汇市需要对全民放开

徐立凡：汇市无非是货币的交换，和土豆换大白菜一样。对中国来说，所有的产品里面，国际信用度最好的就是人民币。所以请把你质量最好的产品，不是你的衣服，也不是猪肉精，而是货币商品，拿出来与老百姓分享。我强烈呼吁汇市放开，这对抑制通胀也有好处。

牛力：目前汇市的现状是什么？你要放开，问题在哪里？

徐立凡：第一，现在政策拟议的个人外汇额度，从5万美圆扩到20万美圆。我觉得应该加大力度，可以考虑完全放开。第二，要放开个人海外直接投资。这样，可以使中国目前存在的钱合法地流出去，暂时缓解通胀之困。同时还有助于增加群众财产性收入机会，何乐而不为？个人外汇额度跟个人海外直接投资是一定要放开的，这是一个趋势，是我们现在应该呼吁的。

张国庆：这个作为我们的第五条提议。

牛力：新闻说试点并没有完全放开，首先个人单项境外投资额不超过等值300万美圆。

张国庆：首先是账户问题，没有海外账户无法操作。

徐立凡：还有一个问题：为什么中国最好的分红能力最强的企业都在海外上市？中国股民应该享受其成长成果，为什么全部让美国公民享受了呢？这个是不是也在某种程度上有点崇洋媚外的取向，也一定程度上遏制了普通人财产性收入的上涨呢？

张国庆：中石油当年上市的时候，号称给中国人民最便宜最好的股票，它1块钱卖给外国人，48块钱套住了中国人。

徐立凡：中国最优质的企业全部交给海外上市，造成两个结果。一是大部分股民都享受不到中国增长的最大成果。二是它对我们的弱势群体的帮助能力实质上下降了。

张国庆：这些年，赴美上市的都是好企业，中移动、新浪、搜狐、腾讯。

我刚才举的例子说明三点。首先，那个日企的朋友有一个优点，他不像有的员工是纯打工，他很会研究东西，很关心国际问题，没事就看各种国际问题的资讯，所以能第一时间作出反应。所以说，知识的积累很重要。

其次，门槛问题，他有海外账户，否则他没法操作。这也是许多其他人没法作出反应的关键所在。所以要对公民放开汇市，这才叫机会平等。

最后，就是不要质疑中国人民的聪明才智，中国人智商据说是世界第一的，而且老百姓对自己的钱很负责任，即便赔钱他也会总结经验。

中国股市最需要“打黑”

张国庆：之前，对中国足坛的打黑，深得人心。其实，中国股市，更需要铁拳出击，打黑护市。加强对股市的监管，也是一个机会平等的问题。

对中国股市，我总有一个看法，就是在目前的状态下，大多数人不适宜碰股票。首先很多人没有理财习惯，或者没有知识积累，其次中国股市的环境太恶劣，正常的思维的人很难把握它。重组或有大消息出来之前，如果这个股票没有拉涨停，没有尾盘放量的话，人们倒觉得特别意外，会感叹道，这个公司太牛了，这保密做的，这高管的觉悟。

这种情况，就和前些年中国足球一样，明明有大量问题，但就是没人深究，或者只是象征性地查一下。抓出来的，也都是小鱼小虾，或者替罪羊。结果呢，后来真的下狠手了，也就都查清楚了，原来根子在上面。

我们讲机会平等，如果你不能严厉打击内幕消息及其他非法行为，对普通投资者就是机会不平等，就是变相的财富掠夺。有时我就奇怪了，司法为什么就不介入？就像此前足坛那样，直到司法介入了，就搞清楚了。让行业内自查，那就太天真了。

应该说，除去一些股民自身的知识贫乏、经验不足，很多时候，都是被看不见的黑手涮了。其背后就是监管问题。

监管还有一个问题就是定价权。比如，为什么有的新股炒得那么高？高出它的本来价值。有些明摆着是垃圾公司，你都不知道它怎么上的市，就像*ST星美那样。还有，上市价为什么定那么高？都是谁在操控这些？

海普瑞是一个典型例子。我们知道，海普瑞有高盛背景，高盛早就进去了，大白菜的价位买入，上市首日就冲到188元。看看它在上市前的造势，是传统的高氏手法，找一帮国内“名嘴”说海普瑞好，说简直就没见过这样好的股票，号称中国第一基金经理的那位，更是带头说这是他这辈子见到的最好的股票，帮着吹牛，吹到天上去了。那看看现在多少钱呢？2011年5月5日，跌到了相当于（除权①前）70元的地方，而且那些口口声声说它好得不得了的基金人开始不计成本地大逃亡，带头的，就是那个第一经理。这个时候，再也没人说价值投资了。

从188元到70元，又不知套住了多少股民。而基金亏损的，不也是基民的钱吗？事实胜于雄辩：2010年5月7日，海普瑞限售股解禁，高盛卷33亿元离场！而在几次配股和分红后，高盛持股成本变成了每股-0.632元！

这种状态下，普通股民怎能保护好自己的资产安全？所以我的想法，下个阶段，如果想给投资者真正的机会平等，就必须整治股市。就像前2年足坛打黑哨，我们不能说现在中国足球没黑哨，但是消停多了。

别的不说，现在我们许多方面都在跟美国学，甚至有些地方政府盖楼都盖成9个白宫。但遗憾的是，为什么我们不在监管方面学学美国？美国证监会主旨是“保护中小投资者”，这个理念特别好，就是要理直气壮地保护中小投资者，这才叫为人民服务。

与此相关的，是很多人问我，为什么保险资金总在股市里，是利是弊？有人说这是利，反正是老百姓的钱在变相升值，也有人说是弊，弄得股市不正常。据说很多次大股灾之前，保险资金都好像有先见之明似的提前离场，离完场后股市便大跌。

此前，我多次预见股市暴跌，其实观察的，就是这个信号。每当外部环境不好，管理层也开始放狠话，你就会发现一种奇怪的情况，放狠话之后一段时间股市就被看不见的手维持住了。为什么要维持住？有人解读得好，就是该走的钱没走呢，让领导先走。

徐立凡：像社保基金是需要保值的，我们说CPI到了5.4，社保的钱本身也在缩水，这样的话会影响全民的利益，所以需要一定的投资手段来保值，问题是不能玩坏了，它追求大利润去了，这样容易造成巨大风险，反而有损全国的社保体系利益。

其实，社保基金追求的应该是保值，而不是赚大钱。我们在这方面没有设行

① 除权：新的股票持有人在停止过户期内不能享有该种股票的增资配股权利。

为边界，这种社保投资搞到一定程度就可以了，不要像暴发户那样，反而有巨大风险。这是第一。

第二，从中国特色的股市来说，社保基金起到的是国家队的作用，政府有时候会通过社保基金的干预来达到对于股市的某种要求。说白了，中国股市就不是完全意义上的市场，有时候要贯彻政府的一些意志。关键问题是，对这些行为没有进行合理性规范。

张国庆：我接着说完我这个意见，“理财要早”，这也是在争取机会平等。为什么这么说？

研究美国问题，我有一个很大的启发，觉得美国教育有一个优点，在很多事情上，年轻人很早就树立了正确观念，并勇于尝试，其中一点就是理财观。那么，早早树立理财观念有什么好处呢？一方面会使个人的自我意识强化，真正努力做到自我觉醒，为自己负责任，争取养活自己。这跟从小受着家庭各方面呵护，饭来张口、钱来伸手的状态不是一个概念，培养出的孩子会很不一样。事实证明，自我觉醒对人的成长是有好处的，会使他变成社会人。

另一方面，早早树立理财观念对他将来的财产安全有好处。像巴菲特这些人，很小的时候就进入了股市，进入了资本市场，今天的成功是建立在早年的基础上的。我们知道任何一个市场进去的时候，都是有成本的，是要付出代价的，而且资本市场的代价尤其大，它是比较残酷的，即便西方资本市场比较规范也是比较残酷的，不残酷的话，就不可能是大多数人赔钱。

这种情况下，一个人很早进去之后，就能体会到这种残酷，经过种种磨炼，在他比较年轻的时候该交的学费也交了，交完学费之后他会逐渐成熟起来，到中年的时候，他对自己整个的人生规划，自己的资产配置，都将有一个比较清楚的认知。而这种事情，别人是帮不了忙的，我们两个再熟也不能帮你设计一切，原因第一我不知道你的资产来源，第二我也不知道你的需要，第三我也不知道你的投资特点，第四我也不知道你的智力和其他水平，我没法帮你决策，这个东西只有自己能决策，自己进行资产配置。

事实上，个体早早进行资产配置和有效理财之后，等于帮国家完成一件维稳的事情，同时也部分地完成了藏富于民的事情。这就是投资上的机会平等。如果一个人40多岁才进股市，对他是不公平的。那边是20多年股龄，你1岁不到的股龄，很难追上他，也很难不吃亏。股市投资在很大程度上，是一个经验的积累过程，也是心理素质不断得到锻炼的过程，所以说，机会平等在这里还有强化心理素质的意义。

牛力：怎么创造条件：一是汇市要放开，二是股市要打黑，三是理财要趁早。

民间金融宜疏不宜堵

戴占军：我不进股市，不会理财，也不想学会理财。刚才你们都谈到机会的问题。说实话，我觉得“生死有命，富贵在天”这句古话，是有一定道理的。除了机会，人在财上是需要运气的。

我们今天涉及的话题是“钱”军万马非要过独木桥吗？第一，我们有没有“钱”军万马？第二，我们到底有几座独木桥？第三，是不是大家都在往桥上走，如果都往桥上走，怎么过这个桥？

到底有没有“钱”军万马？对于钱这个东西，我再见不到哪一个社会、哪一个历史阶段里面，钱能把人折腾成我们现在这个样子。包括大家对钱的功能的认识，在20世纪五六十年代，普通百姓没有“钱生钱”的概念。那时候大家都避讳谈钱，觉得为富不仁，股市更是没落腐朽的资本主义的东西，跟我们无关。而近些年，观念全都不一样了。

对于钱的认识上的变化，集中反映了中国社会形态、社会观念、社会文化、民族哲学的一种变化。看着它就是一个纸币，就是一个价值符号，可是却弄出人间无数的喜怒哀乐。现在的实际情况是，钱从万恶之源一下子变成了绝对的上帝，几乎每个人都顶礼膜拜，每个阶层，不管有没有文化，不管挣多少钱，都想钱生钱，连捡破烂的老太太每个月都要拿出两块钱买彩票，想赌一把财运。

谈到钱，这些年来老百姓的腰包确实是鼓起来了，咱中国人死攒嘛。大家想想，现在有多少游资[①]在百姓手里，根本没有计入国家统计的范畴。比较典型的事例，“吴英非法集资案”。东阳富姐吴英，在短短几个月时间内集资数个亿，打造她的“本色一条街”。钱是从哪里来的？都是从民间吸收上来的。

---

① 游资：从资金正常的循环过程中游离出来的货币资金。

张国庆：美国人有一个特别重要的观点，男女要结婚先谈钱。什么意思呢？就是要定位和磨合你们两个人在钱上面的价值观取向。

戴占军：现在，国家为民众提供的可投资的合法渠道太少，所以游资到处跑，尤其在江浙一带，地下钱庄非常火。吴英的案子中，吴英和她的律师认为，她不是非法集资，她是民间借贷。坦率地说，她的这个说法，社会上相当一部分人，包括我，是认同的。就我所知，高息民间借贷，是很常见的。

吴英案存有这么大的争议，恰恰说明了在民间投资这个问题上，我们国家的法律界定有些模糊不清，一方面过于保守，另一方面缺乏可操作性。我们可以思想再解放一点，在制定规则的时候步子可以再大一点，同时，一定要把红线划好，把话说清楚。尤其是涉及钱的问题，法律语言一定要严谨、明确，否则让人无所适从。

现在，老百姓在钱的态度上超越了政府，我们说形象一点，老百姓可以大大方方地谈钱谈利，政府反倒羞羞答答，像怀里揣着鬼胎似的。国家是干什么的？国家实际上是定规矩的，它很重要的职能是定规则、当裁判，当然这也包括民间投资行为。

徐立凡：开放民间金融，吴英案是没有受害人的案，中国是大陆法系，和美国不 样。其中有对于司法改革的某种冀望，对开放民间金融的某种冀望。我完全赞成，但我也有一点不同的看法。现实情况是，中国是成文法国家，人要是犯了法就要判，即使这个法不合适。但是法律也讲人情的，也讲平衡的，也是要与时俱进的。这个案子不代表不能够往更宏大的方向想一想，能不能修法，能不能开放民间金融，如果开放民间金融，老百姓在自己合法范围内干的事情对钱的效率更高，比4万亿效率高多了。

你做没作好掉下桥的准备

戴占军：举这样一个例子是想说明，尽管我们国家在人均GDP上还不高，我们国家还比较穷，但是我们在一些的地区，有这种民间借贷、投资的传统，有民间金融运作的一些土壤，能不能在法律规定上放开一点？因为你不放，它实际上依然是存在的，你不合法化它，不去规范它，它就在地下操作，玩潜伏，结果带来一系列问题。钱像水一样，你堵不住的。吴英能够操作成功，实际上跟所谓地下钱庄的存在和民间资本的操作是有很大关系的。

当然，钱可以生钱，但不是谁的钱都可以生钱。比如说理财要早动手，目前来说，股市算是一座大桥，但是对一些人来说，它却是“奈何桥”“断头桥”，别人过了桥是康庄大道，但是你走上去，可能正赶上坍塌。特别是对于小散户，没有经验的散户，要特别当心。

举个小例子，我父母老两口退休之后做点小生意，辛辛苦苦，攒下二三十万元，说他们防病养老够了，可以不花儿女的了，这让我们晚辈特别感动。谁知，老爷子看别人炒股、做基金赚了钱，动心了，背着我也下海试水。开始挣了几千块钱，胆子就大了，说：“这可比我劳神费力做小生意来钱快多了。”于是，老爷子把身家全投进去，结果损失过半。老人心痛，大病一场，这时我才知道这件事，敢情他也挤到桥上去了，结果是掉进了河里。

类似的事情，我们听得太多了。我们可以责备老人糊涂，但我想问一句：我们的政府有没有责任？我个人觉得我们在金融产品的设计上，在投资品种的设计上，要为不同的民众设计不同的产品，比如说我们能不能设计一些确实可以保值或是可以小幅增值的，面向老年人的金融产品？我们是一个为老百姓办实事的政府，我们为什么不能够在金融产品上，在财富问题上，为老百姓多考虑一些呢？

既然都往桥上走，既然它是独木桥，既然桥上很拥挤，就一定会有掉下去的人。也就是说你只要去投，风险就存在。我给朋友们的建议是，钱是好东西，钱是可以生钱的，但不是谁的钱都能生钱。如果你想投资，如果你想钱生钱，你作没作好掉下去的准备？从理论和概率上讲，一定会有人掉下去，你会不会成为掉下去的那一个？你愿不愿意冒那个风险？如果我们把这些问题想明白看透了，最后回归到对幸福的理解，对钱的理解，你就能安心了。不管你上桥还是没上桥，走过去还是掉下去，你都可以很淡定地面对人生，面对社会，面对钱本身这个东西。

张国庆：哲学上有一个推论，说人生有三个问题必须考虑，也是唯一该考虑的，第一先想清楚生死问题，第二要想清楚钱的问题，第三要想清楚男女关系。一个人要想过得好，要想淡定，这三个关系想通了，处理好了，别的事有点问题也没什么大不了的。

戴占军：我不知道我想的对不对，我觉得所有的妹妹都是好妹妹。

复利[①]是人类第八大奇迹

张国庆：我补充两句话，巴菲特的一个理念，第一句话说安全第一，他讲投资首先说安全，资产安全，这是巴菲特反复强调的。第二句话，复利。他说复利是人类第八大奇迹。

很多人把投资当成暴发的机会，可投资就是投资，投资主要是在保值状态下，适当赢点儿收益，这是投资的真正理念，不是说靠它成为亿万富翁，这么想的人一般都会赔钱的。

巴菲特的心态和想法让人更容易淡定。巴菲特成为世界首富，不是靠某一天或者某一段时间发大财，他是在长期保值的基础上，外加每年大概20%多的复利往上走。你想一个人20%多的复利往上走，就是1万块钱，30年都能变成几亿。最关键的是，他做到了。

所以，巴菲特的经历给咱们读者留下最关键的两点，第一是资产安全，第二复利。你不要有一个发大财的奢望，而是要把发财真正变成人生投资，变成理财，这才是最根本的问题。

牛力：我多加两句。咱们用了非常好的方法，用入市的方法说和钱有关的问题，包括汇市、楼市、股市，还有民间金融等，但是我们需要有一种出市的心态。说到底，钱是身外之物，回到我们今天大的主题上，要淡定，如果你真的卷到钱里面，有多少钱也不会幸福。

徐立凡：这个角度不好，是违反天性的，中国人第一有羊群效应，第二不能让每个人都当和尚，每个人都要淡定。

马晓霖：我觉得是不是从更大更宏观的角度来看？投资是一条生财之道，投资的确也有风险。但是，中国经济需要解决一个基础性问题——私营经济和中小企业不够发达的现状。

一个国家，私营经济为主体的市场经济越发达，市场主导动力越强，或者说，

---

① 复利：计算利息的一种方法。经过一定期间（如1年），将所生利息加入本金再计利息，逐期滚算。俗称“利上滚利”。

中小企业越多越繁荣，市场就越活跃，经济抗风险能力就越强。中国现在这个方面还处在转型期，或者处在市场化、现代化上行通道的初期，如果说成熟的市场经济是一次万里长征，中国不说是刚起步，至多也才走了几千米。

规则性、结构性问题是政府管理方面的盲点问题。举个例子，发达国家平均1000人里面有25人在开办公司；发展中国家每1000人也有11个人在开办公司，中国则远远达不到发展中国家的平均水平。政府现在给所有人小本经营的空间都很小，没有充分创造这样的商业条件。能否花几百元就可以注册一个公司？能否彻底放开经营范围，只法律明确规定和限制范围？比如，不得贩毒，不得涉赌，不得涉黄，不得买卖武器等，其他都不做限制。这几年，公司开办门槛有所降低，但是远远不够，还需要持续降低，方便所有人自主创业。另外，由于劳动法的强制实施，确保了就业者的合法权益，但是也在客观上提高了中小企业的运行成本。一个就业者，拿到手里的薪水可能只有5000元，但是，公司最终支出的全部费用却接近1万元，这部分支出，往往还容易被就业者忽视，进而影响了工作积极性和效率。鼓励全民参与商业活动，活跃巨额的民间游资，应该从鼓励中小企业创办和低成本运行开始。

戴占军：而且，所有公司是一样的，所以给很多小企业增加了很大的负担，这确实是一个问题。

徐立凡：这个问题也很重要，小马哥说到了根本，即实体经济部分。财产性收入获得的来源，有金融市场、资本市场、民间市场、实体经济。

理财从娃娃抓起

马晓霖：说了半天，治理的都是标，藏富于民，还富于民，不如一开始就让财富更多地掌握于民。开公司的门槛要再降，美国商业监管机构的设置首先考虑的是保护弱势群体，保护弱势行业。中国加入WTO也是如此，弱势产业、民族产业肯定要呵护的。

中国现在还没有真正考虑到每个民众切身自我的成长，提供均等机会，鼓励自主创新，鼓励公平竞争。中国的市场环境依然比较糟糕，赢家通吃，大公司滥用垄断地位，做通讯的，电信的国有公司赚取巨额利润后，又利用资金优势杀入房地产行业赚取更多的钱，再次加入与民争利的行列。连联想都进入房地产行业，保利以军火生意起家，后来做艺术品市场、收藏、演艺，直至进军房地产。私营企业，中小企业没有太多发展的空间和机会，赢家通吃非常可怕。

马晓霖：投资方面，中国人普遍是有点钱就乱投。大的方面就是股市，但是像我这样的人永远没有机会进股市。1996年，我国外工作回来积攒了点美圆，但是，国家有明确规定，处级以上干部及家属不能炒股，把所有公务员拦在门外，一些大胆的、违规的人除外，他们有发财的，也有赔钱的。但是，规则是规则，最终执行不严，让老实人、守法人吃亏。

近年来，中国人什么都炒，君子兰、石头、紫砂壶乃至大宗农副产品。大宗产品的投资是资本在背后推动，但是从民间的情况看，非理性投资现象也确实多，一棵君子兰怎么可以值几千块钱？一个紫砂壶再怎么着也是泥做的，何以成千上万？简直是疯了！所以说，中国人的财富观出了问题，拍脑袋想一想都知道，那个东西不值那个钱。但是，话说回来，因为中国可以投资的领域、产品和选择太少了，尤其是戴老师提到的，一个负责的政府，应该考虑大量类似我们这样缺乏投资头脑者的利益导向和保护，很多人没有那么多时间和专业知识研究金融产品，政府可以在政策上加以引导，比如设计一款理财产品让公众放心地选择，确保他们的有限收入保底避免贬值。

戴占军：现在很多人千方百计想钱生钱，看似是一个投资行为，其实大部分人的初始心态就是想保值，存10万块钱，现在60岁，到我70岁花的时候还能再值这10万块钱，他们只是希望自己手上的钱能跟上CPI的增长。我跟很多老龄人交谈过，就我父亲这个事我一直在琢磨，本来想写一篇关于现代社会状态下人的心灵扭曲和破灭的小说。实际上，很多人心态开始不是这样的，特别是退休人员，大都比较保守，但看到别人往前跑，又生怕把自己落下。

徐立凡：千万别落到这点心态上。

牛力：社保资金需要保值，普通投资者就不需要资金吗？

徐立凡：我们讨论半天，就是呼吁财产性收入怎么增加的问题。

牛力：如果一个民族变成了钱的奴隶，这个民族还有希望吗？正确投资不是要把人都变成钱的奴隶。理财要趁早，看来以后要从胎教抓起了，这是不是无奈之举？

张国庆：这是英明之举。

戴占军：财富也好，钱也好，不是洪水猛兽。我们以往没有梳理对财富金钱的认识，当然对于极端的拜金主义，任何一个常态的社会都是嗤之以鼻的。但是对财富的追求，以财富作为衡量人成功与否的一个标准，这个并没错。中国人对于金钱还是需要再认识的过程，还需要再教育。

张国庆：从小树立一个正确的金钱观，这很重要。

我们的主张之五：放开汇市。

9

仇富还是爱富

象征性动物：袋鼠。

入选理由：财富都装身上，是个累赘。

本章PK：遗产税该不该尽快征收？

正方观点：遗产税体现了财富公平，是做慈善的制度导向，应尽快做起来。

反方观点：开征遗产税，需要考虑目的和时机，以及对社会的复杂影响。

仇富还是爱富

象征性动物：袋鼠。
入选理由：财富都装身上，是个累赘。

本章PK：遗产税该不该尽快征收?

正方观点：遗产税体现了财富公平，是做慈善的制度导向，应尽快做起来。

反方观点：开征遗产税，需要考虑目的和时机，以及对社会的复杂影响。

牛力：我们继续下一个话题。仇富还是爱富？还是跟钱有关，其实也是一个金钱观的问题。

张国庆：这是真正的金钱观，刚才讲的是投资观。

牛力：对于钱怎么看。

火箭不用被人牵着，有个发射器足矣

张国庆：先看一段父子对话。

儿：其实上帝对每个人还是公平的，现在累，以后轻松，现在轻松，以后累，现在以后都轻松，不是你老子累了一辈子，就是你不想过好日子。（他在做历史题：根本原因找政治，根本目的找经济。）

父：怨老子我无能！虽然我累了一辈子……

儿：不不不。你已经比其他家长给我创造了更好的条件。是我该累的时候了，你就是李嘉诚，我闲一辈子，活着也没劲了。火箭不用被人牵着，有个发射器足矣。

牛力：想起我儿子来了。

仇富和爱富，又是一对矛盾，关键在于怎样看待金钱，特别是那些有钱人，有的是白手起家，有的是继承高额遗产，比如像富二代。关于富二代，我还查了一下，是指20世纪80年代出生继承上亿家产的富家子女。

戴占军：富二代是《鲁豫有约》节目里面最先用的一个词汇，是特指20世纪80年代出生，继承上千万、上亿家产的富家子女。然而实际上，大家对富二代的理解已经泛化了，现在是泛指富一代的后代。

牛力：等于他从娘胎里面就比别人起点高，在娘胎里就有钱。在我看来，人都是平等的，但是像这种情况就是事实上的不平等。

张国庆：我说说美国富二代的问题。美国经过这么多年演变之后，它的财富体系比较稳定。为什么美国社会比较和谐，并且“仇富”现象在他们那儿不太明显？

有几个原因：一是很多人收入来源是比较阳光的，令人心服口服，在人性上不纠结。二是美国人财富观比较正确，因为起点相对比较公平，大家就很平和了，你跑得快，是因为你勤奋，或者你天分比较好，这个大家都理解，这是在机会平等基础上的一个状态。

第三个原因非常重要，就是美国富人逐渐成为了道德榜样，或者至少他们有一些社会责任感表现出来了。这点不能否认，比如世界上最有钱的人在美国，但是最大的慈善家也在美国，比尔·盖茨、巴菲特已经成为慈善的代言人了，2010年还特意到中国推销慈善观。

这一切的背后还有一点，大家忽略了，我们总说美国都是企业家在做慈善，其实，美国70%慈善收入来自于平民。美国平民的慈善观特别强，每个人都以各种方式为社会作贡献，有的人是给钱，有的人出力，比如当义工，有的人是帮忙，帮别人、帮社会做事，以各种方式做慈善事业，有的是为老人做事，有的是为残疾人做事，还有的人为小猫小狗做事，有的人则为环保出力。这样的慈善观才比较健全。

这里面，富人起了一个榜样作用，大家看到他们之后，就会觉得这些人的所作所为就是自己将来的目标，就要成为这样的人。美国的富人不太张扬的，有几个张扬的已经“死”掉了，真正留下的是不太张扬的，像巴菲特那么有钱的老头，到哪儿吃饭就是一盘牛肉。

还有一个著名的例子，洛克菲勒跟他孙子出差，住宾馆，他住特别便宜的房间，孙子说："您这么大富翁住这个？"他说："你有一个亿万富翁的爷爷，但我没有。"这反映在财富观上，美国富人普遍比较低调，也尽可能较多地回报社会，从而树立了一个正确的财富榜样。此外，这些人也比较爱国，对下一代也更有责任心。

财富自尊心，你有没有

张国庆：为什么美国富二代的情况没有中国的这么过分？其中一个原因，就是遗产观和赠与观。以巴菲特为例，他那么有钱，这种情况下要换中国富人得给孩子多少钱啊？还不得一个人100亿。可巴菲特就给了孩子几十万，说就给他几十万，不多不少，不至于养他一辈子，但是他可以去投资或创业。等于说，我给你70万让你有了一个投资机会，以后我再也不追加了。有本事你70万变成70亿，没本事将来你要饭，我要活着给你一口饭吃，我要不在了你自己找社会去。

事实证明，这种慈善观念，对财富的观念，深刻地影响到富二代，也影响到许多美国人。这也是美国富二代问题比较少的原因所在。所以，我主张理财要趁早，因为孩子从小自立之后，就更可能有一颗财富自尊心。

遗憾的是，现在咱们中国的孩子，许多人"啃老"已经成为习惯，甚至还很张狂，"我爸是李刚"、药家鑫的"激情杀人"，都是很极端的代表。但是在美国，如果啃老的话就会觉得很丢人，也让人瞧不起。这一点很关键。美国的政治家，甚至总统们都很淡定，总统退休后也就是普通人，这种状态影响到他们的下一代。

另外，从机制来说，也很值得我们探讨。100多年前的美国是进步时代，老罗斯福时代，遗产税这些"新事物"就是在那个时期出现的。遗产税为什么在那时候"浮出水面"？就是为了调整社会的分配，引导社会发展。

我们知道，美国在林肯之后进入了"镀金时代"，有点像现在的一些新兴经济体国家，有钱就是爹，富人很猖狂。结果，老罗斯福上台后，狠狠地修理了一下这些"强盗大王"，后来从塔夫脱到威尔逊，则从制度上进行了系统化的修理，即通过税收调整财富，比如遗产税。

美国的遗产税，建国时就开征过，第一次开征是为了发展海军，几年之后取消了。第二次开征是南北战争，战争结束后取消了。第三次是1916年开征，与此相关的，赠与税也于1924年开征，即在一个人去世之前的所有赠与，都收缴赠与税。

从那时开始，美国人的财富观念发生了深刻的变化。当下的遗产税，是100万美圆起征，交55%，越往上越多。

还有一个非常狠的地方，说明了美国富二代为什么不容易当。因为，无论是遗产税，还是赠与税，都是用现金交，你爹再有钱，其实多半都是企业和其他不动产，问题是，他去世的话，你要先交一半，你有那么多现金吗？像巴菲特的儿子想继承遗产，他得拼命挣钱，老子有400亿不假，可儿子得有200亿现金才可以继承他的遗产。

牛力：有没有这种可能，巴菲特在去世之前就已经把一部分资产转到他儿子的名下，再开一家公司，然后再拿这个钱回来买他老子的企业？

美国富人为何反对取消遗产税

张国庆：如果要赠与，就要交赠与税。再说了，大公司也不是你一人的，如何说给谁就给谁？

我讲一个好玩的事，2010年很多美国富豪主动自杀，为什么？因为新的遗产税2011年出来，也就是说2010年是空窗期，就这1年不征，很多人为了孩子考虑，当年选择自杀，或者不配合治疗，尽可能早死。在年底的时候，早死1小时，他就可以为孩子节省无数的钱。

再讲一个比较阳光的事情，布什是著名的减税总统，他有一个重要的理论，减税嘛，大家都减，富人也要减，想取消遗产税。这是典型的布什做法。但是他没有想到的是，上百名美国富豪竟然联名上书，拒绝取消遗产税。

这事看上去好新鲜，对富人来说，这是多好的事呀，为什么要拒绝呢？可富豪们说了："我拒绝，一是为了这个国家保持活力，为了社会的公平和正义，也是为了我的孩子走财富自尊的道路，更是为了他们得到真正的成长，所以坚决要求取消这个决策。”这也是布什减税立法中最令人意外的事。

这两个例子说明，尽管美国遗产税和赠与税只是比较小的税种，但社会意义却很大。为什么美国富二代问题没有那么严重？为什么美国富人没有那么猖狂？其实是有历史和体制原因的，一方面是文化背景、教育背景，另一方面则是制度背景。总的来说，美国社会就是鼓励你为社会作贡献，鼓励个人创新，鼓励孩子独立成长，不鼓励啃老，不鼓励捡现成的，不鼓励骄奢淫逸。

徐立凡：我想说的是，穷人的金钱观、富人的金钱观以及全世界的金钱观基本上相同，就是找钱。我们今天说到富人，为什么中国富人和美国富人不同？美国人的行为是来自于制度规范，遗产税逼着富豪做慈善，它是一个制度的导向作用，这在中国体现得非常不明显，我们还是在一个道德层面甚至于浑水摸鱼的情况下。在道德层面你应该做慈善，这是远远不够的。遗产税，美国这个合理的设计，在中国也有人讨论，但是一定有很多反对者，因为现在本来就加税严重。

这个事情要一分为二地看，个税要减，但是遗产税应该加。税收应该杀富济贫，现在中国税收的体现是反的，是杀贫济富，杀中产。遗产税学美国是必要的。还有一点，金钱观和信仰有关。我们现在无信仰，我之前说到，每个人的人格都是被担保的。人们觉得活着没意思，总是要找信仰，但是如果没有其他信仰，只有金钱是我们可掌控的，而且是在社会中行之有效的东西，那我们视金钱至上就不奇怪了。税收制度，从导向到信仰上，确实有需要重构的问题。

我还有一个特别的担忧，从2008年、2009年开始，中国民企都在交接班，富二代开始掌权。我很担心这帮人没有第一代草创父辈的勇气和勤奋，而且现在这个环境不如那时候的环境宽松，如果富二代的素质表现如社会的一般印象那么差的话，实际上影响的是中国民营经济，它会导致整个经济下降。

中国本来最有活力的就是中小企业，是民企，素质下降第一会给中国民营企业造成困境，第二在分配制度不合理的情况下会让人们更仇富。我觉得这是很值得忧虑的，这个忧虑也就意味着不管是税收体系重构，信仰体系的重构，还是我们目前有一点国进民退的明显趋势，都要作及时性的修订。否则的话，两个不同阶层互相仇恨，不仅人心的距离会拉大，而且在将来社会会有很大的风险。

慈善是向弱势群体感恩

马晓霖：在巴菲特和比尔·盖茨来华搞慈善晚会的时候，国内引起了巨大轰动，很多富翁不愿意去，怕被劝捐。我还真是作了一些系统思考，也写了一篇专栏文章，思考中国人应该有怎么样的财富观和慈善观。

为什么这些富人不愿意去？最重要的一点，富人没有安全感。究其原因有三个：第一，他们在财富积累过程中，本身有原罪，钻法律空子也好，化公为私也好，不义生财也好，反正钱来得不太正大光明或干净，这个是社会转型期必然要付出的代价。胡润财富榜，简直就是“杀猪榜”而不是“光荣榜”，谁上那个榜，好像最终都出了问题。不管富翁们出了问题是不是与财富被曝光有关，总而言之，在中国，树大招风，财多招灾。

第二个不安全感在于，他们的财富积累虽然有10亿、100亿，但是毕竟这辈子穷怕了，甚至他们父亲、爷爷当年吃不饱、穿不暖的情景依然历历在目，所以觉得财富抓在手里才踏实，这就是财富积累，有这个财富就能给自己、给全家老小一个安全保障。

第三，政府、民间团体、各种机构的劝捐和变相勒索也让富人们没有安全感。每次赈灾，富人必须捐上百万、上千万，否则就被曝光，遭到舆论打压，这是对私人财产权的最大侵犯。中国还没有建立起私人财产神圣不可侵犯的法律保障和舆论氛围。人们可以反对拜金主义，但是，必须绝对尊重私人财产。社会必须对合法财富存有敬意，这个社会的发展，无论是物质社会构建，还是精神文明的提高，都离不开财富。今天，所有留存的物质和非物质文化遗产，比如国粹京剧、越剧等，都与千百年来的财富阶层保护与传承分不开。财富有经济属性，但它没有善恶属性，只在于人如何把它用好。一句话，确保财富的安全感。

另外，中国有个很矛盾的社会规则。中国一直是二元对立的社会，善恶、正反、黑白，所有经典哲理一定可以找到相反的表述。围绕财富问题，一方面说“三代出一个贵族”，同时又说“富不过三代”。给人灌输的理念，到底是应该拥有财富还是放弃财富？西方国家的制度设计，可以保障几百年私有财产安全。制度设计得很好，可以规范一个人的财富历程，以及与社会的关系，一切在法律框架下进行，基本上恒久不变，而且公平有序。

徐立凡：欧美富人从小就教育财富观。那些人竞争力不如你，才使你过的日子好，你是弱势人的得益者。你占有的资源多，你有钱，那是因为人家已经替你负担了其他成本。所以他们做慈善的原因跟我们相反，是向弱势者感恩。

啃老的人自信不起来

马晓霖：对财富的态度决定一个国家的社会价值观和人生观。西方国家强调个人奋斗，18岁以后自己出门去折腾，父母没有义务再抚养子女，继续资助子女是乐意不是义务，不想资助子女法律上找不到把柄。这在中国是不行的，养老送终，代代循环的传统当然有它的好处，但是，从财富独立方面来讲又有很多问题。

中国国内对待财富问题的态度也是千差万别，比如北京这个政治化的城市，人们一般羞于谈钱而乐于谈官谈权。上海是个商业化城市，大家又懒得谈政治。为什么浙商、晋商那么厉害？人家从小就从骨子里树立了钱的概念，将财富设为追求的最高标准。

我女儿在实验小学念书期间曾回家告诉我，她们班有个孩子买了一书包的橡皮转卖给同学们，1块钱买来的好几块卖出去。我说："你们都买了吗？"女儿说都买了。我又问："你同学的父母是温州人吗？"女儿吃惊地问："你怎么知道？"我说孩子，得向人家学习，人家父母应该是很有钱的，或许家产千万或几个亿，但是，人家的孩子不是饭来张口衣来伸手，而是从小就学会自己设法赚钱。这就是不同的氛围和环境对下一代的差异影响。

我还听说，温州有一句很流行的话，也许是笑话：父母教育孩子必须好好读书时，说："你不好好念书，将来我送你去当公务员。"可见，在温州人眼里，当官从政是没本事的人，经商哪怕摆摊都是体面的，因为能挣钱。

张国庆：这是1870年美国的一个流行语，美国当时当公务员的人都是没出息的人。

戴占军：大概意思是这样的：穷人是什么？穷人是为政府、为钱、为别人而工作的人。富人是什么？富人是政府、钱和他人为我工作的人。

马晓霖：金钱观、财富观非常重要，如何对待财富，不仅需要这一代知识分子重新认识和定位，也需要政府从整个经济有序运行、国家健康发展和融入世界等方面进行制度化的构建，包括完善法律法规，以及恰当的舆论引导，乃至设计正确处理财富的鼓励性政策。

为什么不少富二代那么猖獗？除父母们本身暴富且素质差之外，财富在握但没有安全感也是一个重要因素，他们担心这些财富如果不尽快花了，说不定明天就被地方政府随便找个什么理由给罚没了。

为什么现在越来越多的人送孩子早早出去留学？除了是希望孩子接受更高质量的教育外，以留学之名转移资产也是考量之一，原因在于富人们没有安全感。如果这个钱以透明和合理的方式，取之于社会并还之于社会，有钱人享受快乐创造财富的过程，像比尔·盖茨、巴菲特那样，那么，富二代就会想，这财富是父亲创造的，与自己无关，羞于花父亲的钱财。

美国电影《蜘蛛侠》里，那个变态科学家奥斯本开着豪华车接送他儿子哈利上学，哈利特别不屑，责怪父亲太跩了，让他在同学面前很没面子。中国却不是，孩子们都在攀比父母们开什么车接送自己。

张国庆：有些电视台的女主持人之间比男朋友，就比你男友开宝马她男友开奔驰，如果男方开着普通的车来，她连楼都不会下。

没人管就不自觉的民族是可悲的

马晓霖：由于金钱观扭曲，才出现为了钱而不惜突破所有底线的各种怪现状，包括猪肉精、牛肉膏，因为财富的产生不是依靠一个良性的方式完成。我曾为有人用牛肉膏混合猪肉制造假牛肉的事发博文进行批评，有人说这是政府监管不力而不是商人逐利之过。我想不明白了，平时总是嫌政府管得太多，现在出了问题又怪政府没管到。难道每个人不能首先管好自己吗？奴隶制造鞭子，奴才高抬轿子。每个人都没有国家主人翁的自觉和愿望，这个国家就没有希望了。

戴占军：“染色馒头”生产企业的工人说：“这馒头我自己都不吃，饿死我我都不吃！”但是，他们在这个生产车间里工作不是一天两天了，几十个人中没有一个人良心动一下地说他们不能再这么干了，而是全部麻木不仁，心安理得地在那里一直做。

马晓霖：中国有13亿人，每个人都靠别人来管理，都依赖他律而不是自律的话，这个国家是管不过来的。交通信号灯有人闯，偷鸡摸狗的事有人做，每个人都把自己变成损人利己的主体，这是很麻烦的事。

对于慈善问题，我是这样看的，一定要是自愿而为。我原来对陈光标不是太感兴趣，因为我对富人大张旗鼓的宣传，搞什么裸捐慈善，不置可否。某天我在家说到陈光标裸捐的事，女儿向我展示自己手机里的照片问是不是这个人，原来，陈光标到实验中学给孩子们讲慈善的意义，我立刻对陈光标肃然起敬。虽然他张扬，但是，他没有到北大、清华这些标志性的高等学堂去作秀，而是到一堆娃娃中间宣传慈善，推广慈善。这么一个风云人物，1分钟能挣很多钱的人，竟然舍得花时间给初中生普及慈善，难得不值得尊敬吗？

张国庆：我觉得在这种事情上不要进行道德评判，不要想别人的动机，中国人特别爱琢磨别人的动机，你对我笑啥意思，你给我钱啥意思，女孩说你请她吃饭啥意思。你这么想就太没意思了。集体“花痴”的心态，很可怜。

我刚才讲美国，不是表扬美国富人，美国富人也有些浑蛋，但是你要看人的行为，他心里再怎么想也轮不到我们干涉，只要他行为合法，有利社会，就值得肯定。

陈光标，我对他这个人不作评价，我要说的是，在这个转型时期，很遗憾的是，哪怕这么看上去作秀一般地去做慈善的人都不多。很多人在对陈光标指指点点，但问题是，你做了什么吗？

那么多富人，哪怕就是为了沽名钓誉你出来也行呀。美国早期的很多富人做慈善也就是为了沽名钓誉，但是美国政府说沽名钓誉又何妨，慢慢形成气候了，经过几代人的成长，有的人就不沽名钓誉了。你要给人时间进化！

刚才讲到平等，我想起一件事，以前我写过一篇文章叫《火车里的平等》，我们讲美国的平等观为什么强，美国与欧洲最大区别在哪里？在美国建国初期，当时的欧洲还是规定贵族和平民不能在一个火车车厢里坐，哪怕贵族车厢空着，平民进去也是非法的。到了美国，你是大财主，是州长，你也要和老农民坐在一起，谁买票谁就是主人。美国当时这么设计就是为了体现平等。这件事在现代看来已经司空见惯了，但在当时是非常难得的事。

从火车里的平等做起，美国人有深刻的平等观。富人不会瞧不起老百姓，富二代也不存在自以为是。为什么中国富二代这么狂？是因为他骨子里有一种不平等观，他觉得："我有钱比你们牛，你们有好车吗？你们敢花大钱吗？你们的爹能给你们办绿卡吗？"

他觉得他了不起，但是在健康的有真正平等观的社会里，你有啥了不起的？你是总统儿子又有什么？如果一个社会有健康的平等观，很多事情就不会不可思议地反复发生了。

每个人的慈善都可以做得很"大"

马晓霖：慈善依据个人能力大小，调动资源的多少，效果也是不一样，但终归来讲这是人人都可以做的事情，我们不要说到慈善就把眼睛盯住陈光标等人，我相信牛力的1039《行走天下》栏目这个平台做的慈善，意义未必比陈光标小。

我起码邂逅过2对年轻姑娘结伴求我帮她们买碗饭。第一对，我没有时间就给了她们50块钱让她们自己去买。第二对是在上海外滩遇到的，我也正好有空，就带她们去吃饭，看她们吃完还要干什么。她们吃完饭又说，有200块钱她们就可以住店，没问题，我给。她们又说，再有200元，她们就可以坐火车回家，甚至用我的电话拨打了一个外地号码，与对方讲述在上海的经历和即将回去的决定，我又给了200元。最后，她们希望我留个电话姓名以表达感谢，我谢绝了。但是，她们还是不走，尾随着我在南京路上转悠，还打听我住哪里……显然，她们不是真的没钱，是变着法子糊弄钱。但是，我不是傻子，我有自己的考虑，她们能丢下面子乞讨要钱，我怎么就不能满足她们一次希望呢？我希望用自己的真诚唤醒她们的良知。

我曾经就此对女儿说，诚实与否是乞讨者的问题，给与不给是我自己的事，因为我觉得捐出去的是一份爱心，是对社会的一种回报。或许乞丐流落街头，恰恰是因为我等拥有过多的社会资源和财富造成的。我对女儿讲，每个人活在世界上都满怀希望，人没有指望就没有活的动力。同一个乞丐，你或许一生遭遇一次，你给他1块钱、5块钱，你就能传递给他1天乃至1个月的希望，这个人就有活头，对未来就充满乐观情绪，而这几元钱对我来说是个负担吗？不是！我们一辈子付给乞丐的钱累积起来也抵不过一顿饭钱，但是，每次付出，对于乞讨者就意义不同。如果每个人在别人困难时，在别人舍弃自尊向你求助时，不去拉一把帮一把，这个社会就没有任何温情和指望了。

当然，施舍也得分地方，在红绿灯口拦车乞讨的人我不但从来不给钱，也阻止别人给钱，因为这有可能鼓励他们继续在这种危险的地段乞讨，进而构成对自己和行车人安全的隐患。

如果每个人都能投入慈善事业，哪怕做义工，每个人把自己的一点财富和爱心，把自己享有的阳光和温暖分摊给别人一点，社会中很多的不公、冤屈、不平等，以及由此引发的暴力和恶性事件会大大减少，很多精神压抑的人都会轻松很多，并得到愉快的释放。

很多走向极端，甚至选择杀人或自杀的人，一定是方方面面都不顺，所有的生路都被堵死，但凡有点希望的话，谁也不会自绝于这个世界。所以，慈善一定是人人可做的事情，这不在财富多少，也不在于什么方式，只需要从我做起，得帮人处且帮人。

牛力：我们可以稍微现实一些，刚才更多的是说一些问题，包括富二代、遗产税，还有安全感的规则说，毕竟那是在美国、英国，人家做关于富二代的教育几百年了，咱们现在才刚刚遇到富二代问题，刚开始考虑是不是要给富人征遗产税，所以是不是还有一个怎样移植或者学习的过程。

中国特色的羡慕嫉妒恨

戴占军：你们几个人做了一件功德无量的事情，你们从制度的角度去研究贫富问题、财富问题、慈善问题、价值观问题。我们现在已经见到的出版物里面、媒体里面，很少有从这个角度去研究它们的。我也曾想过，却没想明白，但我总觉得可以找到制度的影子。

我们现在谈到人的贫富，一些所谓成功人士，包括那些形形色色的“理财专家”，都会异口同声地说：“这首先是个理念问题，你理念上想成为富人你就能成为富人，你从理念上不想成为富人你一定受穷。”或者告诉你：“你拥有这个能力，就能成为富人，你没有这个能力，就只能当穷人。”还有“机会说”：“你把握住这个机会，就成为富人，没把握这个机会，就成为穷人。”这些都是从个体的角度在研究贫富问题，而没有从制度角度上去切入。我特别希望有人能从制度的改进上，把贫富问题梳理清楚。

我们的话题是仇富还是爱富？这样一个问题是有中国特色的。不管什么样的政体之下，只要它是一个成熟的社会，只要它是常态的社会制度，问你是爱富好还是仇富好，这是个问题吗？在社会常态下，这不是个问题，这是典型的“中国特色的问题”。我也走过一些国家——各种政体下的国家，百姓们对财富的认识并无巨大差异，只要是比较成熟，相对来说比较公平的社会，就没听说过把财富恨得咬牙切齿的。

我们为什么会产生这样的问题？其实是社会不公的产物，是社会转型期国民心态躁动的反应。

无论是仇富，还是爱富，是来自于羡慕财富，羡慕金钱，羡慕钱的能量。当自己不能拥有财富、金钱的时候，于是走向反面，从“愁钱”变为“仇钱”，仇恨财富，仇恨有钱人，恨得牙根疼，恨急了没地方撒气，就划车、砸玻璃、在马路上撒钉子，甚至铤而走险去杀人越货。

为什么会这样？从根上来说，在一些人拥有的财富中，要么带有先天的问题，所谓原罪，让人气不过；要么就是财富金钱已经在功能上产生了变异，制造了新的不公。如果大家的财富、金钱，都是在合理的规则、公平的制度下拥有的，每个人都能拍着自己的心口说“我所有的财富都是我辛勤劳动、诚实劳动得来的”，那人们还会仇视财富吗？我觉得一个正常的人不会，一个正常的社会也不会。而现在的问题是，恰恰是相当多的财富、相当多的金钱，都沾染着普通百姓的血汗，或者是出卖良心、亵渎正义所得，所以它才招恨。

为什么人们爱富？是因为金钱的功能被无限放人了，比如说金钱甚至可以和尊严紧密联系起来，穷和下贱画了等号。当然，你要获得尊严，金钱是它的要素之一，但绝对不是唯一要素。然而在今天，金钱几乎成为尊严的唯一要素了。举个例子，我是很早的有车一族，先骑摩托车，后来又弄了小汽车，属于中国文化人里最早勤劳致富的那一拨儿人。在大家讨论万元户的时候，我已经出版了好几本书，还在工作之余揽了不少“私活”。

我比周围人挣得多，于是“被仇富”了。我原来工作的那家出版社，来了个新社长，他在一次干部会议上说：“小戴这个人，我看有问题，我是正局级干部，他是副处，我都买不起汽车，他怎么能买得起汽车？这要查一查。”

你说这样的领导，能一起共事吗？对比自己富有的人，他是一种嫉妒、怀疑、仇视的心态，觉得自己做不到的事，别人也不该做到，这是典型的气人有、笑人无，是拿有没有钱来衡量人。你有钱，就一定不是什么好东西！如果你没钱，那就更惨了，常常被人看扁。

比如出行，本来是跟有钱没钱不沾边的事，但常常让你觉得窝火。我是主张绿色出行的，特别是城市拥堵时，外出办事，自驾车还不如乘公交效率高。但是每次乘地铁、公交车，我心里就不是滋味，为什么呢？不是因为要走路，不是因为人多拥挤，而是你被挤得没了人的尊严感。

相当一部分服务人员，在你上下车的时候像轰狗一样，连推带搡，吆五喝六，和你一起挤车的人，也认为你和他一样是因为“穷”才来挤公交的。有一次上地铁，把我挤急了，我说，不要推搡嘛，大家按先后顺序上下就好嘛。你猜那服务人员说什么？“你嫌挤啊，嫌挤你开车去啊，你还不是没车呀！”钱和遵守秩序，和体面地受到对待，本来应该是两回事，但人们却时常自觉不自觉地把两者联系起来。

我们可以和比较发达的国家比较一下。有人可能会说我崇洋媚外，就算是吧，但我最“崇”的是两条，一是人家的自然环境，保护得确实好，碧水蓝天，空气清新，人和动物和谐相处。而我们却是什么都敢排放，什么都往河道里扔，结果是水污染、大气污染。

二是人文环境，人和人的关系比较亲近、比较和谐，这让我“崇”。我喜欢摄影，经常在国外抓拍街头的人物，比如一对年轻的情人，一起在长椅上看一本书，或者很亲昵地拥吻，旁边游人很多，但没人干涉或影响他们。我在远处抓拍，当他们发现我拍摄的时候，一看是我是个外国人，大都会朝我淡淡一笑，很友好，让人觉得很温馨。

我曾在我的博客里写下这样的文字：“在世界各地，我曾经历过很多这样的微笑，这是一种最美好的沟通语言，也是人与人的一种缘。我们不知道彼此是谁，却各自心里都很舒服。”你在中国街头抓拍试试，如果被发现，常会遇到麻烦，我就遭遇过很多尴尬，有说我不怀好意的，有拽着我要动手的，有说我流氓偷窥的，还有跟我要钱的。

我2年前搬家，觉得装修时打扰了左邻右舍，特意买了几瓶红酒，送给邻居表示歉意，也好结识一下。敲开邻居的门，我说我们是新搬来的，我们夫妻姓什么，打扰他们了，送他们一瓶红酒认识一下。可门里的人个个警觉而疑惑，半掩着门厉声问："你干吗？你是谁？你为什么送我酒？你没事儿吧！"送到第三家，我不送了，再送，我自己都觉得自己是不是不怀好意了。

类似这样的一种心态，这样的一种人与人关系的状态，跟我们的文化背景有关，实际上跟我们谈的金钱话题也是相关的。我平白无故送他东西，似乎就一定是有什么图谋。我们这个社会人与人的关系，现在就变成了这个样子。这是很让人痛惜的。

人生在世，不能用金钱来处理人与人之间的关系，也不能用财富来衡量人的价值，还是要守住良知和良心的底线，做事的时候多为他人想一想，与人方便，与己方便，最起码要做到守规矩。

想着别人，救了自己

戴占军：我们传统的文化中有好人好报一说，这是有些道理的。再给大家讲个真事，我的亲身经历，就发生在2011年年初。那天北京刮大风，我去建外SOHO办事，楼下有一排停车位，刚好有个空位。这块地方，我如果随意停放，也没什么毛病，但我要把车停紧凑些，还可以停下一辆微型车。这时问题就来了，我是只管自己合适呢，还是自己费点事，给别人留个方便？我选择了后者，在车位里把车又向后倒退了1米多，以留出足够的空间。而就是这1米多的距离，救了我一命。就在我刚把车停好的时候，突然有块东西被大风从楼上吹了下来，刚好砸在我的车头前边，摔得粉碎，是一块玻璃幕墙。也就是说，如果我不腾出那1米多，这块玻璃幕墙应该是正好砸中我的头顶！本是为他人着想，结果是自救一命。事后我想，是什么救了我？是遵守规矩的习惯，是与人方便的潜意识。我并不迷信，但你心里为他人着想成为习惯，守规矩成为本分，最终做人是不会吃亏的。

对待财富和金钱，道理也是一样的，富有得让人羡慕也好，贫穷得让人嫌弃也好，你只要把爱与恨看得淡薄一些，可能就活得不一样了。

中国贫富成为一个问题，首先是财富过于集中在少数人手里，我们能称上“中产阶级”的人口太少，使贫和富的两级矛盾、差别被进一步放大了。有钱没钱当然不一样，但是由于我们中产阶级弱小，我们能够对财富淡然一点儿的阶层所占总人口比例太少，所以贫富的差距和财富的功能才格外凸显。一个最新的数据，我们国家的千万富人，目前有96万，这比2004年统计的24万增加了不少。但是中国到底有多少可称“中产阶级”的人口，却没有一个权威的数字。因为如何衡量中产阶级，世界各国、各地区的标准差别很大。比如美国最初的标准是3万美圆起步，还有学者提出8万到15万美圆之间。现在被广为认可的标准是，人年均收入4万到25万美圆之间。如果以这一标准统计，美国在金融危机之前的中产阶级人口，占到了总人口的80%以上。对中国的中产阶级界定，早年间有学者提出应为1万至5万美圆之间，现在又有人提出年薪12万元到40万元人民币的标准。

无论是以哪个标准来衡量，中国现在的中产阶级都不是人口中的主力军。当然，和发达国家之外的国家比较，我们也没那么惨。比如印度，它曾号称自己有3亿中产阶级，这个数据把全球吓了一跳！可它是怎么算的呢？印度的标准是，年均税后收入3万多卢布到15万卢布，大约合1000美圆到5000美圆。如果按它这么个算法，中国有钱人遍地都是了。印度是个挺有意思的国家，你去孟买等大城市看看，能见到这样的大标语：“我们要努力工作，如果不努力，再过10年，上海就赶上咱们了。”当然，别人可以装糊涂，但我们自己不能糊涂，我们的国民人均收入还较低，我们的富裕人口还是太少了。

我个人觉得要解决贫富问题，壮大中产阶级，要把制度、规则设计好，要让国民在获得财富的机会上人人平等。为什么我们老讲公平？实际是因为现在不公平的事情太多了。

像我们这样的人，如果还在农村，可能过的是另一种生活了。我们从农村跑出来，到北京上学，有一个好单位，挣着清白的钱，再生儿育女，我们的下一代能和村里的孩子一样吗？还有富翁的后代，怎么会和平头百姓的孩子一样？其实，这就是现实的生来不平等。

既然生来不平等，我们在制度设计上如果机会不公，那还让不让人活？我凭什么不去打家劫舍？我干吗非要老老实实劳动致富？所以，所有的不淡定，既是哲学命题、社会命题、心态命题、文化命题，更是一个制度命题。

还是要把制度的话题说透，从制度上确保中产阶级成长，确保缩小贫富差距。美国有80%以上的中产阶级人口，我们不用这么多，有一半好不好？真要是有六七亿人日子过得很滋润，那个时候慈善事业还是问题吗？为什么现在一些人不做“慈善”？是他们身上还没几个铜板，何以济人、济天下？当然，一些富翁不愿大张旗鼓地做慈善事业，因为安全感的问题，他不愿意露富，他害怕别人仇富。从总体上说，中国的富人问题不在于炫富，而在于藏富，没有偷漏税的富人有几个？所以他怕查，他不敢说自己有钱。我想，如果要把这两件事做好，一是从制度设计上解决一些现实的困惑，二是从增加全体国民财产收入上把中产阶级做大，很多问题就可迎刃而解了。什么条件下、什么土壤中，长出什么果子来，分明二亩薄地非要种出金豆子，哪有的事？

赠与税有助于遏制“小三”问题

张国庆：我们总说美国的慈善事业发达，其实是与遗产税有关系的。根据美国的税法，慈善行为是免税。也就是说，遗产税等税收中，做慈善的部分都是得到豁免的，不用上税。所以很多富人宁肯把这个钱做慈善，上税的话，一是儿子也上不起，再一个上完税后也剩不下多少了。对慈善免税，是很好的激励机制。

跟遗产税有关的还有赠与税，1916年诞生了遗产税，1924年赠与税跟着出来了，赠与税解决了一个问题，就是社会风气问题。前些年我特别反感的一件事，就是有人把刘晓庆请出来，得瑟着赠她车和豪宅。有些傻呵呵的媒体还在积极报道这事儿，我说你给她这些，股东们答应吗？如果放在美国，还可以问他，你上税了吗？这在美国是要上税的，假如1000万的房子，先上600万税，你还得不得瑟？还转不转移？

赠与税其实是非常关键的税种，它可以解决富二代问题，道德问题，小三问题。你包小三，你想给她房子，给她车，好吧，你先上税。我们知道，中国很多富人是靠银行贷款的，他的钱多数是被套的，有些烂尾楼还套着呢，你真以为他有那么多现金？他为什么给小三房子，为什么不给现金呢？想给，他未必能从容地拿出来。

换句话说，如果在赠与税上有规定，他真的有钱交这些吗？所以，通过税收，可以在一定程度上解决中国婚姻的稳定问题，通过赠与税遏制一下丑陋的小三问题。

有很多朋友跟我说，中国现在就是没有企业家精神，我们的一些企业做着做着就完蛋了，做着做着就不干正事了。企业家精神有两点，一个是社会责任感，二是进取精神。

此外，还有一点很重要，就是媒体的作用。我们在座的，很多都是媒体人，说实话，我比较尊重美国媒体，除了公信力之外还有一条，就是在鼓励社会进步上不遗余力。

许多人不知道的是，比尔·盖茨原来是小抠，特别吝啬，他的转变有两个原因，一是他亲人去世，对他有很大的刺激，觉得财富不过如此，人生观有很大转变。第二个原因是《纽约时报》恶心他，把很多给比尔·盖茨的信公开登出来了，说你这么多钱能不能做点什么事呢。两种原因一同夹击，终于促成了他的转变，使其最后变成大慈善家。

中国媒体呢？你为什么不对于那些创新的、担当的、回馈社会的人多报道，老报道得瑟的企业家和名气一流、才华二流、精神三流的明星干什么？我希望陈光标马上成为过期的符号，因为这意味着，会有更多人自觉和自信地出来做慈善，而成功的媒体，是那些促成这种转变的媒体。

刚才戴老师说的时候，我想到一件事，我父亲很少表扬我，他基本是鞭策我成长的。但是有一次，有人来看望我父母，我父亲说了一句让我特别感动的话。来人说现在的社会，男人有钱就变坏，很多人的钱也是来路不正。我父亲说："我儿子让我最自豪的一点是，他挣的每一分钱都是干干净净的。"

我当时听了，觉得完全释然了。说实话，我父亲从来不表扬我，这曾经让我一度很纠结，因为我觉得自己做得算不错，尤其是在上进和与人为善方面，但父亲就是不表扬我。可这次，他当着亲戚朋友面称赞我。我很欣慰。

徐立凡：我补充一点制度方面的。关于慈善，现在有一个很大问题，就是审批制。政府什么都要审批，就是你做好事也要审批。你必须按照这套规则来，你做好事政府必须管，批准你做好事才能做好事。

这种审批制我建议取消。第一，现在确实有假借慈善之名搂钱的，但是这个现象的存在恰恰反映出你审批是没用的，你审批是拦不住借慈善骗钱的行为的。第二，它只能管住好人，反而把想正儿八经做好事的人拦住了。个人或者企业、公民组织做慈善的成本从政府层面应该降低，类似于NGO[①]组织。这一方面审批已经证明是无效的，我建议改为注册。我登个记，确确实实我在这里就够了。从现实角度说，这既是不容易做的改革，又是最容易做的，需要我们持续呼吁，至少适当把审批制稍微放宽一些。

贫困标准线应该步步高

戴占军：关于制度建设，要特别注意两个问题：一是要关注穷人，关注绝对贫困人口；二是解决贫富差距问题。

仇富、爱富也好，金钱观偏颇也好，和制度设计上不合理、标准制定有问题有很大关系。按照世界银行划定的贫困标准线，是每天的收入低于1.25美金。而我们国家定的贫困标准，比这个要低很多。1985年是年纯收入200元人民币，2009年是1196元人民币，现在提出在“十二五”期间，贫困线标准调高到人均年纯收入1500元人民币。即使是这样，我们定的这个贫困标准，依然比国际标准低很多。我们甚至比印度、越南定得还要低。我们人均GDP是越南的4倍，但越南的贫困标准线是年纯收入480万越盾，折合人民币1500多元，已经高于我们。这事说出去都让人笑话。

现在我们说，中国还没有解决温饱问题的绝对贫困人口有2000多万，但按照联合国的标准，按照合理的标准去测算，我国的贫困人口绝对不止2000多万。对类似这样一些问题，要进行制度上的改革，要重新设计方案。对贫困人口，要给予切实的救济，帮助他们脱贫，国家手里攥那么多钱干吗？

徐立凡：我举一个例子，到12月，政府财政开始突击花钱。一季度政府财政增长又出来了，GDP9.4%，财政收入涨30%多。

戴占军：现在流行各部委晒预算，我们看看那些预算，要不要花那么多钱？是

① NGO：在特定法律系统下，不被视为政府部门的协会，社团、基金会、慈善信托、非营利公司或其他法人，不以营利为目的的非政府组织。

不是还有节支的空间？包括我们的国企，有的花钱如流水，比如刚刚曝出来的中石化广州分公司，买高档酒一花就是上百万，让人心疼啊。

能晒预算，这是一种进步，但遗憾的是还有人把着公共财富盘算自己的小日子。比如一些国企、事业单位，当领导的把挣多少钱、花多少钱捂在盖子里，连个预算、决算都没有，财务状况和分配也不公开，你若提意见，他说："我撤你的职，停你的工！"为什么会这样？其实就是他财富分配不公，资源分配不合理，或者利益占有是狗肉上不得台面，怕见光。比如中石化广州分公司的事情，实际就是捂在盖子里的财富猫腻。

张国庆：最新消息，分公司开会严查谁泄密，抓到严惩。这就是中国的怪事。

戴占军：我们不是不可以腾出更多钱来，不是不可以把钱用到老百姓身上，用到穷人身上。而不能做到的原因和制度设计的不合理有关。

制度不合理，特别是分配制度不合理，导致了严重的贫富差距。按照国际上通行的显示贫富差距的基尼系数，我国经测算为0.45，已超过了0.40这一分配失衡、贫富差距的警戒线，成为世界上40个收入分配基尼系数"报警"的国家之一。据2007年的统计，我国城乡居民收入绝对额差比10年前增加了12倍，绝对差距达到近万元。近年来，这一差距进一步拉大，最低与最高收入相差50倍以上。除城乡差距之外，还有地区差距、行业差距，造成一系列社会问题。如果贫困的问题不解决，如果贫富差距的问题不解决，仇富还是爱富在中国就永远是一个"特色的话题"，让百姓淡定下来也很难。

牛力：有个听友说，如果不从根本观念上解决富二代们的"财富本属于我"的观念，现在的富二代就是将来的"废二代"，这也是中国悠久历史父产子继的观念所致。中国的富二代与美国的富二代教育理念不同，继承观不同，中国富二代可以直接继承父业而不需要知识和经验的积累，现在甚至有些富二代都没有大学学历，有的只是炫耀感，这也是我国教育观念的一个缩影。我国慈善理念也是停留在表面形式，并没有真心主动自愿地伸出援手行善，而是在作秀。

戴占军：其中有一个观点我不同意，就是关于富二代教育问题。现在的富一代在做什么事？他们在集中做两件事：第一，就是要把他的孩子送到国外、国内的最好学校，接受最好的教育；第二，千方百计跟政府打交道、跑关系，漂白自己，漂白自己的钱和自己的企业，把自己变成没有污点的"资本家"。

应该说，富一代们的社会责任感在不断增强，很多人做生意，真的不再仅仅是为了积累资本财富，而想得更多的是，我有七八十个工人，我要不干了，我的工人们怎么办？我接触过很多企业家，大部分是“泥腿子上岸”的富一代，他们的价值观念、工作观念、财富观念等，近年来发生很大变化。我们对富人不能再用老眼光看，我们整个社会要转变“为富不仁”的观念。而现在的富二代们受到的教育，其平均水平已经超过了普通家庭的孩子，比如有一个在江浙的问卷数据，富二代们升入我国重点大学和常青藤名录学校的比例，远远高于普通家庭的孩子。这足以说明，在教育上，富一代们是舍得花血本的。现在的问题不是知识教育问题，而是道德教育、社会教育的问题。

我们的主张之六：征收遗产税激励慈善行为。

我们的主张之七：通过赠与税稳定婚姻关系。

10

要不要把孩子送出去

象征性动物：海龟。
入选理由：养海龟以前是智力投资，现在是安全投资。
本章PK：教师该不该向全社会招聘？
正方观点：应在全社会公开招聘教师，并对其资格进行认证。
反方观点：教育的失败不能归咎于教师，教师认证解决不了教育问题。

要不要把孩子送出去

象征性动物：海龟。
入选理由：养海龟以前是智力投资，现在是安全投资。

本章PK：教师该不该向全社会招聘？

正方观点：应在全社会公开招聘教师，并对其资格进行认证。

反方观点：教育的失败不能归咎于教师，教师认证解决不了教育问题。

牛力：现在，很多家长都努力把孩子送出国，或者正琢磨着这事，问题是，这真的必要吗？

至少不要输在起跑线上

马晓霖：原来我是真不主张出去受教育，到现在，我唯一的一次在海外受教育的经历是大四时在埃及实习过1年多。我在新华社工作17年，是全社近百名阿拉伯语干部中唯一没有正经到国外留过学的，因为我有这自信，我是北外毕业的，实践证明我干得也是最好的。1989年秋天，我也想过考托福去美国，当时的女朋友只说了一句话："要去你自己去，我不去。"听完这话，我就立刻下决心不去了，因为爱情至上嘛。从此，我再也没动过出国留学的念头。

我是农村出生长大的，受过比较传统的教育，从小也有过各种各样的责任感。我出身于回族家庭，生活在一个城乡结合地带的回汉混居区，而我生活的那个圈子，不仅有本地的城市人，还有来自天津、上海、北京和哈尔滨等大城市的人，那种城乡差别层级不是二元的，应该是三元的，而且非常明显。

我生活在最底层，虽然我的家境还不错，父亲在工厂里挣着工资，家里还有地耕种，物质生活不算差，周围有比我更差的家庭，但是，和本地城市的孩子相比，穿着、谈吐和食物的差别还是相当明显的，和本地来自大城市的孩子相比，差距就更别说了。所以，我从中学时期就朦胧地考虑着几大问题：民族差异、城乡差异和个人之间的不平等，包括父子之间的不平等。

我现在当然感觉自己作为生于20世纪60年代的中国人，属于最幸福的一代，因为中国的灾难性时代我没有赶上，全部被父母和哥哥姐姐们消费了，我无非是牺牲了前3年的小学教育，但是，随着国家拨乱反正，我还是赶上了正规初中教育、高中教育和大学教育。我是12年义务教育恢复后的第一批初三年级学生和第一批高三年级学生，大学因为专业设置又读了5年，所以我大学毕业时快24岁了，因为我比同龄人多读两三年。我不仅接受了完整的教育，而且赶上了新中国发生的几乎所有重大事情。我不想离开自己国家，更愿意做一个国家与民族成长的见证者和建设者，与祖国和人民同呼吸共命运，这也是我个人一直以来的追求。而且，我很自豪也很庆幸的是，自小到大，不管什么地方什么时候，我遇到的老师都是当时当地最好的老师。

戴占军：我活到现在，不能说成功，但无论如何，我小时候受到的教育，却成就、激励了我这一生。我特别感激我的中学语文老师，他叫王苑新，是他引我走上了文学的道路，并教会我做人。有两件事，我至今记忆犹新，一件事是，他让我知道我可以写文字，可以成为作家。他给我第一篇作文的评语，写得非常长，超过了我那篇作文的字数，他写道："好的文章不是辞藻堆砌，而是真情实感的流露；作文像说话，要先把你要表达的意思交代清楚，先学会走，再学会跑。"到现在，我几乎还能一字不差地背诵他的这篇评语。他让我记了一辈子，让我知道文章是水，文章是山，让我坚持作文，坚持了一辈子。

另一件事是，他教我做人的道理，他曾给我讲过这样一个故事：有一个人，他有一个宝贝，这个宝贝特别珍贵，特别让人羡慕。他把这个宝贝用绳子拴好，搭在肩上穿过闹市，所有人都赞美他这个宝贝，并因此而赞美他这个人。但是突然地，绳子断了，宝贝嘭地掉在地上，摔了个粉碎。所有人大惊失色，惋惜之声此起彼伏。但他像没听见一样，像什么事情也没发生过，依然拽着空绳子往前走，头也没回。后来有人问他："你为什么那样淡定，你一点儿也不觉得可惜吗？"他回答道："再怎么可惜，事情也无法挽回了，我只有向前看，往前走。"王老师讲的这个故事，影响了我的一生，影响了我的价值观，影响了我的人生观。可惜，能对学生进行这样教育的老师，现在真的是太少了。

马晓霖：我的个人经历其实显示了教育的重要意义——对个人、家庭、社会和国家的意义。2010年北京外国语大学新生入学典礼，我被请去向小师弟师妹们致辞激励，我告诉他们，我本人就是"知识改变命运"的典型。

我来自农村底层，是邓小平的改革开放给了我参加高考的机会，我才有可能赢在起跑线上。我相信平等机会和良好教育会改变一个人，改变一个家庭，当然也会改变一个民族和一个国家，因为我的经历就是如此。我小时候没有学过英语，上初二时才偶尔听到有人说英语。初三我从乡村中学转校到全区八所重点之一的县城中学，由于自己努力刻苦，各门功课都很好，但唯独英语是空白，甚至连ABC都写不全。每次英语考试，进场后15分钟，我都在白卷上标好自己的名字，交个"鸭蛋"了事。总成绩公布后，如果不算英语成绩，我可以在全班排七八名，但是，英语零分一拖后腿，则跌落到20名之外。当时不只我一个人不懂英语，还有很多其他功课都很优秀的农村孩子都不懂。高一升学考试，学校从全县范围选拔了不少优秀学生，为了补齐英语这一集体"短板"，学校又给了我们新的开始机会——全年级学生一起从ABC开始学习2年制英语教材。

由于自己的不懈努力，3年下来我将英语这个"空白板"补齐拉长，并在1983年的高考中获得优异成绩——位列宁夏文科外语类总分第二名，外语类第一名，全国所有前来招生的一流学校和专业任由我挑选。我们这样的工农家庭没有任何背景，直到我高中毕业时，父亲还没见过教我2年的班主任，更谈不上走后门、拍马屁，以期老师格外关照。我完全是靠好机遇、好学校、好老师，外加自己的努力和运气考入北外。大学毕业时，能被新华社看中，也是自己抓住唯一的机会靠真才实学考进去的。在新华社17年，我从一个毛头小兵起步，无任何背景，逐步成长为后来所谓的"名编辑""名记者"，这既是个人奋斗的结果，也是环境公平的结果。

回顾自己的前半生，我相信个人奋斗非常重要，个人奋斗的前提是公平的环境——教育环境、竞争环境、就业环境。所以，从女儿一懂事，我就跟她强调个人努力的重要性，因为女儿这一代现在享受的条件是我们小时候想都不敢想也不可能想象得到的。女儿出生后，我也随着她“补过”幸福童年：所有没听过的儿歌都唱得滚瓜烂熟，所有没有玩过的玩具都尽兴享受，但是，非常遗憾的是，由于环境的变化和竞争的激烈，我童年放羊撒欢、撒尿和泥的那种乡村牧歌式的快乐，女儿不可能享受了，农村孩子放养式的教育她再也没有机会经历了，这也是莫大的遗憾。

为了让女儿享受良好的教育，我们将购房与择校挂钩，大有“孟母三迁”的架势，在女儿教育方面投入很大。但是，当孩子进入初中阶段时，我逐步感觉到中国的教育已经出现了很多问题。放下初级教育的诸多问题不说，孩子们未来的报考目标——一些名牌大学，包括北大、清华，已经被教育产业化的恶果所害。

牛力：一个听友对我说，要不要送孩子出去主要看孩子的意愿，独生子女是一个家庭的掌上明珠，父母亲都希望孩子不要输在起跑线上。从个人对孩子的教育上来看，中学、大学最好还是在中国读，是金子在哪里都会发光。孩子过早送往海外就学，首先他的心理承受能力和生活自理能力不够成熟，如果没有准备好，即使出去也不能够完成学业。

名牌大学不能穷得只剩下牌子

马晓霖：2004年我担任《环球》杂志总编辑时招聘文字编辑。我在一篇2000字的文章里预埋了150个左右的“钉子”，包括错别字和简单的文史知识错误。一堆报考学生中有一位某师大中文系研究生，居然在一个小时的考试中只拿到40分，换言之，只挑出40个错误！某师大中文系，一个响当当的专业，它的应届研究生居然考这样的低分！再往后，我与一些顶级大学教授接触多了，发现现在许多大学教授都变成“校园CEO”，整天忙于接项目，搞科研，挣钱养家养助手，一套“产学研”结合的链条看似完美无缺，背后却是学位、学历的注水，因为大学的中心任务不再是教书育人，学生们也浮躁得不知道干什么，专业糊弄，论文拼凑，最终混一个文凭了事。我逐步对高校的质量丧失信心，名牌大学的口碑逐步在我心目中倾颓、垮塌……

中学教育原本应该是快乐教育、健康教育，但是，也逐步被应试教育毒化得脱离了正常轨道。孩子面临着超负荷的家庭作业，以至我们经常得替孩子写作业，因为我们知道，老师或许都不会认真看这作业，因为老师们也看不过来。我们明明知道这样教育孩子不对，但是已经登上这条船，不可能走回头路，更改变不了整体环境。我们希望女儿有一个自然成长的健康环境，但是，她毕竟是孩子，不可能扛得住竞争的压力和荣誉的诱惑，每个孩子都会非常在意老师的肯定和同学的夸赞，就这样成绩成为绝对的奋斗指标和行动导向。

所以，这2年，作为非常没兴趣海外留学的我，也不得不认真考虑是否把女儿送到海外留学，是读完初中去，还是读完高中去，还是读完大学去？基本倾向于把女儿送到教育环境没有被产业化毁掉的美国或英国。

我同时也陷入巨大的纠结，中国现在是全世界最看好的黄金发展地带，全世界的人才都在回流，而我却要在女儿成长的关键时刻，在她与社会衔接的节骨眼上把她送出国。你不送出国，未来能否掌握真才实学是个大问题，送出国四五年，女儿能否习惯于留在美英？留下来能否融入人家的主流社会？留不住或融不进，再回国谋发展时是否顺利？这已经被很多“海龟”变“海带”的事实所印证。

国内的就业规则与国外大有不同，如果女儿在个人性格、做事方式成型的阶段留学海外，回国后能否适应中国官场、商场和社交场的种种无形规则？遭遇好老板、好团队，女儿可以开心工作，如果进入一个与她境外所受教育完全不同的小环境，就业的挫折感和人生失败感将是完全可以想象的。女儿是我们唯一的牵挂，她的未来是我们唯一不确切的一件大事。走与不走，已经变成我们一个非常痛苦的选择。

2010年冬天，易中天夫妇到京讲课，我们两家聚餐。当饭桌上说起女儿的教育困境时，易中天说，中国的教育可以用四个字来形容：毁人不倦。他非常坚决地劝说我们在女儿读完初中或高一，完成国学基本教育后送出国读大学。回家路上，得到鼓励的女儿闹着要出国读书，而且希望明天就走。我知道，女儿不是真的认为国外多么好，而是已经厌倦了这些年的高压式读书生活。

中国有一个很大的现实问题——教育。跳出校园，看看社会，也是如此。这些年来，国家越来越强大，越来越有实力，我们对国家也越来越有信心的时候，越来越多的富人或者有条件者却把孩子们都送出国读书，而且低龄化程度越来越明显，这背后折射出很多问题。

第一是教育失败，不再赘述。第二是财富不安全，乃至每个家庭都感觉不安全。很多家庭把孩子送出去是变相转移财富，孩子在海外开一个账户，把钱打进孩子账户，哪天活得不自在了就举家出国，去海外商业投资，移民投资。第三，教育观和就业观出了问题。我们讲千军万马过独木桥，现在是千军万马奔清华挤北大，择校观念显然进入严重误区。一类院校当然好，问题是可选的专业是否为孩子最感兴趣的？是否适合孩子的特长？是否适合国内的就业市场？

诚然，一个人应该接受完整的教育，但是否读完高中一定就要上大学？中国的就业市场非常缺乏高级技工，而成熟的技工就业行情远比本科生、研究生更好，甚至收入都高于研究生，可父母为了孩子将来有更好的就业机会，非得把孩子推进大学，而且是推进名牌大学。在这一点上，父母的责任一点儿也不小，社会的舆论导向也是重文凭而非重真才实学。这就是教育出现系统性问题的所在，它不完全是学校和教育部的责任。

白领不比技工更有面子

戴占军：我们国家的技工，在上个世纪五六十年代，包括70年代，都是受到整个社会尊重的职业，在分配上，也属于高端人群。进入改革开放之后，三十几年中却有十几年闹技工荒，技工在社会分配当中所占有的地位也急剧下降。最近这两三年，技工的地位才开始回归，因为大家重新认识了技工在一个以制造业为基础的产业结构下的重要性。但是技工荒的问题依然存在，因为没有多少人愿意学手艺，愿意做技工。从劳动价值来说，技工也许能挣1万块钱，但人们宁愿坐办公室，宁愿当每月拿三四千块钱的“白领”，也不愿到生产一线去。为什么呢？“白领”有面子啊！

马晓霖：孩子们的前途面临着诸多困境。人生理想，奋斗激情，乃至价值观和世界观的构建，在当代的教育中都出现了过去30年未有的困惑。孩子们与我们那个时代接受的教育差异很大，这也是时代变化的必然，本身没有错。问题是，某些现象明摆着是有问题的，包括品德素质下降、拜金主义严重、道德底线缺失等。最近一位清华大学的青年教授和我交流时慨叹，70后、80后学生最大的问题是没有激情，没有思想，太过务实。与50后、60后两代人相比，目前在校学生没有太强的社会责任感和是非观念，他们不过问国家政治，不关心社会疾苦，缺乏家国天下的担当。我想，这也不能完全归罪于这两代的孩子们。50后、60后能力太强了，而且赶上了多个发展的机遇，而70后、80后面临的实际问题可能要更多，特别是成长环境的高压，以及就业的困难。

所以，我觉得教育产业化问题，不单纯是个教育的问题。它和其他所有问题一样，都是发展中的问题，也是中国从一穷二白走向现代化进程中难以避免的问题，是全民族从国家到个人都要支付的学费，我们遭受的委屈、不公及额外不合理的付出，都是在为国家和民族进步补交学费，这个成本有时候不得不付。我们现在探讨的是如何尽可能少付这样的成本，尤其是那些分摊到每个公民身上的负担，因为这个成本对他们来说太高了，可能会影响其一辈子的发展，一辈子的幸福。

张国庆：你怎么看“海龟”变“海带”？

马晓霖：“海龟”变“海带”，一要看他所学专业与国内就业市场是否对口，二看他个人回报期望值是否与国内薪酬的实际水平合辙。“海龟”们或许觉得自己受牛津、哈佛教育归来，皇帝女儿不愁嫁，最后形成高不成低不就的尴尬状态。

我在新华社刚工作的那几年，单位根本不要研究生，要的是接受扎实专业教育的大学本科生，打个比喻，要的就是一团白面，至于用来包饺子还是擀面条，那是单位专业培训的事，如果学校给单位送来一个面包，把面包弄碎重新和面，那反而不好使了。当然，研究生越来越多之后，高学历才逐步成为门槛之一，但是，专业过硬，依然是个无法逾越的杠杆。比如说，搞国际新闻报道的单位一定优先选择外语专业的毕业生，因为基础扎实，而其他技能都是后面通过培训和实践容易得到解决的。所以，“海龟”变“海带”，实际上往往是心态问题，海归如能尊重每一份工作，尊重每一种职业，重视每一个就业机会，把自己从“天之骄子”的云端还原到普通岗位，把自己定位于一个邻家姑娘或小伙儿，就容易得到一份工作，而且容易得到就业的快乐。

不想低三下四地当“孩奴”

戴占军：“海龟”变“海带”这个话题，和要不要把孩子送出去这个话题是联系在一起的。我自己没有孩子，所以谈这个话题可以更超脱一些。我没生养孩子，不是“能力”问题，而是真的被养孩子这件事给吓住了！

看看我周围当爹妈的，为孩子付出了那么多的精力和金钱，我实在是觉得我养不起。其实，精力和金钱还是次要的，我是琢磨明白了，如果养了孩子，我在社会上就变成了一个低三下四的人，这就是当今社会父母们的宿命！为了孩子，我得低三下四地向各种各样的权力低头哈腰，我不想活成这样。让我向女人低头可以，我做了错事，我冒犯了他人，低头是应该的，但是让我向权力低头，而且是无端的低头，憋着一肚子火低头，我不干！

如今孩子成长的各个“节点”，那些本该为你服务的人，摇身一变都成了“权力拥有者”，成了你要央求、祭拜的“神”。生孩子你要塞红包，上托儿所你要托关系，上小学你得送礼，进中学你得交赞助，等等。总之，为了孩子那点事，你得成天求爷爷、告奶奶。我本来不是一个奴隶，我不想给自己背上沉重的十字架。孩子都成了“小皇帝”，孩子每往前走一步都有权力在卡着你，凭什么就我当奴隶啊！

张国庆：“孩奴”，这是一个新词。

戴占军：我很幸运的是，我的太太给我带来一个孩子，我和孩子相处得非常融洽，我也免除了当“孩奴”的宿命。当然了，我这辈子也失去了当“孩奴”的乐趣。总之，围绕孩子，出现了很多社会问题，让我们很纠结，包括孩子的教育问题，包括要不要把孩子送出去。

送与不送，看似是针对孩子，是培养孩子，然而实质上却是家长们在培养自己的未来。这是因为，我们在孩子身上，寄托了太多自己的理想。孩子的问题，是我们问题的折射；我们对孩子的期望，是我们期望的延续。现在我们谈的是孩子，实际上谈的是我们自己，谈的是整个社会的问题，谈的是我们要培养什么样的未来的问题，谈的是我们把中国梦寄托在哪里的问题。

二三十年前，我们作为“文革”后的新一代大学生、新一代知识分子，其实也面对要不要走出去的困惑，我们当年经历过出国潮，也曾经想加入这股潮流。似乎良好的教育，只能在国外；似乎我们的理想，包括个人价值的体现、成就的实现、金钱的获得、优裕的生活等，只能寄希望于国外。那时候出国似乎成了唯一的选择。然而，随着中国社会的变革和进步，出国已不是唯一的选项，当代中国，为我们，为我们的孩子，提供了更多的机会。

别把孩子太当回事

牛力：给你们提供一些思考，我对于孩子的事情恰恰非常淡定，不太苟同刚才说的悲观看法，也不太同意戴老师说的“孩奴”。

咱们为什么要说这个事？我们给孩子的压力太大了。因为什么？独生子。我们要让孩子出国留学，要让孩子成才，要让孩子来实现我们曾经的梦想。我们经常说你为什么不成器，你不成器就是因为你不努力。我们给了孩子很多压力。但孩子就是孩子，他们是真正的弱势群体。

我们说把孩子送出去，孩子是未来，我们要把这个未来放到一个不固定的、不安全的、没有保障的状态下，我们没有安全感，这是我们忧虑的地方。另外，孩子出国意味着什么？我认为是自我成长、自我价值实现的本能。就像我是农村孩子，我希望从县城到省城，从省城到京城，再到出国，这是价值实现的必然。我认为问题不在出国，关键是这个“送”字“送”出问题了，为什么要家长来包办所有的一切？

比如孩子入学问题，非要说不让孩子输在起跑线上。不输在起跑线上，就能保证赢一辈子？让孩子背着强大压力被推着往前走？名校现在跳楼的学生还少吗？千万不要给孩子太大压力，要让他自己有压力，让他自己觉得努力学习是有必要的，这叫自觉意识。现在的孩子一到周末，一会儿学这个，一会儿学那个。那不是他自己了。

我儿子上小学的时候，我家附近的五一小学是海淀区的重点，我当时作为首选，但我去了三次，人家都没让进校门。附近另一所学校是太平路小学，我们觉得上太平路小学也行，就去报名了。当天本来要在上午按顺序报名面试，结果学校突然发通知，说校长临时有事改成下午。但有一些家长已经到了，所以他们自己发号，因为晚到的有可能得不到。最可怜的就是这帮家长，家长之间因为这事都打起来了。我心想，这学校怎么能突然就变卦？太让人失望了。于是，我放弃了太平路小学。

正好新成立的景山学校远洋分校在招生，我觉得这个学校可以，起码它对孩子是一种很和蔼的态度，我不在乎这学校有多好，我们都是从农村里出来的人，这学校再差能比农村里的学校差吗？我儿子将来做一个技工，能够自食其力就不错了。有了这个心态，教育问题就好办了。反过来讲，为什么没有必要悲观呢？孩子第一个老师不是别人，恰恰就是父母，我们老把这个责任推出去。三岁看大七岁看老，孩子进入学校之前他的人生就已经确定了。

3岁的时候，儿子对我说："爸爸，我好无聊。"3岁懂什么叫无聊？当时我没说他这么小，怎么能无聊呢。我用另外一种方法，我说他无聊的时候就看书。从此以后，他几乎没有再跟我说过他无聊，但是我经常看到他在看书，现在他10岁了，已经开始看一些中外名著。我觉得归根到底，取决于我们是"送"还是"推"。父母是站在孩子的前面拉着他们走，还是站在孩子的后面推他们？

孩子从出生那天开始，就是在一天天地远离父母。我儿子现在可以自己骑自行车上学了，我觉得可以，他自立嘛。还有一点，送出国干什么？我想唱点高调，我们需要有更好的知识，邓小平"三个面向"说得很对，面向世界，面向未来，面向现代化，我们的孩子如果永远在农村里，拥有一个短小视野，我们不可能成为世界强国，我们不能要求每个孩子都成为世界强人，但是这个国际化的视野要有。不是说每个人都需要出国，从农村到县城，从县城到省城，也是和世界逐渐交流的过程。

送出国了，能不能回来是最大的问题。我的大学同学一半以上都在国外，学物理的，其中还有给美国军方做事的。当然，我不是说这些人不爱国，关键是我们有没有足够好的体制容纳他们，让他们有了国际化视野之后，把个人命运和国家命运结合在一起。

马晓霖：我补充三句话：第一是父母不淡定。父母应该达到高度价值取向统一，从一开始给孩子定下较低目标，望子成"虫"，而不是望子成龙。成虫是孩子自己能生存而非一定有多大建树。父母应该清楚地认识到，要孩子的初衷是因为父母需要他作为情感的结晶与见证，作为家庭的安慰和纽带，而不是指望孩子养老送终，或光宗耀祖。

第二，仅有一对父母淡定没有用，现在整个社会都很浮躁，家长们在一起就互相攀比，孩子在一个班里也难以免俗。孩子的自尊心强，老师的导向，有钱的孩子，成绩好的孩子，都容易影响他们的心境和态度，所以让孩子淡定是不可能的。一个好强的孩子受不了被老师忽视，被同学小瞧，一定会拼命争取荣誉。说到底，是一个个家庭首先出现心态扭曲，继而又集体造成社会问题。

第三，留学不留学，我考虑的是女儿幸福不幸福。女儿能上一个让她快乐的高中，让她自在的大学，而且能获得真才实学，保证她个性自由的成长，思维不受禁锢，就谢天谢地了。

我们的膝盖为什么发软

戴占军：许多人都走过相似的人生轨迹，即从我们自己要走出去到最后让孩子走出去，到现在人人都要让孩子走出去。这反映了什么问题？你的孩子送出去了，我的孩子如果送不出去，我的孩子就输在了起跑线上。这是大部分家长的心理。而孩子自己愿不愿意走出去，却没人多想。我认为，该走的还是要走出去，该送的还是要送出去，关键是你要弄明白送他出去是为了什么。比如我的孩子大学毕业后，就想留在父母身边，根本不想出国。我跟她讲，我不主张都往外跑，但我认为你应该出去强化学业。为什么？你是学语言的，翻译专业，在中国学4年外语不如在国外待半年，你要看看人家母语是怎么回事，熟悉一下人家的人文环境，不然你的外语，只能是中国化的“半吊子”。所以我认为，要依据孩子的兴趣和专业，区别具体情况，该送出去的还是要送出去。

与之相关的是我们的教育问题，积重难返，病入膏肓，扎针都不带出血的！中国的父母是世界上最可怜的父母，也是世界上最伟大的父母，但在教育问题上，他们真的让人很绝望。我讲一个故事。

某新闻单位有位P君，和我同岁，我观察他十几年了，他是个中国文学典型里还没有出现过的人物，原型就“非常棒”。他一辈子的理想并不高，就想当个编辑，哪怕当个“缝儿编”——报纸中缝儿的广告文字编辑。另外一个愿望，就是坐一次飞机。在新闻单位，这两个愿望过分吗？不过分，但他在那个单位，一待就是20年，这两个愿望竟都成了泡影。最后，他从编辑部沦落到上夜班看大门。

P君的孩子要上某所中学，考试差了3分。校方说：“你孩子来我们学校也行，你得掏5万赞助费。”瞧，谁说咱中国人不值钱，孩子的学分就很值钱嘛！P君只好和他太太商量，因为家里的经济命脉，是掐在太太手里的。他太太说：“我告诉你，孩子的这个学得上，要钱我没有，但学是上定了。你这辈子也没干成什么事，你就把孩子这件事给办下来吧！”学校要5万，据说还是“照顾”了，但太太一个大子儿不给，还要孩子上这所学校。P君被逼到了死角。人急了，什么事情都做得出来。可怜的P君，那些天下班后就干一件事，骑上他那辆嘎吱作响的自行车，直奔学校而去，到校长办公室门口，扑通跪倒，口中念念有词：“央求校长开恩，免除赞助，收留孩子吧！”堂堂学府，朗朗乾坤，伟大的“灵魂工程师”们哪见过这阵势啊，于是校长、教务处长、老师一干人等，纷纷走避，心说冷着他，劲头过去，兴许就不闹了。谁知这位P君，道行深得很，他这一跪，就接连跪了十数天，从单位一下班，他就直接跪到校长门口上班，有时候一跪就跪一宿。校长头天锁门走了，第二天上班一看，他还跪在那儿呢！问：“你怎么还在这儿啊？这哪是个事儿啊？”他就一句话：“我孩子要上学。”真是精诚所至，金石为开，“灵魂工程师”终于被感动了，“得，钱我不要了，让您的孩子来吧。”P君的孩子，终于有书念了，而他自己则大病一场……

你说是该笑还是该哭？而后面的故事，才更让人心里不是滋味呢。孩子终于上学了，P君骑自行车接送她，但每次快骑到学校门口，孩子都坚持下车，自己走过去，不让别人看到她的父亲。P君在这所学校一跪成名，孩子是怕“名人效应”啊！有一次，下很大的雨，P君说我也破费一次，打车送孩子上学，这样她就不会半途下车了吧？谁知，离学校门口很远，孩子叫停车，非要自己冒雨走过去。孩子说：“爸，别让我老师同学看见你。”孩子走进雨中，P君也被“浇”得从头凉到脚心……

数年后，我再见到P君，他头发全白了，但笑容却很灿烂。他自豪地告诉我：“老戴，咱闺女出国上学去了，‘功德’它就‘圆满’了，我这辈子拿下啦！”P君总用笑脸去战胜所有对他的攻击、侮辱，他用他的笑脸解决了人生中的所有问题。但是闺女能出国，他说：“老戴我流泪了。”说这话的时候，居然有一点嬉皮笑脸的自嘲。但是我却感到巨大的悲哀，是悲哀当中最现实的、打到我心底里的那种悲哀。当然，P君近年的“展会经济”搞得不错，他上夜班，白天有时间，经常骑车去逛各种展会，到各个柜台索取宣传品，出门就倒手卖给收废品的，据说每年能有两三千的收入。他有时会开玩笑说：“今年比去年的展会收入提高了不少……”满脸乐观淡定的表情。

P君是个文学人物。他不是知识分子，也不是小知识分子，而是“半知识分子”，被自诩为知识分子的人嘲弄，又被最底层的民众鄙视的那样一种人。他的生存状态和心理状态，实际是当前这个社会一个巨大群体的写照，甚至可以说是我们每一个人的一面镜子。他向教育下跪了，但我们谁的膝盖没有对权力发软过呢？从他的事情中，我们看出中国父母的悲哀、伟大和让人痛心的可怜，看出我们的家庭教育、学校教育、社会教育的弊病，以及给我们至少两代人所带来的心灵畸形。

孩子上好学校了，孩子送出国了，我们没坐过的飞机让他们坐了，我们的理想似乎是实现了。但是，他会不会成为“海带”，或者是成为“海龟”，抑或是成为“海漂”？在这样一系列的扭曲、纠结的教育之下，他的未来会成为我们所期望的未来吗？我对此深深怀疑。

为什么养猫要养两只

张国庆：我提四个观点。第一个，我问一下在座的人，谁看过《爱弥儿》？我觉得所有当父母的都要看这本书，因为它提倡的是自然教育，纯自然教育。当然它是分开讲男孩女孩，这是一个经验。牛力刚才说了一个很重要的观点，我们怎么当父母，这是一个大事。

第一，日本人特别注意家政学校之类，这些东西可以借鉴。比如日本女性特别注意家政，当然家政一方面讲的是料理家庭的艺术，还有一点是教育子女。有的日本女性本身文化程度不高，但是快有孩子的时候她一定去学习怎么做母亲，怎么教育孩子，提前从性情上、心理上、学习上等各方面作好准备。这个意识，我们不说照搬，但该学。你作好准备了吗？

第二，为什么买猫买两只？现在看来，独生子女确实有一些问题在里面。既然现在解决不了，等将来制度解决了，有两个孩子、三个孩子，这样当然好。没有的话，建议当父母的，让孩子多参加一些集体性项目，比如男孩子去踢足球，女孩子多交一些伙伴，让他们从小跟别人建立信任关系和合作关系，这点特别重要。这些对情商的培育有很多好处，包括减少心理障碍，现在的孩子自闭症特别多，跟这个有关系。这是真正的疼爱，当父母的给他创造一个健康环境，而不是娇生惯养。

第三，从本质上我不同意把孩子过早送出国，为什么呢？什么时候出国行？两个情况下出国可以：一是这个孩子比较成熟，至少本科毕业，最好研究生毕业；二是他出去学的这个专业，将来回国是有用的，是有意义的，正好弥补国内的不足。或者退一万步讲，他想留在西方，他的这个专业能够混下去，你别学一个在美国根本不需要的专业，回国又干不了啥事。所以，我说文科尽量不要送出去，基本没有意义。

当孩子太小的时候，往往文化功底很不扎实，现在有几个孩子从小受到良好的传统教育？我算比较幸运，很早开始看《三国演义》，一般孩子很少有这种教育，别说爱国主义，文化自豪感这些都没有。你这边半生不熟，十岁八岁送出去，到外面更是半生不熟，因为你跟原汁原味生在美国的不一样，你去了也是半拉子。你别说排外，哪个国家都有排外的现象。这种情况下，这个孩子无论回来还是在外面，都闹心。

我就见过不少半生不熟的"海归"回来的，包括高层"海归"，他们提的问题都可笑。问我第一个问题："张老师，中国人民造反了吗？"第二个问题："中国政府为什么不听美国的话？"这是留在首长身边作决策的"海归"。我就问他，你看不看报纸？中国不了解，美国也不了解，你怎么回来给中国人民指路？

教师素质是国家之本

张国庆：第四，教师资格问题。我的感触是，我们说的种种问题，其实是输在两个地方上，一是输在父母那儿，有几个像牛力夫妇这么淡定、这么有思想、这么平等对孩子的？很少。

二是输在教师素质上。你去看师范学校，北京顺口溜是北师大是恋爱天堂，许多师范学生除了恋爱就是上网，就是不怎么用功学习。我记得当年在东北师大，不仅同学们都练口才，练文笔，参加社会团体，搞辩论、知识竞赛，还要社会实践赚钱供自己，所有准备都很充足，后来当老师，大多也非常称职。反之，如果该做的准备都没做，你怎么教育孩子，那将是对孩子们的不负责任，也是对中国未来的不负责任。

所以，我提出一个观点，强化教师资格认证，向全社会招聘教师，这才是最负责任的。很多人想当教师，比如当编辑的或者经商的人，或者内心深处想当老师的人，总比那些无心当老师，素质也不够的人强许多。

戴占军："认证"你是不是合格的父母。

徐立凡：坚决反对。

张国庆：我希望将来教师认证，公开招聘。尤其是后者，对提高教师整体素质有好处，也是使中国教育不输在另一个起跑线上的关键所在。

11

有病的民族才忽视母语

象征性动物：鹦鹉。

入选理由：强制性学舌有碍母语文化传承。

本章PK：英语该不该成为高考乃至评职称的必考科目？

正方观点：英语不应成为敲门砖，更不应成为卡人的门槛。

反方观点：英语霸权是全球现实，需要我们主动适应。

有病的民族才忽视母语

象征性动物：鹦鹉。
入选理由：强制性学舌有碍母语文化传承。

本章PK：英语该不该成为高考乃至评职称的必考科目？

正方观点：英语不应成为敲门砖，更不应成为卡人的门槛。

反方观点：英语霸权是全球现实，需要我们主动适应。

牛力：咱们继续下一个话题，全民学英语是福还是祸？我们的话题会涉及英语霸权、价值观的输入，还有我们所付出的机会成本，以及传统文化受到的排挤。

学英语要算时间账

马晓霖：语言最核心的意义和价值是它的交流作用和工具性。做任何事不要偏离初衷，学语言首先弄明白为什么要学。

英语为几十亿人口使用，上百个国家和地区定为官方语言，超过30%的世界人口把英语当做第一外语。而且，英语是最主要的商业语言，任何人有条件的话，掌握英语只有好处没有坏处。

第一，掌握英语可以非常便捷地掌握世界资讯，不用翻墙。我从来不靠翻墙获得全球资讯，掌握两门外语翻什么墙啊？直接看世界一流媒体和官方网站提供的资讯是最可靠的，翻墙看到的信息或许有一定的参考性，但基本是不可靠的信息，这些信息具有相当的政治背景和动机，而不像那些为全球所有客户提供公共信息产品的、具有持久和广泛公信力的媒体。

第二，掌握英语是培养全球视野的重要途径。当然，学法语、日语、阿拉伯语、俄语和西班牙语也可以，但是对于不是外语专业的人而言，应该首选英语。西班牙语、日语、阿拉伯语、法语等为母语的国家，一般国际交流也都用英语，因为英语是真正的世界性语言。

第三，英语也是强势文化的主要载体。好莱坞电影，Lady Gaga歌曲，最新版的iPhone说明书等都是英文，因为都来自世界经济、科技和文化最发达的美欧国家和地区，英文就成为毫无争议的承载和传播工具。所以，从文化产品先进性来讲，英语确实是在引领世界主流。

第四，作为一个阶段性的使用工具，掌握英语可以帮助一个人丰富知识，增长见识，开阔视野，培养世界眼光。

但是，如何学英语，什么时候学英语，英语学到什么程度，各有各的看法。还有学英语的效果也是个问题。以我个人的理解，对于孩子学英语，必须结合孩子将来的发展是在国内还是到国外而定，还要看未来所从事的行业多大程度上依赖英语。比如你将来主要工作方向是做对日贸易，恐怕学好英语就不是主要目标，而应该学好日语。再比如，要搞中东地区研究，最强的工具当然是当地语言：阿拉伯语、波斯语、希伯来语等，然后是英语和法语。为何这么说？英语学得再好，你去阿尔及利亚、突尼斯和叙利亚基本用不上；法语学得再好，你去伊拉克和伊朗也张不了口。外语学习一定要因人而异，因事而异，因地而异。

在不同阶段的学习，对语言的吸收能力和接受程度不同，效果当然也不一样。这就要算算账，考虑投入产出的效果。如果从小学开始，让孩子把1/3的时间都投在学英语上，学了几年以后也不送出国读书，不让孩子在英语环境里使用英语，效果形同白学。我见过几个小朋友，小时候在美国待过几年，但是，回国后几年，受到国内中文化的影响，英语大为退步。

语言这个东西是猴子掰玉米，掰完不用就容易忘掉，因为它对环境的依赖很强。从家长教育孩子的角度讲，确实要系统性地考虑这些问题。如果将来打算在孩子读完初中以后送出国，根本没有必要在小学阶段花那么多时间强化英语学习，学了很多还是哑巴英语。我认为，孩子小学和初中阶段需要培养很好的思维习惯和学习习惯，将知识结构搭建好，因为知识和语言是互动的，语言上再有天分和灵感，但不了解天文地理等基本知识，一听外语也会傻眼。语言差一点，但是掌握了相关知识，连蒙带猜也能理解对方说的话。像我这样，为什么高中才从ABC学起英语，都能考到北外？因为我有自己的方法，更重要的是有比较突出的汉语功底和比较全面的知识。

张国庆：很多外交官都是后学的英语。

马晓霖：孩子的语言教育需要父母统筹考虑。技不压人，作为一门生存技能，有条件掌握英语最好不过了。在必须做二选一、三选一的时候，要考虑精力和时间的调配以及孩子的兴趣点。奥运会前夕，全民突击一下英语，阶段性地搞点应景技能，遇到老外简单地指个路什么或许可以，但是，最怕什么热了折腾什么，什么凉了不折腾什么。外语学习一定要与孩子的成长、将来的发展、专长、兴趣、职业结合起来。

还有一个因素大家可能没有考虑到，随着中国国力的增强，国际地位的提升，全球影响力的扩展，汉语传播能力越来越强，辐射范围日益拓展。我3月份去意大利，发现一些城市的当地导游、导购汉语讲得十分流利。一些商店的销售员，不但给你推销商品，甚至连中国当下最流行的段子都很清楚，这让我十分惊讶。所以，如果不是以每天与外国人打交道为主的工作，没必要花那个精力浪费时间去学外语，将来真正到那个程度，也一定会有这一行的专才给你做翻译。当全世界流行中国电影的时候，或许世界的第一工作语言就是汉语，这是很有可能的，一点儿都不是幻想，因为几大语言的地位变迁就是这么过来的。

去除英语暴力

徐立凡：小马哥是学语言的，我是学新闻的，所以可能角度不一样，而且我们要探讨的这个问题外在的边界也不光是教育。

我这样看，语言是一种权力，而且它的性质首先是一种强大的权力。秦始皇统一六国后就“车同轨，书同文”，要把话语表达方式控制起来，说明中国人很早就认识到了这一点。语言是统一不同的人、不同的族群、不同肤色的人的思维方式的尺子。可惜，到现在，许多人的认识还不如先辈。这是一种退化。

我们要先考虑这样几个问题。第一，英语霸权是一个客观的存在，它是国际商务通用语言和主要的国际政治语言。在中国许多所谓高阶社交场合，甚至发展到了这样的阶段：你不会一点英语就说明你不高贵。第二，我们到了挑战英语霸权的时候吗？需不需要挑战英语霸权？第三，语言权力的确立不仅在国际交往上造成了困惑，而且成为强加于我们身上的验证个人价值的尺子。围绕着英语，确实存在着权力滥用的情况。就说个简单例子，美国人很聪明，他在搞对赌协议[①]时故意造一些词——金融衍生品的相关概念的简称。你都不好意思说你不懂，显得你不国际化，你的企业不国际化。就这些简写就把你骗了。这就是一种权力，恶意使用的权力。

张国庆：“高盛坑爹”。我的一个朋友给儿子起名就叫美国，他很开心地说：“我是美国他爹，蔡美国。”

徐立凡：此外，语言既然是权力，就会涉及国家尊严是否体面的问题。为什么中国一开始加入联合国，就因为语言这个事情严肃博弈？当时联合国通用语言是五种，没有汉语。但是我们坚持要用中国话讲话。中国又不是没有学英语的人，为什么还要弄个汉语？这是一种尊严。

马晓霖：我插一句话，法国在捍卫本国语言和文化方面非常强势，强调法语的独特性和在本国文化中的主导优势。

徐立凡：说到法语，十月革命之前，俄罗斯在沙皇时期，宫廷里的人要觉得自己是上流人就必须说法语。当你把一个国家精英中的精英，控制到这个地步的时候，可能给这个母语国家带来的利益，是超过其他的不平等合同的，为什么呢？它会严重影响你这个国家统治者的价值观。

前一阵子看马克斯·韦伯的书，1910年的德国和目前的中国有一些地方相似，当时德国东部被容克大地主控制，完全是资本主义封建化，我有钱了就买地，甚至封爵。德国西部的精英，全是说法语的。其实，当时从语言上看，出现了两种情况：东部是说德国农村语言的，西部精英说法语。后来二战东西德划分，国家是一个国家，但是文化上有了分裂。韦伯最后认为危机已经到了什么程度呢？德国必须打仗，指望的是俾斯麦留下的一个没有自己的头脑，但能坚决执行上级命令，而且非常清廉、非常高效率的官僚集团。这个不一定适合讨论语言暴力，但是历史确实已经告诉我们，语言足以让一个国家分裂，让这个国家的价值观立刻改变。因为贵

① 对赌协议就是收购方（包括投资方）与出让方（包括融资方）在达成并购（或者融资）协议时，对于未来不确定的情况进行一种约定。如果约定的条件出现，投资方可以行使一种权利；如果约定的条件不出现，融资方则行使一种权利。所以，对赌协议实际上就是期权的一种形式。

族或者精英中的精英，本身起到了一个导向作用。

马晓霖：我再插一句话，中英文混用在互联网时代和IT行业非常明显，因为互联网很多企业是“海龟”们投资的，这帮“海龟”三句话不离英语，类似钱钟书先生在小说《围城》里所讥讽的那样，以牙缝里的肉丝显示自己刚吃过肉。而且这种习惯还真的形成了一个气场。我刚进互联网时很不喜欢这样，但是，后来不得不萧规曹随，时不时地拽两句英语，甚至要表现出英语比他们某些人还强，以此提醒对方少给我拽这半土半洋的玩意儿。

语言霸权是另类的黑老大

徐立凡：我想推出下面一个逻辑，既然语言有如此大威力，甚至超过了原子弹了，原子弹炸一个地方就完了，语言却可以立刻改变国家的思维方式。这种情况下，必须对英语霸权进行适当的戒备，例如1971年我们加入联合国的时候要求汉语登上主席台的坚决态度。至今，英语霸权糊弄我们，它不像我们看一个美国大片，只是局部性地勾引我们，英语霸权是要控制我们的整个思维。我想说的是，语言霸权是另类的老大哥。

马晓霖：中国应该倡导热爱和净化本国语言，从每个人开始，从领导干部开始。有些领导很不注意这点，无论走到哪里，总是放弃母语，动辄以当地语言演讲、说话，碰到英国人就说英语，碰到俄罗斯人就说俄语，不仅常常弄得东道主听不懂，更让我们这些还有民族尊严感的媒体人不舒服。

徐立凡：语言的威力既然像原子弹一样大，我觉得一定要戒备。这是从国家的利益来说，下一个涉及个人的利益，语言会成为我们每个人，特别是上过学的人或者白领中端以上高端工作的价值体系的考量标准。我同意小马哥说的，除非你专业干这个。

对我来说，英语霸权已经成功占领我们的宫廷，只不过中国没有沙皇俄国那样的宫廷，但是我们本来思想最高端、思想最开放、学术最自由的地方，英语已经形成有效统治。

这是绝对的资源浪费，99%人学英语当敲门砖，敲完这个门就完了，那全是浪费，这个浪费在我看来不仅是在于英语这门课程，同时也在于语文这门课程。

我跟好多人说历史应该是主课，语文应该是副课，后来大家都同意我的说法。历史的那些东西本身就是国学，前人说话比我们优美得多，它教我们怎么表达，教我们怎么说话，教我们中国的传统价值观。语文是总结中心思想，实际上它是一个伪教化。

其实，对语文教育的误导和对英语是一样的，在价值体系上极大扭曲，不管是学生，还是想读博的想当教授的，每天脑子里面就想着语言的事情，特别本专业不是学语言的人。我就想不明白了，现在学校有两个方向，一个是教育，另一个是科研。科研方向或许需要看看文献，但是教育方向的这些老师，你要干吗？你是教汉语言的，你打算用英语教汉语言吗？这种现象浪费了资源，让整个教育标准倾斜到很危险的地步。

马晓霖：不久前，我看到消息说，南科大所有的教材都使用英语原版，我感觉很诧异，是否做过了头？

徐立凡：我们是这样一个矫枉过正的过程，1977年高考之前所有教育标准全打乱，1977年之后当然得有一个规范，有一个标准化的东西，因为高考本身就是这样一个规范以后的体系。由于教育产业化，由于扩招，形成了一个又一个的利益集团。比如说，一些高校管基建的副校长，他批钱的权限几乎相当于一个副市长，形成一个又一个的利益格局。如何能够合法化地得到那些不当利益呢？就是不断地在标准化价值考评体系上加东西。

我简单说一个例子，如果把英语这个过大的权重去掉，一定会有很多利益团伙受损。英语辅助教材谁来弄？核心问题在于，这个价值标准已经被利益污染了。

马晓霖：一方面，我们确实要继续改革开放，深化对外交流。另一方面，我们也要维护民族自信心，维护传统文化最核心、最具载体性的语言。今天的伊朗，是古代波斯帝国的延续，它曾经从信仰到语言完全被阿拉伯化。后来，波斯人的文化精英保留了伊斯兰教，复兴了波斯语而舍弃了阿拉伯语，才使得波斯民族和文明没有断绝脉络而传承下来。它们认识到独立的民族应该有独立的语言。这个世界确实因为不同文化、不同语言、不同生活方式才无限丰富多彩，呈现多样性。有共同交流的工具固然好，但最根本的一点是，别把自己的语言抛弃了。

徐立凡：我一直说规则是最高的博弈，用什么样的语言，它不光是一个浪费的问题，也是最高规则的博弈。语言被定义是一种权力，它实际上就在这个级别上，我们现在至少在价值体系或者其他地方表现得非常麻木不仁，而且以此为荣。为什么为荣呢？因为这里面沾了利益的东西。

英语门槛害死人

戴占军：先讲一个故事。我有次去韩国参加一个国际性的学术研讨会，回来后写了一篇随笔，叫《三句洋话闯汉城》，那时候首尔还叫汉城，韩国人为了“去汉化”，保持自己文化的“纯洁”，连首都的叫法都改了。我中学基本没受过英语教育，大学里面最拼命学的是英语，但毕业后由于失学失用，最快忘却的也是英语。英语差是我的软肋，坦率说，语言的障碍，让我失去了一些发展、交流的机会。那次我去韩国，由于语言不通，也遇到一些尴尬。

那次会上，我有一个主题演讲，行前准备了一个中文版本的演讲稿，但组委会方面希望我用英语发言。本来，如果我找人翻译成英文，然后死记硬背、照本宣科，以我的那点英文底子，也是可以对付的。但我说，我不想用英语，因为我使用我的母语才能更好地表情达意。最后，组委会方面确定韩方找个懂汉语的翻译，为我现场转译成韩语。不过我心里仍然很不踏实，担心自己在需要寒暄的场合，和来自各国的老外一句牙口都对不上，也很麻烦。所以，我在行前准备了三句英语备用：第一句，很高兴认识你，我叫戴占军，来自中国北京；第二句，非常抱歉，我只会说一点点英语，你说的我听不明白；第三句，对不起，你说的我完全听不懂，bye-bye！这三句“英语版车轱辘话”，居然让我在国际会场上混了两天，煞有介事而且让人摸不着底细。只是可怜我既不懂英文，又不懂韩语，所以当了两天的聋子。

轮到我上台发言的时候，我是铆足了劲的，别以为咱中国人嘴不好使！主持人当众宣布我有20分钟的发言时间。我干脆脱开稿子说，开场白是这样的：感谢主持人给我20分钟时间，我将尽力在这样短暂的时间里搭起一座中国、韩国及东北亚文化沟通的桥梁，这样的建设速度在别人看来也许是天方夜谭，但在当今飞速发展的中国却不是什么新鲜事。给我充当现场翻译的那位韩国小姑娘，汉语一级棒，准确地转达了我的语义、语气甚至话外之音，结果我这全场唯一使用汉语的演讲，获得了两天会议里最热烈的掌声。

好到什么程度？我下台还没有站稳，组委会的人就跑过来给我一个大鞠躬："戴先生，我们错了，我们给欧洲人和日本人的演讲酬金是一等的，给您的是二等，抱歉怠慢了您，我们马上改！"其实他不说，我还真不知道，敢情哪个国家都有猫腻呀！

讲这个故事是为了说明什么呢？第一，我没有很好地掌握作为国际通用交流的语言——英语，对我来说确实是一个工具缺失。第二，我的母语可以为我赢得自豪，这既是个人的自豪，也是民族的自豪，而当我引以为傲的母语生发效应的时候，自然会赢得别人的尊重，甭管是在"首尔"还是"汉城"。一件小事情，可以使我们看清语言的实质和重要性。我觉得，在今天的国际化潮流下，语言首先是工具的属性，其次是权力属性，同时又具备文化主权的属性。

我们今天谈的话题是全民学英语是福是祸，我觉得有两层意思：第一，"全民"学英语，不是我学英语，不是立凡学英语，不是哪个孩子学英语。这是一个前提。第二，是福还是祸。学英语、法语，或是学其他什么语言，都不奇怪，哪个社会都需要有专业人士去从事某一个领域的工作。但问题在于，我们这样的一种社会条件下，英语形成一种"运动"，而且几乎是全民介入的一种"运动"，这到底是怎么回事？折射出什么问题？它是怎么来的？

毫无疑问，英语占有今天这样一种霸权地位、垄断地位，有它形成的规律和成因——除了它容易掌握之外，也是历史的选择。没有当年的大英帝国工业革命在全世界的率先崛起，没有它的政治、经济、军事影响力，没有它四处扩张的殖民历史，也不会有英语霸权。我们现在想想，如果当时中国有英国那样的实力和开放程度，有它那样的扩张力、创造力和世界性眼光，像它那样成为当时世界先进生产力的代表，我想汉语也可能已经成为统治全世界的语言了。这就是历史的选择，是英语霸权的成因。

而我们形成了一种"运动"，要全民学英语，我觉得有几个大的背景要考虑进去。首先是在全球经济一体化的潮流下，中国急于融入世界，企业希望成为国际化的企业，国民希望成为"世界公民"。我们说话要让人家爱听，听得懂，显然只用汉语喊话是不行的。这也包括其他国家，如印度。印度的软件等产业在世界上很有地位，和传统强国走得也比较近，其中一个重要原因就因为它是英语国家。

所谓"全民学英语"，跟上述这些大的背景相关。我个人认为我们国家是国际化的受益者，是一个在支出成本不太高的情况下获得了国际化红利的国家。在世界各国联系日益密切的今天，我们需要英语这个与世界交流的工具。还有一个背景，就是我们成为北京奥运、上海世博会等国际性大聚会的东道主。现在回头想想，虽然苦学英语是由来已久的事，但作为一种"运动式"的学习，还是从申奥成功之后开始的。比如不少街道、居委会，就忽悠过这样的学习，六七十岁的大妈大婶大叔大爷，都能来两句"你好吗"。弄成了这几件大事，不容易，中国很想让人们看看，我很"乖"不是吗？

至于在这一"运动"中最积极的"运动员"——孩子们，人人苦学英语的劲头，则是来自于将来走出去、参与竞争的现实考虑。其形成的大背景是家长们望子成龙的普遍心态。许多人都把送孩子出国发展，当做"成龙"的标准或标志。要"成龙"，就得留洋，要留洋，当然就得学好人家的语言。即使今后不出国，那也不能不学，否则别人满嘴跑的都是英国舌头，咱孩子还不受委屈呀？于是乎，孩子学，家长学，年轻人学，老年人也学，遂成"英语遍地"之势。

此外，还有一个潜在的东西作怪。为什么社会比较热衷于英语而没有热衷于俄语、印地语、尼日利亚语？这恐怕是出于中国国民对于现有国际规则和我们中国应该融入现有国际规则的一种潜意识的认可和无奈。国际规则和国际性的文化，主要是以英语为载体的，咱要进入这个圈子，就用得着这个东西。这也从一个侧面说明，中国并不想彻底革了现有国际规则、国际秩序的命，中国并不想现在就推翻它，只是说我这么个大国，你得给我个空间，你得给我腾出位子来，咱们得有点新玩法。

在这样的大背景下，问题就来了。别人要我们学这个东西，是为了让我们遵守他的规矩；我们自己要学这个东西，是为了我可以和他们对话，我能够进到这个国际化的圈子里去。但如果我们自己人拿英语说事，成为一条卡自己人脖子的绞索，你说这叫什么事儿？

英语挡住了多少人的路

戴占军：有人说"全民学英语"是个伪命题，不错，没有谁发红头文件，也没谁把它弄成标语贴到大街上，但是，它拿着把英语的卡尺，这也卡你，那也卡你，你不学行吗？现实的一些政策规定、条条框框，就是这么定的。比如刚才立凡谈到的敲门砖，我们每个人几乎都遇到过，我本人就是这块敲门砖的直接受害者。大概十七八年前，我被评为副高业务职称，但是我英语不行，想拿正高职称就费劲了。它把外语作为一条红线，甭管你学富五车，甭管你著作等身，你外语不考过关，其他的免谈。一直熬到一定岁数，外语可以免试了，这才获得职称晋级机会。这么个弄法，恐怕是英语害死人，英语误国啊！

“误”在哪里？我觉得最大的祸害就是，英语在中国泛滥的过程中，植入了外来的文化系统。任何一种语言的学习，都伴着文化的植入，这就像我们只想引进技术、管理，而不想引进它的文化思想一样，这是不可能的事！

这些随着外来语言而植入的文化，跟我们现有的文化体系以及因文化而形成的道德体系、思想体系到底是什么关系？哪些是好的，哪些是不好的？我们都想明白了吗？这很值得怀疑。现在国外的一些机构，对在中国普及英语教育格外热心，说实话，我心里边是有问号的。语言本身无所谓好坏，但语言背后的一些东西，我们是应该掂量掂量的。

除此之外，我想提一个问题，西方一直指责我们违反人权，几乎次次提到的事情就是“中国政府强迫少数民族学习汉语”，因此灭绝了其他少数民族的语言和文化。先不说西方歪曲事实，我们就照着它的逻辑推论：如果说中国政府教育少数民族的孩子学习汉语是违反人权的话，那你西方现在在中国大肆推销英语教育，是不是也违反了人权？是不是要灭绝中华文化？

我特别想向读者呼吁，我们要在全民族提高准确使用汉语或使用中华民族语言的自豪感，我们要怀着虔诚之心甚至是敬畏之心，来学好、运用好我们的语言文字。中国语言，现在已经被不负责任的“垃圾语言”“流行语言”“错误语言”“外来语言”糟蹋得不成样子了。我举个小例子，现在连一些非常权威的文件文本，都经常出现这样的词汇——“五管齐下”，要采取五项措施就是五管齐下，要采取六项措施就是六管齐下，要采取十二项措施呢？难不成十二管齐下！这是什么玩意？！“双管齐下”是成语，语出有典，“双管齐下”就是“双管齐下”，不关“五管”“六管”什么事！像这样的糟蹋汉语的现象，媒体上天天都在发生。

我不反对语言的演进，不反对语言约定俗成下的变化和变迁，我也不反对引入外来语汇，比如“坦克”等外来语。但问题在于，你总要充分尊重你原有的文化传统，尊重你的语言体系吧。现实的情况是，一方面“全民学英语”，另一方面我们自己的母语却被撂荒没人在意。我们乱写乱画，乱用乱说，对自己的语言毫无敬畏之心。有的大学生书写汉字，连个大形都没有，看着像是蜘蛛爬，还不如日本人、韩国人书写的汉字，真让人感到羞愧。还有的博士生、硕士生，心比天高，“文”比纸薄，来我这里应聘考试，连起码的文通句顺都做不到，真不知在学校里都学了些什么！可要提到英语，他眉飞色舞，说我是几级几级，而且最擅长口语，是纯正的伦敦腔。我听了，直感到肉麻。我想大声疾呼：你是个爱国青年吗？那就从爱你的母语开始吧！

爱国主义教育从爱母语开始

徐立凡：母语表达能力在退化，一定会造成中国文化退化。

牛力：我非常仔细地听各位的发言，总结一下，小马哥说的是工具说，徐老师是权力说，当然都有侧重，包括戴老师从大的范围来讲英语学习的利弊，都非常好。

我提供一个不同的思路，首先要明确几个概念，“全民学英语”是不是本身就是一个伪命题？第一，我们是不是全民在学英语？首先我爸妈没在学，我周围很多人也没有在学，这就谈不上全民学英语。当然，有人可能会说，社会上有各种升学考试、职称考试、入职面试都要求大家学好英语，但是并没有强制要求你一定要学。第二，是不是全民在学英语？我们高考的时候依然还是有俄语、日语、法语等选项，包括现在考博士你可以选择学其他小语种。

外语，是我们与世界沟通时的一种不可或缺的工具。尤其在我们拥抱世界的时候，从上个世纪80年代开始到现在的30年时间，我们需要有英语这样一种普世的语言作为交流工具，哪怕在这过程中我们丧失了一部分权力，这可能是一种必要的代价。

关键是我们在学了英语之后，是不是就要放弃吃中餐？我们了解其他国家的语言去交流的时候，是不是连我们传统的价值观都通通抛掉了？我们是不是应该更多地保留中国人自己的东西？

戴占军：在一些有中国人、外国人的场合，他是个会说“洋话”的中国人，而你不会，他就会看不起你，觉得高你一等。

牛力：我说一个非常短的故事，是我这次去欧洲采访的时候，遇到的一个在比利时留学的学生跟我讲的，她妈妈到国外看她，娘俩在火车站寻找去巴黎的火车，她妈妈用中文问她：“这列火车是去巴黎的吗？”她这边还没回答呢，旁边路过的一个外国人，随口就用标准的中文答了一句“是的”。

我们现在要看到这个世界正在发生很大的变化，外国人在学中文，他们希望借助中文了解中国文化。那么我们为什么还要抵制去学英语呢？我觉得这是一个换位思考的角度。这样想，大家也许就能平衡。

徐立凡：权力的运行规则和心理没关系。权力运行规则的特点是，它像一个细胞似的会分裂，分裂到权力的各个角落，现在不是心态问题，不是失衡问题。我们现在一定要从权力运行规则本身去考虑问题，由于整个权力架构本身就不干净，到处是漏洞，借这个非常漂亮的名义，我最怕的事情就是一切假正名而行，英语本身没有错，你要跟美国做生意不懂英语不是找死吗？这是历史形成的。现在问题是它对这个社会，对于每个个体的价值判断造成了负面影响。

马晓霖：作为政府行为，中国是一个全民被祸害的国家，“全民”这个概念在中国语境中存在太久了，是大一统意识的余毒。外语作为知识作为技能可以掌握，但是，动辄倡导、动员甚至强迫“全民”学外语是绝对不可以接受的。

牛力：我必须打断一下，现在国家并没有把它列入宪法，宪法里面说的是要推广全国通用的普通话，没有上升到国家意志，说你要不学英语就不能生活就违法。我们故意把学英语妖魔化。

马晓霖：我说的全民性活动，如果被政府驱动是否可以接受？

张国庆：咱们的题目无所谓，将来不叫全民学英语没事，咱们谈的就是学英语这个状态问题。

马晓霖：全民学英语要看它源头是什么？是公民的个人自由行为，是让孩子赶超先进文化。这个无所谓，学习语言应该由市场去调节，由就业需求调节，由社会和国际交往的必要去调节，但是，如果作为政府主导，这就错了，而且是大错特错。中国政府的首先任务是保卫中国文化和中国语言，调动政府资源必须用来捍卫国家利益和全民利益。

汉语，作为权力、规则或者文化传承的载体，是国家需要动用资源来保卫的核心利益和价值，而不是外语，因为这与赵国的“胡服骑射”不是一个概念。至于民间商业机构聒噪全民学英语，那是商业机构的本事。当然，遇到奥运会、世博会和亚运会这样的重大国际赛事，需要给外国游客提供很好的服务，可以从行业协会的角度做些动员掌握简单的外语，比如出租车业、旅店业等，无可厚非。其实，徐立凡说的很关键，学外语不要被某些利益集团绑架，进而上升为政府意志来推广。

英语指挥棒扼杀了机会平等

张国庆：我研究美国问题，谈到英语这事，按理说很多人认为学美国是比较亲美的，所以我提这个问题很多人会觉得很奇怪，原因恰恰跟我研究美国有关。为什么这么说呢？第一，我写过《话语权》，立凡刚才也谈到话语权问题，我就不多说了。第二，你越是因为研究国际问题，而且了解各国情况后你就会发现，中国现在在人类历史上处于特别奇怪的状态，全人类没有一个国家这么干的，你到法国、俄罗斯、美国，哪个大国高考、研究生、评职称，甚至求职考试，英语（外语）过不去不要？

牛力：请问有哪个大国遇到中国现在这样的发展机遇？我们需要在30年内迅速接近第二大国地位。国与国不同，国家与国家之间差别太大了。

张国庆：我不亲美，原因有两点，一是与从小受的教育有关系，我家红色教育，没办法，这是骨子里的、血液里的。第二我的中文功底太好了，对中国传统文化感情太深了，所以也比较能心平气和地看待其他文化，不至于被迷倒。归根结底，是受到传统文化的充分滋养，根子比较扎实。

我们上一节谈教育问题，跟这个是有关系的，牛力对孩子的教育持宽容态度，这特别好。你不是要求他干什么，而是顺着他去发展，比如孩子优秀的多干点，有潜力的多干点，没有潜力的不逼着他。换句话说，英语学习也一样，不是说学英语没有用，问题是作为一个国家，有没有必要以各种杠杆督促大家学英语？而且，如果学不好，就会失去很多好的机会。这其实是变相的机会不平等。

荒唐到什么程度？很多唱歌的天才孩子，就因为英语不过关进不了音乐学院，很多有才华的人也因为英语不过关考不上研究生。

中国悲哀的四件事情，第一，价值观输入，我不多说了，立凡已经讲过了。第二，扼杀人才。试问，有多少人因为过不了英语关，而不能从事自己心爱的事业，不能到可以充分发挥自己潜能的地方去。这公平吗？我们总讲机会平等，这机会平等吗？

第三，惊人的时间浪费。中国的英语教育要是非常牛，我也不说啥了。比如说，孩子们，我保证你们一年半英语全会，听说读写都过关。可看看我们的英语教育，哑巴英语，很多人学了二三十年还不会说英语，浪费了多少时间？你到大学校园里看，学生们为学英语花费了多少时间？可为中国历史和中国文化才花多少时间。多么荒谬呀！

什么东西最宝贵？时间最宝贵。改革开放以来，我们的发展靠什么？时间——较好的发展空间和发展安全的时间。那么，我们的年轻人将时间都用在英语上了，而且还没学好，不觉得可惜吗？就像我们堵在路上，最闹心的不是堵在路上，而是干不了别的事情。学英语也是，比如我本来喜欢中国古典文学，很想使劲多读点书，可惜没空，因为我英语过不了关，家长、老师还有考试的指挥棒逼着我学英语。所以，不是说孩子不爱国、不爱文化，是没时间让他们去爱。

我们总讲殖民地，什么是殖民地？任何一个殖民的第一个标志是语言的同化，东北被殖民的时候要学日语，法国被殖民的时候要学德语。殖民的一个重要标志就是让你学它的语言，学了语言，一切就跟着它走了。

这个问题是我最担心的，等于主动地把中国文化排斥了。中国的社会问题根本是文化问题，大家没有文化根基，没有信仰了，没有从骨子里像我们这样看上去傻乎乎地热爱自己的文化和国家的人了。

为什么我在许多问题上比较淡定？那天，我在网上碰到了一个著名学者，谈到绿卡的事，他说："我给你半小时时间认真想想，如果给你绿卡的话你会不会要？"我说："不用认真想，1秒钟告诉你，我不要，要它干什么？就像别人的妈再有钱和权，和我有什么关系，她也没我妈妈对我那么好，也永远不能和我的母亲比。"

学习母语，不是需要的问题，不是功利的选择，而是我们作为一个中国人的先决条件。

学英语要因人而异

马晓霖：刚才说全民学英语，我不是学英语专业的，但是，我相信我比在座的各位使用英语的时间都多。我在新华社做过2年英文驻外记者。我高中学英语，考进北外后英语成为第二外语，工作最初的几年，又把英语丢得一塌糊涂，因为在那段时间顶多是看，不写不说。后来有提高，因为在新华社与汤姆森-路透合办的培训班被强化了整整3个月，每天用英文上课，用英文写稿子。两位英籍老师分别是路透社和金融时报的大牌记者，每天给我们讲新闻体例，中午把我们赶上街去采访各种话题，回去就写稿，次日改稿评稿，好的新闻稿还推荐给中国日报发表。如此苦练3个月，几乎是魔鬼训练，以至个别英语专业毕业的同事都坚持不下来申请退出。

我做新华社驻科威特分社英文记者时，是根据科威特通讯社和科威特时报、阿拉伯时报的英文稿改编新闻，慢慢才脱离这些工具，自己采访写稿或把阿文资讯编写成英文稿件。每月写60多条英文稿件，2年下来才慢慢上道，之后英语思维习惯练出来了。回国脱离外界环境过了3年后，我被派到加沙地带开设巴勒斯坦分社，想着这次可以好好做几年英文记者，彻底提高自己的英语水平了，但是，因为业务部门的门户之见，我很快被“打回原形”，被迫用阿拉伯语发稿，那个时候我满脑子的英文句式，通过3个月的痛苦转型后，陆续找回了阿拉伯语写作的感觉。当然，由于此前英语的积淀，确实工作很方便，我可以随时用两种外语发稿。但是，经过多年不用，如今，英语写作又大幅度退步，只停留于书写电子邮件，进行电台、电视直播访谈都没有很大的信心。

语言就是这个样子，如果不是持久性的职业所需，不是对发展至关重要的话，你就不要把它当做一种负担。因为不是在稳定和持续的环境下，语言学习和使用的效果是很差的。

徐立凡：现在有一个问题，我们是被绑架的人，它不是我们的主动性选择。我们做新闻这么多年，我二十几岁写新闻到现在早就老奸巨猾。但是有些地方要旗帜鲜明，比如说孩子们的问题，小马哥你的说法我都同意，那不由我。所以这个根子是被利益格局绑架掉的，这个价值体系出了大问题，不仅会影响个人的生命成本、时间成本，还可能改变个人的命运。以前有一个山西的人，在工艺美院学根雕专业，却被要求用英语，我实在不理解。

戴占军：刚才牛力提的那个话题，他认为“全民学英语”是一个伪问题，虽说有一定的道理，但我觉得“全民学英语”也没什么错。因为第一，全民学英语提示的是一种普遍的社会现象，我们只不过是用“全民”这一词汇概括而已。第二，在学英语这个事上，实际上存在着隐形的国家权力的运用。为什么这么说？宪法也好，现行的国体也好，我们找不到国家强制要求学外语的字眼。但是，我们看看一个个制度的节点上，都有让你不得不去学英语或者不得不去学外语的东西存在，这是一种隐形的国家权力或政策权力的渗透，它在引导你，或者它在迫使你，暗中给你施力。

牛力：面向世界有错吗？我们原来闭关锁国的时间太长了，我们封闭自己太厉害了。北京大学元培学院副院长卢晓东说，全民学英语还是应该坚持的，这个大方向没有错。但是考试应该引导英文学习向着更加实用的方向转变。

关键是怎么学英语的问题。我们的应试教育把经念歪了。我怀念教我英语的老师，当时我上初三，他应该算我的启蒙老师，曾经是贵州大学的英语教授。他给我们讲课的时候说：“我教你们的是未来如何战胜别人的工具，怎么样保护我们国家利益的工具。”我觉得没有错，问题是我们学英语是不是一定要吃西餐？我们是不是要完全接纳人家的文化？

如果有可能，我还想学更多的语言，是因为要了解世界。为什么这么说？我觉得这个利益不错，因为我们有太长时间闭关锁国了，我们太不了解这个世界，而现在英语是最简单的了解世界的方法。我们现在的问题是，夸大了英语效果，但是请一定注意，它还没有上升到国家意志。

中国的宪法里没有提要全民推广英语，倒是《宪法》第十九条有规定：“国家推广全国通用的普通话。”我是学语言学的，现在做的广播工作就是要推广普通话，我们希望让全国的人，甚至全世界的人都能有一个汉语标准，原来的方言太多了，三里不同音，五里不同语。

马晓霖：立凡，你刚才不在场的时候我说了几个要点：第一，政府应该全力保卫本土文化和本土语言；第二，如果是市场行为，不用去管；第三，民众普遍的追风学外语现象，也无可厚非，关键是有无实际效果。

高考取消英语的必考霸权

徐立凡：首先回答牛力的两个问题，第一，你不好好学怎么能拥抱世界？这个世界上，失败的国家很多，很多英语国家也是失败的国家。值得注意的是，官方语言是英语、法语的前殖民地国家，现在的独立国家，失败的也占大多数。这说明，语言即使成为官方用语，它跟你拥抱世界也是两回事。

第二，我们这个国度是两种事情逆向而动，一种是方言不断被消灭，另一种是英语不断在扩张。

张国庆：很多地方戏都没了。

徐立凡：每种语言都包含很多文化信息，但就此灭掉了，没有了。比如西夏离我们的年代不太远，但是它的文字谁也看不懂。至少这个现象是不正常的，包含我们的母文化的许多文化信息的语言系统、文字系统都在灭绝，而英语不断地扩张。

第三，你是狂热的语言爱好者，你学20种语言，任何权力都尊重你的爱好，你就不学我也很尊重。但是权力体系绝不允许干这种事情，比如谁不好好学英语就会失去很多发展机会。权力体系干这种事情，要么是没有战略眼光，要么是为了寻租。

戴占军：会不会出现这种情况，“雅思”“托福”成为欧美国家控制人流、资金流、教育流的一个阀门。当国内的经济、教育需要吸纳资金的时候，“雅思”“托福”可能会降低标准，反之则提高标准。语言或许可以成为一个对经济、交流实施控制的手段。

在类似问题上，民众处在比较焦灼、焦虑的状态。无论是知识界还是对于学习的孩子们，无论是普通家长还是精英层，好像都在为这个事情焦虑。这种焦虑状态我觉得不正常。核心在哪里？核心在文化。文化的实质是什么？一个人，一个经济体，还有社会的一个个组织细胞，最后能不能有持续的生长力，有没有生命张力，是看文化的张力有多大。我希望的比较理想的状态是，作为工具的所有语言，能够把中国文化作为重要的承载。

张国庆：我最后提一个建议，咱们这两天提了好几句口号，我们谈这些不是说英语不重要，英语肯定是重要，我们也很尊重它，有些人也必须学。但是我提一个建议，高考英语成为选考科目，我觉得这个才是公平的。在其他重要的晋升考试中，英语也应该是选项。如果你学国际政治，你学国际传媒，那你必须得考英语，你不考英语人家不要你。但是考古的，搞文化的，考英语干什么？

徐立凡：把“高考”两个字改成“选拔”。

张国庆：一切祸端是高考。真正考验一个人，最好的东西是写作文，没有比这更能考验人水平的。你的文字能力有了，你的历史传统知识得有，你对现实了解得有，你的价值观在里面体现了，你的是非观、判断力、分析能力、幽默感有吧，全在里面——无非就是考几个东西，一个是时政的现状，一个是古代历史的现状。

戴占军：我的那些分来学文的学生，各方面都不错，就是不会写文章。

牛力：有听众说，学习英语无可厚非，但是必须在学好母语，也就是汉语的前提之下学。试想，一个连自己的母语都无法学好的人，即使学好英语或其他什么语言，又能给我们的社会带来多少贡献和财富呢？水有源、树有根，我们的根是中国，所以我们首先要学好的语言是汉语，这样才能使我们的民族更有希望和兴旺的未来。

还有听众说，学语言首先应该学好国语，然后再根据个人的意愿学习其他的语言，而不应该把学外语量化。全民学英语有必要吗？让一个老太太老头也学习英语干什么呢？其实，我们国家的汉语言博大精深，又形象化，难道不能推广为国际用语吗？现在，海外有很多孔子学院也在进一步向世界推广汉语。

我们的主张之八：高考英语作为选考而非必考科目。

我的文化谁做主

象征性动物：狮子。

入选理由：强大和野性才能守地盘。

本章PK：洋节日是否该淡化处理？

正方观点：洋节在中国弄不出多大鬼来，充其量给孩子们和商家添个乐。

反方观点：洋节是文化植入，要对年轻人加强引导，不能听之任之。

12

我的文化谁做主

象征性动物：狮子。
入选理由：强大和野性才能守地盘。

本章PK：洋节日是否该淡化处理？

正方观点：洋节在中国弄不出多大鬼来，充其量给孩子们和商家添个乐。

反方观点：洋节是文化植入，要对年轻人加强引导，不能听之任之。

牛力：有听众说，中国是泱泱大国，难道我们自己的文化不如人家吗？我们的电视剧难道抵不上美剧、韩剧或者泰剧？目前，我们的电视台播放的儿童动画片被带着色情和暴力倾向的日本动画片所充斥，使得现在的孩子们亲日现象特别明显，忘记了日本侵略中国的耻辱，还振振有词地说日本不是向我们赔礼了吗？听得我很无语，人家日本教科书都把钓鱼岛署成日本国土了，我们国家的教育呢？我们的文化谁做主？

文化输入从美剧开始

张国庆：我提一个引子，刚才立凡讲到看美剧，我也爱看美剧，因为我必须得看美剧，研究美国，包括《白宫风云》我都看了几遍，这些东西真有用，这是干我这行要看的。但是有些美剧我没法看，看了一点就看不下去了，人物的关系实在是太乱了，看了之后有点受不了，跟我的价值观严重冲突。其中一部美剧，就像观众的评语那样，里面的几对男女主人公几乎全部配对了一番，让人想起新西兰中国留学生的滥交和群交。

当然了，这也是美国文化的一部分，是属于媒体暴力的部分，是以色情、滥情和不负责任的方式对中国观众尤其是青少年施暴。我是研究话语权和媒体文化的，有一个重要课题就是研究媒体暴力，在美国，这些媒体暴力现象是非议很大的，也对美国精神有很大的削弱。如今，它跑来中国折腾，国人本来就不淡定，许多人还带着很浮躁乃至轻浮的心情。

牛力：我再抛一个，在国际航班上，我看了一部电影《127小时》，中间有一个非常小的细节，应该算是一种“冷暴力”吧。电影主人公是一个越野爱好者，骑着自行车在美国大峡谷里跑，结果掉到深涧里去，一块大石头把他的手压着，手拿不出来，他实施自救。他包里带了很多工具，其中有一个工具是刀。刀最后不行，断了，然后他说了一句台词：“今后再也别买中国产的刀了。”这个导演想干什么？这就是潜在的文化侵略。

张国庆：我的《话语权》里面有一章专门介绍美国的文化输出的，首先就讲到美剧。还是在半个世纪前，美国中情局元老艾伦·杜勒斯就曾说过：“如果我们教会苏联的年轻人唱我们的歌曲并随之舞蹈，那么我们迟早将教会他们按照我们所需要的方法思考问题。”事实证明，美国人在对文化资本的理解上要远远超出世界其他国家，而其因此得到的利益和达到的目的也要多出人们的想象。

最能说明问题的，是中情局对付中国的《十条诫令》，其中有一条特别指出：“一定要尽一切可能，做好传播工作，包括电影、书籍、电视、无线电波……和新式的宗教传播。只要他们向往我们的衣、食、住、行、娱乐和教育的方式，就是成功的一半。”在这方面，美国新闻署等部门也不遗余力地做了大量努力，其中，在东欧的长期努力很是取得了一些成效。

在这一系列的文化输出中，美剧、好莱坞大片等扮演了重要角色，华盛顿的战略是，让中国、东欧等地的年轻人，通过美剧等“丰富多彩”的美国文化方式喜欢美国，认同美国，最后产生对本民族文化的轻视。与此同时，美国还有多个精英计划，把各国的富二代或者官二代弄到美国学习，边交朋友边洗脑。

美国人花钱其实是算计的，但是在对外传播和培养对方精英方面极其舍得花钱，包括前几年免费培养中国厅级以上干部。你想，它怎么会这么好心呢？要么，我们也提倡一下中美友谊，把美国所有州长和高级干部都接到中国来学习学习行不行呢？第一他们不会干，第二没有用。为什么？美国人是非常爱国的，他们爱国是爱在骨子里，而不是嘴上。与此形成鲜明对比的是我们不少多年前高呼爱国主义的男男女女，如今都跑到美国定居去了，其中还有英雄的后代。

美国人爱国主义的东西实在是根深蒂固了。美国也走过像我们这样爬升的路，但是没听说在哪个历史时期要求美国人民都要学习中文、法文、德文、日文，而且学不会就不让上大学、读研究生乃至评所谓的职称。第一它不会这么做，第二这是违宪的，干涉公民自由，没有法律会给任何教育、考试部门这样大的权力。更重要的是，它也违反美国国家利益，美国人怎么可能将文化主权拱手相让？

所以说，美国的强归根到底来自三个方面：第一，它的良好教育和创新意识；第二，它的宗教信仰和民族自豪感；第三，美国的机制比较科学和完善。根子在哪儿？就在美国人民有着深深的民族自豪感和文化自豪感。

我们的文化自豪感丢在哪里了

张国庆：我对中国传统文化有深深的热爱和自豪感。在我看来，中国春秋战国时候的思想，现在哪个国家也比不上，变的是表，不变的是里。如果国人能真正吸取传统文化的精华，则一定比现在要淡定许多，因为这将使他内心变得更加强大。

美国为什么能长期当老大？一个很重要的原因，就是美国人将民族能量和文化潜能都充分地发挥了出来。与此形成鲜明对比的是，许多中国人却热心于低素质的内耗，并且对自己的文化自惭形秽。这使我想起一个经典的故事，一个人四处奔波掘金，最终还把自己的院子卖给别人，结果呢，后来者在他的院子里挖出了大量的金子。对中国这样一个历史悠久的国家来说，最大的财富不在远方，而是在脚下的土地，在历史和文化中。

马晓霖：文化输入拿美国做例子最好不过了。我在国际政治层面经常批判美国，但是，在文化层面属于“哈美”一族。“哈美”其实有两个原因：一是喜欢美国的歌曲，二是偏爱好莱坞电影。我们从大学时期起就听各种各样的歌曲和音乐，港台流行歌曲、校园歌曲、伤痕歌曲，我发现英语歌曲尤其打动人，因为英语特别适合演唱。这当然是浅层次的解构，深层次的原因在于，美欧音乐艺术非常发达，创作自由，风格多样，个性解放，从歌词到旋律多姿多彩，无论是卡伦·卡朋特、迈克·杰克逊、麦当娜以及现在的新生代歌手的歌，还是众多的电影主题曲和流行音乐剧都是如此。旋律和歌声是穿越国界的，不需要语言，任何人只要有基本的乐感，有对美的追求愿望，就能吸收音乐及其阐释的内容。

好莱坞电影，虽然有很多垃圾片，但是总体来讲质量非常高，这在全世界是被公认的。我在艺术上欣赏美国，在于美国的文化包容性非常强，里面传递和宣传的普世价值观不独属于美国和西方，也属于中国和其他文明，但是，人家不是用语言去强行讲述，而是很注意输出方式和形式。

美国电影传播的价值观，第一，美国是最牛的国家，美国最为强大，关键时候，危难关头，因为我是美国人所以我获得救援，获得了新生。美国大量的灾难片，最终主要是由美国人扮演了救世主，不管是白人还是黑人，无论是总统还是平民。看看《空军一号》这样的电影，人家可以把总统拿来作为道具和包装品传播价值观，咱们可以吗？远远做不到。第二，随时强调平等、自由。很多镜头和台词，凡是涉及侵犯人权、自由的时候，总是强调与美国法律和价值观严重冲突和脱节，在不经意间表明，美国是最理想的人权和自由社会。当然，不同阶段，美国的电影有其特点，有其特定的主题和思潮。比如越战，美国推出一大批反战片，既反思战争，也进行了爱国主义和英雄主义教育。“9·11”事件之后，美国又开始拿阿拉伯人大做反面教材，折射出文明冲突的背景。近些年，美国又把越来越多的中国因素融入电影，既是对中国的追捧，也有对“中国威胁论”的鼓噪，客观上是中国崛起的必然。

相比之下，我们无论是电影还是音乐——靠视觉听觉很容易输出的文化产品，我们弱得一塌糊涂，更别说唐诗宋词的包装和推广。唐诗宋词中国人理解都费劲，再翻译成外文那成什么了？所以，从这些方面来讲，我们在能打破人类语言障碍的两种方式的传播上是做得最差的。

我们现在有几部片子在世界叫响？原来走红的是张艺谋的那些片子，有人描述这些人是文化卖国，故意描述我们的黑暗。其实，我觉得张艺谋本意不是靠这些东西拿奖，而是艺术探索。但是客观来讲，我们的产品不够丰富，尽管第五代导演在某些创作方面进行了尝试，艺术品位也达到一定水准，比如摄影技巧、道具运用都达到了西方人欣赏的程度，但总体来讲，我们差得太多。现在我们搞孔子学院，全世界几百所，质量粗制滥造，属于乱搞产业化。

徐立凡：还有窝案，拿到非洲办孔子学院的国家经费被贪了。

美国人为什么会包装

马晓霖：从传播来讲，要好好学习美国，美国强大是有道理的，它在全世界制定规则是有实力的。比如麦当劳、星巴克，这也是文化。我们不是不爱自己的国家、不爱自己的文化、不爱自己的美食。但是，我一吃饭，首先想到的是能不能让我吃到干净的食品，且不说健康的食品。我们的餐馆里有没有地沟油？是否用猪肉假冒牛羊肉？是否乱添加三聚氰胺？我心里一点谱儿都没有。所以要吃饭，我第一反应肯定选择麦当劳或肯德基。麦当劳或肯德基的食品是在全球媒体和消费者监督下用很透明的厨房在制作，推出的是很标准化的东西，尽管可能有苏丹红，吃多了人会发胖，那是公开的弊端，是你可以选择或不选择的东西。美国快餐的标准化，它的卫生程度，它的质量和数量保证，是靠多年来和全球建立的诚信支撑的，实际上，它背后镌刻着三个字“U.S.A”。这些饮食，看似不重要，其实杀伤力是很强的，恰恰是我们在文化输出方面需要大力做的。

徐立凡：我试图从经济角度讨论一下为什么美国会包装。结论我们都知道，我们许多人都在享受美国产品，甚至是盗版的都没有关系。为什么这样？美国的文化产品一定是国家利益至上的。但是它最聪明的地方在哪里呢？虽然它是要传播美国利益，但它非常聪明的是把这个弄为一般竞争性领域。经济学角度有两个领域：一个是垄断领域，另一个是一般竞争性领域。如果在中国，这么重大的关乎国家利益的事情，我当然要垄断了。美国很聪明，把它弄成一般性竞争产品，而且它也没有广电总局批它。承载如此强大的重要功能，美国选择的不是垄断，而是把它归入一般竞争性领域，好处在于竞争之间反而都变成狼了。它为什么包装得好，我们要找机制性的原因，这是一个方面。第二方面，把我们传统意义上的传媒——文化传播也应该列入这个范畴。美国在传媒上面刻意打造公共媒体。这次日本表现最突出的NHK（日本广播协会），它是哪个党的？

牛力：NHK是日本国家公共媒体。

徐立凡：我希望从这些角度去推演一下它们如何传播成功的。它们就是我一定要树立的第三种媒体群——公共媒体。为什么？有些话如果是美国政府说，美国人也不听，或者美国广电总局拍的东西美国人也不看。政府不太好说，特别是对新闻这种信息传播。如果私人说也不太好，个人色彩太重没有权威。所以，在传播上弄一些公共媒体，虽然公共媒体也有立场，但是人比较爱听，因为它不是官方的也不是私人的。美国很会设置这一类媒体。

中国现在的公共媒体是零，市场空白。此外，美国敢于说那些关于自由等的话题，除非涉及真正的国家安全，一般情况下，它对文化产品采取的是放开态度。它是不是完全放开？绝对不是，它的镜头都是有选择的，特别是电视镜头。但是它会选择一般的，不干涉、不影响国家机密的事情。恰恰这方面，我们做得过了，不仅少了一个承载公共影响力的兵器，又少了挥舞现有兵器的招法。我们的影响力自然难以和我们的经济强大趋势相匹配。

所以，第一，我们应该打造类似于美国意义上的公共媒体，承载政府和私人不好承载的一些传播功能——新闻信息传递功能。第二，一定要把文化的生产传播纳入一般竞争性领域，让他们自己去PK。第三，不要动不动担心“利用小说反党”。这是康生的发明。第四，政府不要大包大揽，特别是那些文化出口的事情。第一部国家形象片很难看，选了一堆美国户口的人，里面都是成功人士，做的东西很烂，把钱都浪费了。

美国文化的“大规模杀伤性武器”

戴占军：早年间，我在《时代》杂志社当副总。某一天，我突然收到美国《时代周刊》寄赠的刊物，那时候没有互联网，我不清楚他们怎么知道我的名字和地址的，也不知道他们为什么给我寄刊物。从此之后，五六年的时间里，他们一期不差地寄给我，直到我调离了这家单位。美国人做文化工作，滴水穿石，疏而不漏，你不服都不行。为什么会这样？其实它是在回答我们的设问，就是它的文化，它要做主。

我在想这样几个议题：第一，我们的文化是不是一个优秀的文化？第二，我们的文化体需不需要外来文化的输入？第三，文化的输入会不会引起我们固有文化的变异？这三条，我的答案都是肯定的。

第一，毫无疑问，我们的文化是优秀的，否则，它不会传承数千年，具有如此强大的生命力。第二，再优秀的文化，都需要向外来文化学习，否则它会僵死。事实也是如此，中华文明是不断吸收、融合的结果。第三，随着与外来文化的学习交流，或者叫做输入，我们的文化一定会产生某种变化，甚至会引起某些基因的嬗变。其实这很容易理解，比如我们现在所谓正统文化，实际上就是中华文化和外来文化结合的东西。马克思列宁主义不是我们的本土产品，它是“舶来品”，是文化输入。

转回来说，由于三个肯定的回答，我们不得不进而思考怎样在更好地保护我们固有文化的同时，又不至于走向僵死、封闭、衰落。其实，最严重的闭关锁国是文化的闭关锁国。我们原来考虑市场多一些，有形的东西多一些，而在市场、资本、技术等放开之后，文化的输入也必须考虑。我们开始有些担心了，觉得不踏实。为什么这样？我们总说中华文明有很大的同化力，其实我们常常也有“被同化”的时候，比如佛教、基督教，一个来自古印度，一个来自西方，虽然它们经历了中国本土化的改造，但它们的实质和精髓，还是深深植入了中国的信徒之中。我们应该正视中国“被同化”的事实，因为中国的文化有很大的包容性，本质上是不排外的，特别是在南北朝、唐代和宋朝的大部分时期，所谓封闭是后来的事。由于文化的这种豁达，我们在许多方面难免受到外来文化的影响。而有些文明却有很强的“刚性”，比如伊斯兰文化、犹太文化，你同化得了吗？特别是现在，我们为什么尤其担心文化的输入？答曰：美国文化太强大了。它为什么强大？我觉得这种文化的分析，对于我们的文化建设模式，对于我们借鉴人家在软实力、巧实力层面上的操作，有着很好的启示意义。

中国改革开放30多年来，一开始是制度建设，后来是基础建设，即有形实体建设，最后发展为文化建设。文化建设，是以文化产品来体现的。文化产品有两个属性：一个是它的商品属性，另一个是它的精神属性。

美国文化之所以强大，就是它很好地利用了商品属性这个外衣，包装了它的文化精髓的内核。商品属性有两个关键词——产业化、标准化，就是文化产品的产业化生产和文化产品的标准化生产。我们举一个例子，美国的电影，特别是它的大片，是美国文化最突出最集中的载体，它的特点也最为鲜明。美国电影，好就好在它是类型片，结构上其实很简单，却能变幻出无数花样，满足受众的特定审美心理和特定的爱好与需求。这有点像中国京剧的脸谱，你是青衣还是花旦、花脸，各有各的程式、套路，却又变化万千，让人不会觉得重复。美国类型片的产业化、标准化生产模式，不是与生俱来的，也是经过了探索、总结、磨合，最终依据市场和产业发展的需求，形成了现在的构架。

美国把文化产品，包括电影、歌曲、图书出版物等，赋予了媒体的特征，让“美国精神”随着文化产品传播到世界各地，多方面、多层次、多角度地渗透，从而达到文化的征服，实际上也就是思想、感情、心理的征服。产业化、标准化的生产实力，五花八门、赏心悦目的包装，以及一以贯之的美国价值观，是美国文化之所以强大的重要原因。

美国人的文化输出，不是嘴上说说而已，它是作为一种国家战略来运营的，这让它获得了两份红利。一是作为强势商品，为美国带来巨大的市场利益。2007年，仅电影这一项，美国在海外的票房收入就达到了171亿美圆。二是对美国精神、美国形象的推广，使美国赢得了巨大的政治利益，彰显了它的软实力。为了这两份红利，美国下大力气推广自己的文化，推销自己的文化产品，把文化产业作为一项支柱产业，作为一项战略性产业来做。

我们回想一下，近些年来中国和美国的贸易纠纷，其中影响面最大、牵涉面最广的一场博弈，是在2007年，美国启动WTO争端解决机制，起诉中国对文化市场的保护。此案历经2年时间，到2009年，世贸组织作出认定，支持了美方的大部分诉求。此案不仅涉及内容管制、市场准入问题，还涉及经济利益分配等一系列问题。一个特别值得关注的动向是，这场关于文化产品的中美纠纷，引来了一群西方国家及其“友邦”的积极跟进，比如欧盟、澳大利亚、日本、韩国等，纷纷宣布保留第三方权利。美国这只大老虎的后边，还跟着一群狼。这种“前呼后拥”的阵势，在其他产品的纷争中是不多见的，可想西方的着眼点，绝不仅仅是市场利益。此后，美国的文化产品，特别是电影产品蜂拥而入，企图独占中国的市场。好在中国的电影人还算争气，保住了中国电影市场的半壁江山，近几年时间里，中国本土电影的市场份额，始终保持在60%左右。不管怎么样，美国是以一种国家战略在向中国这样的国家输入它的文化产品，这既有经济的考量，更有政治的考量。

另外，美国审时度势，不断调整自己的文化输出战略，以达到它所期望的效果。有些人的想法很天真，认为美国政府不会干预文化的事，全是由市场来运作的。其实不是这么回事，否则就不会有它对“维基解密”网站的全力打压、封堵。

美国在政府管控上，在产业的引导上，用了很多心思。举个例子，2011年2月，一则新闻引起美国国内很大争议，也引起了中国百姓的广泛关注，就是美国之音对华广播即将关闭大吉。美国之音是1942年开播的，后来在反华、乱华上，扮演了急先锋的角色。

美国通过广播理事会削减财年预算案的操作方式，来关闭美国之音对华广播。一些人误以为这是美国对华示好，其实错了。这是美国根据市场变化、受众变化和新技术的发展，在对华文化攻势上作出的一个积极调整。它关闭广播，而把全部心思投入到宣传效果更好的互联网上，美国之音的所有功能通通转移给了网络。

美国政府就是在这样的变与不变中，坚持着它的文化输出与扩张。不管我们愿不愿意承认，不管美国人怎样花言巧语，美国的文化已经在现代中国社会深深地插了一只脚。在WTO的规则下，我们无法阻止美国的文化输入，我们是接纳它、吸收它、改造它为我所用，还是闭着眼睛装傻，或者由它为所欲为？这是一个态度问题、立场问题，也是关乎我们固有文化的前途问题。

个人认为，美国文化中的一些东西，是可以为我们所用的。粗线条解读美国文化，无外乎英雄主义、爱国主义、个性张扬、冒险进取、自由平等。这些东西抽象来看的话，既非洪水猛兽，也不是历史潮流的反动。那么，我们的文化怎样吸收它，怎么样坚守住文化阵地，保留中华文化传统中的精华，同时用外来文化作为培植优秀新文化的养料，这是我们亟待解决的课题。我觉得中华文化要有这样的胸襟和自信，同时也要采取积极吸收、积极容纳的态度。

“好听”是个硬道理

马晓霖：我补充一句，刚才说文化战略调整，美国这几年好莱坞大片有很大的变化，就是中国元素的植入。前几年美国把中国作为假想敌，电影以负面描述为主。美国大片最近几年进入中国市场，把中国形象套在里面，继续传播美国的价值观，传播美国的文化思想，比如《阿凡达》《007》《木乃伊3》《花木兰》

和《功夫熊猫》等。

戴占军：美国传播了它的理念还让我们特受用。

牛力：有听友说，美国电影为什么那么强势，为什么在全世界的票房那么高？根本原因是它在歌颂美国精神，就是对个人奋斗和个人自由的尊重，正是这种精神吸引全世界最有创造性的人才加入好莱坞。别忘了，好莱坞拥有全世界最优秀的各种电影人才，包括不少中国的优秀导演。

徐立凡：中国市场很可怜，一天到晚票房过亿，过亿是过人民币的亿。一个地产商一拍地就几百亿，我们现在的电影票房一共才100亿。有什么了不起？我觉得第一别管合资方占了中国多少的市场份额。第二，比现在增加很多的预算去投入，即使政府的效率低，但是现在也要加大投入。加大投入给谁呢？去挖掘中国那些聪明人。我曾经有一个极端观点，现在第五代导演的演艺生涯该死了，他们占用了过多资源拍《三枪拍案惊奇》那种东西，结果好多天都出不来。我们现在的票房仅仅是100亿，可能有50%还是外国人的钱，一个50亿的小市场已经被四五个人垄断了，还没有繁荣就已经垄断了，这个是要注意的。

戴占军：在文化问题上，我觉得文化责任是很重要的话题。可惜的是，文化的商品属性，在我们这样一个国度，反倒无限地放大；而文化的精神属性，文化的责任意识，却在慢慢淡化。如今在文化界有一种倾向，对引进文化产品特别热衷，无论是电影，还是图书，特别是儿童教育类图书和卡通图书，拿来之后就可以卖钱，稳赚不赔。而现代文化创造这一块，包括对于传统文化保护这一块上，我们不愿意做，认为费力不讨好；我们投入也太少，政策的扶持虽然近年有一些，但是依然不够。

谈到艺术话题，我认为艺术市场是需要培养的，也需要耐住性子等待。比如京剧，这是一门非常有魅力、非常深沉的艺术，需要有一定的修养和一定的阅历才能够欣赏得来。我是随着年龄的增长，才慢慢品出了味儿。过了50岁，很多人会自然而然地喜欢上它。只要你不是有意拒绝，你去用心听，那京剧的味道，绝对不亚于迈克尔·杰克逊。

为什么美国，包括西方的艺术讨人喜欢？特别是它们的音乐风靡全球？道理很简单，第一，中国人做音乐，首先想到的是教化；西方人做音乐，首先想的是好听，哪怕是重金属的东西，也先要满足人耳朵的需求。其实听着悦耳，才有可能教化。第二，人家做流行音乐也好，做音乐小品也好，是按照交响乐的传统，以交响乐的手法和方式来做的，在主旋、配器等方面特别讲究，严谨而细腻，不断创新。而我们的一些音乐、声乐作品，比较单薄，也比较粗糙，像是小调。当然了，不是说我们中国当代音乐没有好作品，而是说我们的音乐人，确实还有许多可以向国外同行学习的地方。

牛力：咱们从国外的客观因素来想想主观的一些东西，不光是在电视剧方面，电影、音乐等各个方面，中国文化界最可悲的是缺少创造性，只会模仿。

戴占军：如何提高我们文化产品的竞争力，我们文化产品的核心竞争力到底由哪些要素构成，这一点请各位专家说说。

“天赐”的国际形象

张国庆：我想到三件事，第一，前段时间有部片子叫《天赐》，讲一只鸟成长的故事，几个业余摄影师花很多年去拍的。这个片子让我们从鸟看到人性，也更深地体会到人和自然的关系，我认为这个片子很积极上进。非常遗憾的一点，这个片子在国外得奖了，但是在国内却没有引起足够重视，上映时间正好赶上春节前后，影院基本都安排在早上八点钟放，别的时间几乎看不着，节后很快就下线了，很多人都没有看到。

这个片子在国际上获奖，在国内却得到冷遇。我们总讲国际文化传播，我们总说中国片子怎么出不去？有这样的片子了，国际上接受了，还不是张艺谋那种人拍的，这么好的东西在国内不招待见，我觉得很可悲。为什么不想办法鼓励一下他们呢？媒体报道，在济南上映时，学校组织小学生们去看，看完之后都非常感动，很多家长也一起去看，不少人都哭了，这说明这个片子很有意义。

更难得的是一种精神。《天赐》十分难得的，是电影人的投入和奉献，这些人真的是在踏踏实实拍片子，就冲这点，就该支持。近年来，四大名著纷纷被续，最差劲的是新《红楼梦》，而最令人怀念的是老《西游记》，为什么老片百看不厌？演员不说了，关键是10来年认真地拍这个片子。好东西是用心得到的，像路遥写《平凡的世界》，最后自己累死了，现在的小说有几部能跟他的这部相比？这部小说，我是看一遍感动一遍，每当遇到较大的痛苦时，我就看路遥的书，看完马上就振作了。这是小说中的“天赐现象”。

第二，我2010年去江西宜春做了一件事——“月亮文化节”，我觉得这个策划特别好。他们把明月山和月亮文化结合在一起，搞了四届文化节，每一届都有特点，这届据说是禅宗。作为一个地级市，它有这种意识，把月亮文化、禅宗文化、竹文化一起打包推向世界，这就是一个创举。其实，去之前，我的《话语权》已经结稿了，但此行给我很大启发，回来后奋笔疾书地增加了一节，谈从宜春到江西乃至中国，我们的文化需要这样充满感情地精心呵护、包装和面向世界，这是中国的吸引力所在，也是中国为世界所作的贡献。给人钱，不如带给人文化的启迪和感染。

现在的人，一方面抱怨连天，另一方面又不能踏踏实实做点事情，空谈的多。而我们国家缺的就是像宜春“月亮文化节”这样实实在在为祖国文化做事的活动，像《天赐》这样自发地为文化、为人与自然的和谐做事的影片。

那些整日花天酒地的人，自问一下，为自己的国家做了什么？就不能拿出一顿饭的钱，鼓励和支持那些为中国文化做事的人吗？《天赐》的拍摄者们都是冒着生命危险拍镜头，有些人甚至都摔伤了。更令人叹息的是，这么有意义的一部片子却在影院过早地被下线了。后来，我在《北京青年报》的专栏里呼吁，引起媒体和社会的重视，《工人日报》等媒体也“友情”跟进了，很多人都被拍摄者们所感动。但媒体给予重视的力度还远远不够，试问一下，与那些张扬的明星大婚相比，《天赐》、“月亮文化节”，哪个不比它们有意义？

比较一下，就知道中国媒体与美国媒体的巨大差距，无论是理念上，还是文化意识上，差的不是几层楼的问题。如果《纽约时报》整天热衷于谈论和紧盯明星大婚和绯闻，你觉得，它还会得到世人的尊敬吗？还会有这许多话语权吗？

话语权，不是抢来的，是做出来的。你的品位，你的公信力，你的社会责任感，都在替你说话。

第三个就是媒体暴力。美国对中国的任何企图，我都特别敏感，但是美国的成功之处我也是认真学习的。研究美国干什么？一个是防着他，第二我要学他，人家是老大，它有长处的东西我们必须得学，不能把糟粕学过来。在学美国的过程中，我们要宽容一点，但一定要注意甄别。其中媒体暴力是很大的问题，不仅影响到社会风气和国人的精神面貌，而且排挤了优秀的传统文化，这就是“劣币驱逐良币”的现象。

不仅是美剧，一些日本的舶来品也要注意。日本地震后，东京都知事说是天谴，而日本的学生更是在《金融时报》写了一篇极长的文章，讲日本文化的没落，说这次地震背后早已出现的日本衰败。文章讲到一个国家年轻人的状态，指出当这个国家成为世界上最大的色情文化的源泉时，它还有什么让人尊重的地方。

戴占军：包括他们的性文化，也是特别龌龊，很变态，极不健康。

张国庆：所以，从这个角度来说，媒体暴力必须上升到文化保护的角度来防范，各种分级制度应马上建立，比如电影分级、网络游戏分级，这既是保护青少年，也是保护我们的文化。须知，乌烟瘴气和青山绿水往往是“同轨不相容”的。

“韩流”其实是“人流”

戴占军：还有韩国文化。如果我们说有文化大鳄的话，那是美国。我们被一个文化大鳄吃定了也就罢了，现在小鱼烂虾也来吃我们。韩国就是其中一个。韩国人是比较简单的，性情也比较直。他说话的时候爱鞠躬哈腰，中国人也跟着鞠躬哈腰，他就看不上我们了。我们该什么样就什么样，该灭他的时候手别软。他这就服了。就说喝酒吧，我去韩国，他们一帮新闻人拉我去酒馆，弄个“深水炸弹”吓唬我，就是把小酒杯倒满白酒，沉到盛满啤酒的大杯里，两个一块儿喝。他们不是要“炸”一个吗，我给“炸”三个，他们谁敢来？当时就都傻眼了。

韩国人很热爱自己的文化，他们羡慕传统的中国文化，但在现代文化上却自认为比我们有优势。不过，他们说他们的，我们对自己的文化，包括现代艺术和民间艺术，第一不要妄自菲薄，第二不要糟蹋。我们就以宋祖英为例，小宋被称为“东方百灵鸟”，挺好的一只鸟，在外国到处走，办演唱会，没给糟蹋了，却让中国自己给糟蹋了。她在维也纳金色大厅，就是正正经经的唱歌，观众是在欣赏一台特美的中国民族声乐艺术。回国之后，她在鸟巢又搞了一场，满台道具、布景上下翻飞，声光电都用上了，台上呼啦啦上百个伴舞。看了电视转播后，我写了一篇文章，叫做“真真可怜了这只鸟”。你看靓女俊男满场飞，声光电一股脑地往上堆，呼啦啦升起几根大柱子，飘悠悠降下几层大幕布，最后小宋在哪儿呢？找不着了，什么都有，鸟却没了，歌的魅力也没了。满台这么一折腾，她哪还有心思唱歌？所以说，不要自己糟蹋自己。

我们来平心静气研究地研究韩国文化，对我们是有启发的。毫无疑问，在中国和整个东南亚地区，影响最大的文化词汇，就是“韩流”，它不仅被中国接受，被东南亚接受，也被韩国自己接受。而且“韩流”已经成为韩国的一项国策，韩国要利用“韩流”这一软实力，为它开拓新的市场。韩国媒体的原话是这么说的：“韩国经济的出路就在韩流之中。”不管怎么样，研究“韩流”这种现象对我们是有启示的。我特意看了一集半的韩剧，我的总结是：婆婆妈妈、唧唧喳喳、拖拖拉拉、嘻嘻哈哈、呜呜哇哇——其实就这么几招，没什么新鲜的。

牛力：再加一条，故意装傻。

中国传统文化是最关注人的文化

戴占军：这似乎是一个笑话，但是我们要看它的实质，韩国为什么能够形成“韩流”？“韩流”特别打动了两种人——第一种是没有经济能力从事其他的文化消费，文化程度也不高，只能在家里做完饭之后，把老公孩子打发掉，织着毛衣在那傻看电视剧。第二种是年轻的孩子，说他“哈韩”“哈日”还不爱听。主要是这两种人“被韩流”了。但为什么他们“被韩流”？这怨不得他们，原因一是中国当初的电视剧烂得没法看，二是“韩流”还是“流”得有它自己的特点。其实，就是在这种婆婆妈妈、唧唧喳喳、拖拖拉拉、嘻嘻哈哈、呜呜哇哇之中，渗透着东方人特有的人情味和对周边现实生活的关注。

1997年的时候，韩剧《爱情是什么》率先进入中国试水，一炮走红，成为在中国内地的“韩流”始作俑者。我没看电视剧，但看了它的简介。它基本是家庭的场景和结构，围绕家庭成员展开故事，渗透着东方人特有的温馨，关注伦理，关注亲情，关注周边。这本不稀奇，但为什么让不少人着魔上瘾？

我们曾“身在西下洼，放眼亚非拉”，我们忘了我们周边的这些感动，我们突然从不是人的玩意儿回归到人了。而韩剧让我们寻回了我们自己的喜怒哀乐。它用人们可以体味的“琐碎”给人搔痒，于是打动了织毛衣的大姐阿姨们，打动了那些喜欢清新、喜欢温馨、向往爱情的孩子们。这本来是中国人玩剩下的，2000多年前就玩过了，“关关雎鸠，在河之洲”即是。但是我们的文化传统却没有很好地被继承，中国的传统文化本来是最关注人的文化，我们后来却把人这回事给忘了。

无论是韩国也好，日本也好，它们把中国传统文化的真谛学过去之后加以现代化发酵酿制，而我们却没有，这是中国人的悲哀。因此，我说“韩流”其实是“人流”——关注人的流行剧。现在好了，我们已经开始注意到自己的问题，中国的电视产品有了很大进步，这从国产电视剧的收视率就可以看得出来。

马晓霖：关于文化输出和输入，第一，我们要有绝对的民族自信心，有所坚持，同时也要海纳百川。中国几千年以来，从佛教、基督教和伊斯兰教等所谓唯心主义的信仰实现本土化，到唯物主义的马克思列宁学说与中国实践成功结合，再到现在的互联网都说明，中国的文化没有因为外来思潮和文化而改变，相反，却丰富了博大精深的中国文化，使中国获得新生。这一点证明，中华民族的包容能力和同化能力非常强。

第二，再看看美国，它最厉害的地方是价值观认同。美国倡导的自由、包容和创新，吸纳了全球的人才。据了解，谷歌雇佣着2万名工程师，微软养活着4万名工程师，中国的软件工程师全部才有几千人、几万人。全世界的人才去了美国都能留得住，而且相当多的人都能有所作为。2010年有一个权威统计显示，全世界200所知名大学中一半以上在美国，前50名中也没有中国学校。另外，一个面向全世界1.6亿人的调查显示，60%的被调查对象都把美国列为首选移民对象国。

美国不怕各种千奇百怪的东西登陆，只有这样才能吸收，并在这个过程中沉淀出自己的东西，国家也才能进步。所以，从这点来讲，过度的民族羞辱感是要批判的，极端的民族主义也是要批判的。

“洋节”弄不出多大鬼

戴占军：在外来文化中，“洋节”比较招眼。近年来流行过“洋节”，年轻人趋之若鹜，商家为了制造“节日经济”，推波助澜也很卖力。正统的卫道士们批评："洋节"说明了西方文化侵略的成功，说明了心理殖民在中国新一代的成功。这个说法是很糟糕的。

年轻的孩子们过"洋节"，其实就是为了找个由头凑热闹，大家聚一聚。我们中国的几个传统节日，基本上都是给家人团聚设计的，咱老祖宗家族观念强。而"洋节"很多是为朋友聚会设计的，比方说情人节。即使是家庭意义上的西方节日，来到中国后也被本土化了，成为朋友们放松身心、交流情感的机会。比方说圣诞节，西方过圣诞是以家庭为单位的快乐，类似我们的春节。而你看我们的孩子们，谁在家里过圣诞？全是跑到街上购物闲逛，或是泡在酒馆、餐厅、歌厅里找乐子。年轻一代有这种沟通、交流、享受的需求，快节奏的工作和生活让他们压力太大，他们想放松一下，休息一下，而我们给他们这样的机会太少，于是"洋节"承担起这样的功能。这和文化侵略、心理殖民等，全不挨边。

连孩子们为什么过"洋节"都没弄清楚，就批评这是"崇洋媚外""数典忘祖""西化奴化"，他们怎能心服口服？他们怎么会不跟你玩儿逆反？其实，事实没有批评者所说的那么严重，小孩子在外面疯够了，还是要回家的。我们与其批评他们过"洋节"，不如进一步把我们传统节日的内涵做好，让孩子们觉得更有意思、更享受。不要怕"洋节"文化，它在中国弄不出多大鬼来，充其量给孩子们添个乐，给"节日经济"加把火。

牛力：正好一会儿还有一个话题，也是差不多，文化输出。

戴占军：我的感触特深。我去看电影，两个电影厅，一个电影厅放映的是《迁徙的鸟》，这个片子太棒了，我看了有10遍以上。另一个厅放映的是国产的商业片。这边的观众，只有10来个人，上座率太惨了；而那边看商业片的人，多得买不到票。我就觉得文化需要引导，需要教给百姓怎样鉴赏艺术。

《迁徙的鸟》制作历时数年，由法国导演主创，五六个国家合作，每一个画面、每一个乐段都精妙到极点，看过后你的灵魂，觉得被水洗过一遍。商业片嘻嘻哈哈恶俗恶搞，无厘头，但是很卖座。在市场化的情况下，我们不能放手不管了，对文化一定要加强引导。

牛力：有听友说，我们承载了5000年文明的传统文化，但是一些外来文化的输入却打乱了我们的思维和认识，难道这不是我们教育的缺失和失败之处吗？区区几部电影或者肥皂剧，居然能够同化一批人或者一代人，这也是民族的悲哀。我们有四大名著，为什么却无法立足国际舞台？这也是文化输出的败笔之一。只有合理地把我们文化传承出去，把我们唯美的东方文明推向世界，才能使我们的民族立于不败之地。

马晓霖：我们这些人是西洋音乐古典音乐的热爱者，也是听美国流行歌曲、看美国电影长大的一代，但是，实际上我们内心却是对民族文化最为持守的人，是真正的中国文化捍卫者。只有你接受外来文化，才能在比较当中欣赏自己的文化。阶段性恐慌可以理解，但是不要今天“韩流”来了，明天“日流”来了，觉得中国文化不堪一击。如果真的不堪一击，那种文化也就不值得留下来，其实也留不下来。

张国庆：如果你自己糟蹋自己另当别论，如果你保持自己文化传统，来就来吧，中国几千年吸收多少外来文化，不全都给融合了吗？

戴占军：其实，文化虚无主义一直伴随着中国近代文化的发展进程。对中华传统文化，现在反倒是国外的认可度在某个层面上超过了国内。对于这样一些文化现象，我们应该反思，不能手里捧着金饭碗，还要到外边去讨饭。

中国文化俏天下

象征性动物：熊猫。

入选理由：稀缺而温暖，率性而豁达。

本章PK：中国输出的文化，要不要对症下药？

正方观点：文化输出要有针对性，着力于国家形象和软实力的提升。

反方观点：做文化不能急功近利，文化需要魅力而不需要『媚力』。

13

中国文化俏天下

象征性动物：熊猫。
入选理由：稀缺而温暖，率性而豁达。

本章PK：中国输出的文化，要不要对症下药？

正方观点：文化输出要有针对性，着力于国家形象和软实力的提升。

反方观点：做文化不能急功近利，文化需要魅力而不需要“媚力”。

牛力：我们围绕熊猫开始讲，讲输出。戴老师先说，您走的地方最多。

气死蒙哥马利

戴占军：先讲个故事。20世纪50年代的时候，英国的蒙哥马利元帅来中国访问。由于他是军事家，中方想给他灌输点中国传统的“军旅文化”，把他弄到洛阳去了，给他演《穆桂英挂帅》，让他看看我们的巾帼英雄有多厉害。没想到这场演出，引起蒙哥马利跟中方人员激烈的思想交锋。蒙哥马利的意思是：你们中国男人死绝了？怎么让女人冲锋陷阵啊？女人是应该被呵护的，应该远离战争，怎么你们还当做英雄给我看？什么时代不同了，男女都一样，我看是男人不行了，女人才一样！他的这种说法，很有意思，看上去有点搞笑，其实也说明了他看事物的出发点、立脚点以及他的思维方式，和我们中国人有着很大差异。中方人员被他的话惹恼了，跟他较劲，说穆桂英你不是看不上眼吗？好，接下来我给你演《木兰从军》，让中国女英雄气死你！后来，还是周恩来总理拦下了，蒙哥马利也失去了一次看我们花木兰的机会。

这个故事，给我们这样几个提示：我们怎样输出自己的文化？我们输出什么样的文化？当我们输出的文化和人家的文化产生抵触的时候，我们应该采取什么样的态度？这样一个50多年前的老故事，对我们现在的文化输出是有启发的，有一些东西可以借鉴。

现在中国的文化输出，标志性的载体就是孔子学院。从2004年11月全球首家学院在韩国挂牌，发展到今天，据说已经有300多家学院，分布在近百个国家和地区。孔子学院大都是与当地的知名高等学府合作，利用他们的平台和设施开展教学。虽然冠以孔子学院之名，但它传授的不仅仅是孔学的内容，不仅仅是儒家思想，它实际上是推广汉语、传播国学和中国文化的教育与文化交流机构，是社会公益性质的。

牛力：到2010年10月，全球已有322所孔子学院和369个孔子课堂，共691所驻在96个国家和地区。

熊猫不是“玩具”

戴占军：孔子学院的主要功能是汉语教学，但是实际上它也植入了中华文化的精髓，在语言传播过程中宣传了中华文明和东方价值观。不过，我一直在想一个问题，担心在这个平台上，孔学也好、国学也好，会不会被“张艺谋化”？

什么叫“张艺谋化”，就是我们文化角落中那些肮脏的灰尘，不是用吸尘器吸走，而是拿个掸子胡敲乱打，弄得暴土扬烟，然后灰头土脸地觍着面孔说，瞧，我就是这副德行！其实哪个民族，都有犄角旮旯的东西，那些东西，不是为了让后人欣赏的，当然它也不值得欣赏或炫耀，否则它就不会待在犄角旮旯了。也就是说，孔子学院也好，其他的文化项目也好，我希望中国提供给世界的精神食粮，更多一些传统文化主流的、精华的，让人看了觉得有道理的东西。稀奇古怪“不着调”的事，还是少说为妙。特别是不能光讲传统，别总是四大发明、四书五经，而应植入当今中国的风貌和气质。我特别希望我们的文化推广平台，能够更多地传播现代中国文明和文化思想，让人家看得见、摸得着、体验得到，而不能一天到晚刨坟考古。

为什么提到这个话题？我走了东北亚、东南亚几个国家，有一个很让我苦恼的现象是，说起古代中国，他们口若悬河、头头是道，比如韩国人、越南人，敢和我说红楼、拼三国，但要说到袁隆平、钱三强、两弹一星等，一律哑火，如坠十里云雾。即使是在知识界，他们对现代中国和现代中国文化的认知也很肤浅，信息量短缺，甚至完全不了解情况。另外，正所谓好事不出门，坏事传千里。由于中国传媒弱势，西方掌控着信息流，许多国家的民众即使知道一些当今中国的事，大都也是“家丑”。比如他不知道“鸟巢”是什么，却知道央视“大裤衩”着大火了，你说气不气人？就是对中国的传统文化，他们的理解也往往是猴吃麻花——满拧。比如我在韩国，某社长自称“中国通”，和我盘道，说他向中国的《三国演义》如何学管理，最后结论是：“我希望我的社里，人人都是孔明。”我说：“如果真是这样，那你天天打架去吧！个个都是人精，处处都是主意。谁是执行者？你一个人当孔明就行了，你还是多弄几个张飞、关羽、赵子龙吧。”而谈到中华现代文明，谈到中国城市化进程和产业调整，谈到中国当代的绘画、音乐、电影电视艺术，谈到中国改革开放的程度等，他一脸茫然，说中国不是都“韩流”吗，怎么还自己生产那么多电视剧？

这说明什么呢？说明我们的文化输出，特别是现代文化的输出，还很薄弱。外界对现代中国人想什么，现代中国文化发展到什么程度，完全不了解。我们把一只熊猫送出去，不要把它当个玩具，当个“活化石”，我希望这只熊猫带去更多的，是我们当代中国文明的信息。

中国古代文官制度帮西方解决了机会平等问题

徐立凡：18世纪的欧洲历史上有过中国文化热，那时候没有孔子文化学院，欧洲一部分知识分子的中国热到了什么地步？家里有一个半个中国字，有一个半个中国瓷器，就是文化贵族的象征。我们之前也批评过不要玩儿术，要玩儿道。我们看18世纪的中国文化热，那时候清朝统治者哪有输出的概念，但是欧洲反而觉得中国最棒。中国文化当中的一些因素比我们想象的更大地帮助了欧洲新一轮的启蒙，我们很匪夷所思，怎么会出现这样的情况？

当时，一部分欧洲知识分子非常推崇中国的文官制度，为什么呢？因为只要你十年寒窗，十年苦读，你就可以进入统治阶级，他们认为这个设计太巧妙了，解决了机会均等的问题。早期西方也困惑机会均等，中国科举制度让下等的人有机会上来。

外国人比中国人对汉学掌握得更多，从18世纪开始，他们就会想中国皇帝一茬一茬地死了，但是中国为什么还是超稳定社会结构？就是因为文官制度。当然，这里面有欧洲知识分子的想象成分，它让中国实现权力制衡，皇权和相权之间的小民主。

我们可以发现，当你不需要费劲去推进的时候，为什么中国价值观反而被人家吸收，甚至比你想象的还要高地吸收？核心问题，是你不仅要有文化产品，还要有价值观方面的硬通货。

中国成功的一些东西要总结。我们不要妄自菲薄，毕竟30年来外国人很羡慕我们，但是我们没有总结，没有总结就是没有把放在软实力里面的结晶提炼出来。前几年有“北京共识”的说法，这个说法我认为早，甚至很不全面。但是比较可怜的是，这么一个可以传播中国价值的东西，还是外国人提出来的。30年的进步完全可以总结出成功的东西到底在哪儿，然后我们把它包装成文化产品。我的意思是说要拿优越性的东西去做文化产品。

我同意戴老师的一个说法，不要玩哗众取宠的东西，不要“张艺谋化”。我们现在缺少一个机构把中国古代先进的东西总结出来。中国古代，春秋战国诸子百家，现在中国有学者能总结一下吗？我们自己都把自己的家底搞不清，怎么去传播？当代中国被羡慕的一些东西，外国人弄得很粗糙的“北京共识”，中国自己有总结吗？我们说今天的中国文化相对于欧美是一个弱势文化。其实中国文化一点不弱势，古代中国的文化思想资源为世间罕见，到现在中国又有一些成功的东西，国内却没有很好总结。因此，国内做文化出口的人要有一个使命感，要整合资源。

张国庆：这里有一个问题，很多涉外的人文化底子特别差，除了会点英语，在国外待过2年之外，别的啥都不会，还自卑，他能总结出来吗？

文化输出需要说明书

徐立凡：我们如果没有文化自信，再怎么玩儿都是术。中国就算培养出黑泽明或者斯皮尔伯格，玩儿的也是术。最终吸引人家的，是我们为什么比它强。中国有比人家强的文化资源和自然资源，但是谁都说不上来，向人家推销什么呢？这是必败的。

从道德角度说，我们首先要总结优秀文化。我认为对于历史的东西，祖宗的东西，没有取其精华去其糟粕，全盘往外推那就完了。当代中国确实有很多问题，但也有很多好的地方，这些地方要总结一下。现在国内没有一个人，即使有也没有有力的支持做这个事情。国家的财政资源别光在那儿弄孔子学院，我们推销产品，要先弄好说明书，但现在没有说明书。

先把说明书弄好，剩下都是术的事情。由于全球文化产品合作，刚才说的电影是浅层文化产品，都是合资形式，术的东西不好解决吗？我们如果不信任张艺谋，就花重金请好莱坞的人。术不是问题，关键是道。在我来看，我们自己的说明书都没做好，文化领域的这种现象就是典型的捧着金饭碗讨饭吃。

中国应设立“主席日”

张国庆：我讲一个美国最流行的东西——“成功学”。美国能长期取得成功，有一个非常大的优点，就是它善于吸收别人和发现自己身上的优点。这两点都很重要，有的人学别人，觉得自己什么都不是，这样的人不行；有的人就觉得自己了不起，也不行。美国首先站在巨人肩膀上发展，它的起点比欧洲要高。

还有一个优点，美国的总结能力特别强，强到什么程度？越战过去都快半个世纪了，它还在反思，每年开会研讨，还有大量的书籍和文章。美国还有一个优点，就是特别会弘扬自己的文化，像总统日，中国有主席日吗？毛主席诞生那天就应该有主席日，我觉得绝对该有。还有就是孙中山先生的纪念日，都应该考虑设立。

我觉得从传统节日的角度，要保留那些肯定传统文化、缅怀祖先、纪念开国领袖人物的节日。美国的总统日，马丁·路德·金日，都是历史上重要人物和伟大人物。而且，我特别感动的一点，比如说林肯总统这样的一些在美国历史上发挥过重大作用的领导人，关于他们的研究非常丰富。有关林肯的书，美国就有成百上千本，而且各具特色。

这也是我们应该向美国学习的地方，不仅是意识，而且是作为。关于一个话题，有成百上千本书，这在中国不稀奇，中国古代史的书也规模惊人呀，甚至一个师范专科学校都能出一本。稀奇在哪儿？稀奇的是，我们的中国古代史基本是千人一面，多数是你抄我我抄你，知识分子堕落到这个地步已经没意思了，别人的东西我拿过来稍微改一改，就当做教材或著作出来了，这不是抄袭是什么？在一些中国文字包抄公看来，美国人太傻了，何苦要独辟蹊径、费尽心机地找个新颖的角度或材料去写书呢，抄抄就得了呗。

美国人对此可是望洋兴叹。第一不敢干，知识产权法会让你倾家荡产。第二他觉得耻辱，觉得作为一个文化人这样干是可耻的。所以美国学者写书非常辛苦，必须努力和别人不同，否则就不用写了。比如说写林肯，你可能从夫妻关系方面谈，就这一件事写透它，我则会专门讲他与同僚的关系，另一个人则会研究他与政敌的关系……总之，就是从各个角度入手，结果呈现出来的，不仅有个性，也有深度。让世人看了，也觉得惊叹和肃然起敬。

中国知识分子要有对学术的廉耻观，更要有弘扬传统文化的使命感。我们不仅要总结失败教训，也要总结成功经验。我个人都有这种感受，有段时间，我特别在意自己的失败，不断地总结各种教训。后来我发现不对，意识到总结教训最重要的是底线问题，你把底线弄好就得了，教训总结不完，而且对成功没有帮助。真正需要总结的是成功，成功总是相似的，而且成功会带来成功。

牛力：插你一句话，补充一下，现在研究中国共产党成立史最权威的著作是一个日本人写的。

美国赢在了知识产权保护上

张国庆：唐史研究最好的是谁？日本人。这都是很奇怪的事，中国花那么多钱，动不动就拨款上亿，却研究不过日本。

中国现在需要自己的成功学，一个中国从古到今的成功学。立凡讲的制度建设，传统文化中对现实有关照的方面，都值得深入研究，大力推广。这也是中国知识分子最该干的事情。第一，我们要为中国文化做弘扬做总结，这是真正关系到民族利益的事。第二我们要创新。我现在写东西，无论是短文章还是写书，对自己的要求跟别人不能一样，不仅是叙事风格，而且观点也不能完全一样。有的时候遇到约稿，我会说某某某已经写得很全面，我没法再写，我写有什么意义？与此相关的，是创新机制的培育，以及对我们自己的知识产权保护。

中国这些年文化的落伍，话语权的流失，与没有很好的知识产权保护有关。相反，美国有活力就跟知识产权保护有关。在美国，极少有人敢侵犯别人的知识产权，因为那会被罚得倾家荡产。这不仅保证了创作者的积极性，而且客观上让一些劣质品滚蛋。美国社会的高效在于，"劣币驱逐良币"的现象很少，不像中国普遍得吓人，从创新到经济，从文化到感情，越是假冒伪劣越有市场，逼得好产品和好人到墙角。中国股市更是变态，越是垃圾股，涨得越凶，真正的好股票反而多数涨不起来。

所以，从这个角度来说，中国这么伟大的一个国家，这么多优秀的历史文化遗产，却整天恶心自己，觉得自己啥也不是，觉得我们都不该在地球上生存，至于吗？连这点淡定都没有？

归根到底，是我们对自己的文化总结得不够，创新得不够。说一千道一万，我觉得中国知识分子有责任。我出《话语权》的时候，很多人写书评，但有一个人给我印象很深，他就是凤凰联动的副总。他写了一篇博文，让我意识到，有的时候，知己真的在江湖。他为什么对我那么重视？他后来写了一句话，说张老师是中国知识分子中不多见的有情怀的人，而我们的签约也由此变得非常痛快，中午吃完饭，合同就签了。我们两个以前从来没有见过。这一点让我挺感动，也更有信心坚持自己的路。

从历史上看，中国知识分子是最有情怀的，那些伟大的诗人和思想家，哪个不是悲天悯人的？许多时候，与其是我们喜欢他们的文字，不如说我们崇敬他们的情怀。

这其实也是我们今天坐在这儿的目的，为我们的文化保护和输出，也为我们的子孙后代总结点儿东西出来，更要弄出一点跟别人不一样的东西。我们的书不是完美的，但是真心相与的，是别人不可以复制的，我们提出的观点不一定是正确的，但却实实在在是我们的所思所想，是为了我们的国家变得更好，我们的文化能够发扬光大，我们的百姓可以有更多的幸福感。我们也相信，今天提出的一些主张，多年后会被大家认可。

文化输出是一种国家使命

马晓霖：国庆讲文化输出，文化输出首先是一个的国家使命，是政府责任，而且是历届政府的责任。因为政府是更迭变化的，而文化传播是稳定和持久的国家行为，所以，它应该是历届政府的共同和一以贯之的使命。

看看美国国家战略和历史就知道，美国总统具有三大使命：领导世界的国家使命感，推广基督教文化的宗教使命感，宣传美国价值观和颠覆专制独裁制度的政治使命感。这种历史使命不因为布什、克林顿或奥巴马而变化。从二战到现在，美国一直在高喊“保卫民主、保卫自由、保卫人权，保卫市场经济”，美国的文化输出和价值观宣传，是完整连续的。浅层的传播是文化产品的传播，最高的境界是价值观传播、发展模式的传播，国家模式的传播。

张国庆：我有一个同事在叙利亚待了2年，他回来提供一个信息，说叙利亚人对中国模式特别关心，好多地方请他讲中国模式，讲中国30年改革开放为什么发展这么快。可惜他提供的信息没人在意，也始终没有人很好地总结这些。

马晓霖：2010年8月初我去井冈山考察，回来写了一篇专栏，标题是“从井冈山精神看中国模式的传播”。核心观点是说，“中国模式”特别适合发展中国家，因为发展中国家综合国力比较有限，经济一穷二白，需要集中资源和力量办大事，所以要先解决阶段性的发展问题。非常有趣的是，这么一个全球化视野的稿件，居然被主流媒体的党报编辑给枪毙了，说我写的是“思想汇报”。这不是很荒唐吗？主流报纸编辑看不上“中国模式”的可取之处，我们还如何对外推广这个模式？

我在新华社干了17年，驻外五六年，作过各种报道，也见证过很多文化传播的内容和形式，包括作各种评论，办杂志，其实很大程度上都在传播中国内外政策。我们不自觉地做某种东西，因为本身很爱国，也为国家取得的进步感到自豪。但是，如果一个人戴着有色眼镜，只看到我们的不足，看不到成绩，还谈什么自信和传播？

从国家战略来讲，输出电影、电视、音乐、美食、服装、文字、戏剧，甚至古代的四大发明，都是术的问题，不是道的问题。美国厉害在哪里？美国是中国最强大的敌人，也是中国最伟大的老师，中国必须向美国学习。美国渗透一切去传播美国思想、美国模式，而现在为什么对中国着急？因为“中国模式”的成功就意味着“美国模式”影响力面临质疑和被削减。

“中国模式”也好，“北京共识”也罢，都需要研究中国成功之处究竟在哪里。对发展中国家而言，中国的崛起给它们带来一种希望，因为中国走出了一条完全不同的道路。“中国模式”是什么？到现在也没完全定型，这个是国家使命、政府使命。但是，现在也有一个问题，中国作为具有5000年文明的国家，从最早的诸子百家到后来的孔孟理学，到共产主义理想，到社会主义特色的市场经济，我们的价值观在不断变化，发展模式也在发生变化，有没有一条主线既贯穿中国的整个历史变迁，又脱离具体的不同朝代变化的内涵？我们可以总结萃取并向世界传播。哪怕100年以后我们国家发生变化，但是有一个可以代表中华的东西。我们特别缺这么一种东西去向别人传播，就像美国半世纪以前就开始向全球始终如一地传播自由、人权、民主。

我们现在的一些价值观存在缺陷，不被世界认同，与主导世界的美国西方价值观存在对冲。中国的发展模式也颇遭诟病，因为它牺牲了很多公众利益，牺牲了环境。我们也在不断纠偏，所以“中国模式”还在逐步形成过程中。这个阶段，我们的文化怎么输出，政府首先要有一个长远性战略规划，再有相应的投入机制，从软硬条件上给知识分子各种各样的平台，使我们的文化在世界传播，落地生根，开花结果，让中国文化不但红遍全球，而且被印证为确实是可以造福于全人类的法宝。

“五自”箴言有乾坤

戴占军：对中国的文化输出，我提出“五自”，就是要自信、自结、自律、自省、自创。这不是文字游戏，而是我们应该做的事情。

第一，要自信。我们对自己的文化要自信。中国5000年文明史能够形成一种超稳定的文化格局，能够传承不衰，有它内在的规律，有它内蕴的强大生命力。我们一直在倡导读万卷书行万里路，年轻的朋友们要了解中国文化，真的要读起来，走起来，增加自己对文化的了解和见识。

我特别强调在走中学习，因为你不走到现实中去，就不能亲眼看到，不能切身感受到。比如山西运城，是一块晋陕豫金三角地区，积淀下的文化被统称为“河东文化”。我三次去那里，盘桓在这块三角地带，可以直观感受到黄河文化、黄土文化特有的韵味，感受到中华文化的博大精深。比如从地下一二十米深挖出来的黄河大铁牛，出自1000多年前的盛唐时期。铁牛是当时蒲津渡浮桥的地锚，其设计和铸造工艺，功能性和艺术性，达到了当时全球的顶尖水平，让人感受到“中国制造”曾经是全球最牛的制造，足以让我们现代中国人骄傲和汗颜。更重要的是它所承载的人文信息、文化信息，直观地呈现出盛唐风貌。大铁牛旁边站立的几个铁人，面貌、服饰各不相同，据考有汉族人、少数民族和远道而来的外国人。你可以想见，当时的都城长安，已经是国际化大都市，吸引了世界各地的客人。最有趣的是第一个铁人，他是汉族，而他所穿的衣服，却有一个从脖子到前胸的大翻领，与当代的西服几乎一模一样，比欧洲西服的出现早了近千年。因此，来参观的游客无论中外，个个惊呼：“什么西服啊？应该叫唐服才对！”我们多了解，多去看看这些东西，就会知道中国文化是值得骄傲的，就会对自己的文化更加自信。

第二，要自结。就是把我们的文化梳理清晰，提炼成为“中国精神”或“中国道路”。炎黄主要讲的是汉文化，中国的文化不仅仅是炎黄文化，而是多个民族融合形成的文化，所以应该叫中华文化或华夏文明。不仅如此，我们的文化还是学习型的文化，在历史上吸收了很多外来文化的元素，这包括印度文化、波斯文化等，经过本土化改造、融合，成为我们文化的一部分。比较直观的例子是有1000多年历史的桑耶寺。我们去西藏山南的雅砻河谷，可以看到这座独特的藏传佛教建筑，它完美融合了藏族、汉族、古印度三种建筑文化的风格，因此又被称为“三样寺”。

我们的文化如此丰厚，如此复杂，因此需要研究总结，找出可以为人借鉴的规律性的东西，也可以为我们新时期的文化建设提供帮助。文化总结，似乎是我们的弱项，中国人创造了辉煌灿烂的文明，却没有梳理出几条文明发展的模式。我想，如果我们再不抓紧做文化总结的工作，我们不仅愧对祖宗，也对不起我们的后代。特别是现在中国的进步，让发展中国家很羡慕，我们让人家学什么？怎么学？应该有个说法。

第三，要自律。你要想输出文化，你得有说服力，要想人家说你的文化好，你自己都不使用你的文化，都不发挥它应该发挥的功能，你的文化都没有培养出高素质的国民，那就没有办法说服人。这是我们向世界输出文化的前提，我们要对自己的民众进行文化教育，包括传统文化和现代文化教育，把我们的文化注入现代生活的各个角落，使它能够转化成现实的生产力和品牌力。

第四，要自省。就是要有文化的批判精神。现在有种不好的倾向，就是中华传统文化说不得，批评不得，谁批了就是“吃先人饭，刨祖宗坟”，就是大逆不道。这不好，还是要百花齐放、百家争鸣，文化是需要辨析的，越辨析，文化的纯度才会越高。我们现在没有一种批评的氛围，说中华文化有哪些不好或者应进行什么改造的声音很微弱，特别在当下网络时代，甚至会遭到一批愤青的围攻。还是宽松一些，民主一些，允许自己批评自己，更允许外人、外来文化批评自己。我们不能一方面讲国际关系的民主化，另一方面在文化上搞“唯我独尊”，那是美国人的做法，所以才在世界上不招待见。

第五，要自创。创新是核心竞争力，文化的创新主要体现在两个方面，一是内容和功能的创新，二是形式的创新。内容、功能的创新，就是要引领社会潮流，体现时代精神，符合全体国民和世界民众的共同愿望与需求。在形式创新上，我们要特别注意文化的包装，研究文化产品在国际化背景下的流通特点和销售方式，灵活运用市场化和公益化，把软实力做出“软”的特色，让别人更易于接受。

牛力：有听友说，从新中国成立以来，我们政府对电影的政治宣传和文化教化功能已经强调太多，这就是电影走不出去的原因。我们曾经送评奥斯卡的电影《开国大典》《三大战役》，人家凭什么要给奖，凭什么要认可我们？电影的第一功能是娱乐观众，观众买票不是为了受教育，而是为了休息放松。我们的文化工作者不要羞于谈娱乐，因为我们的国产电影在这方面做得太少，差得太远。中国现在在国际上的形象就是暴发户，暴发户有什么文化可输出的？多花钱买人家出品、中国生产的奢侈品罢了。

文化输出被急功近利堵在路上

戴占军：要想让文化繁荣发展，就要很好地建立文化保护机制，特别是要把知识产权、版权、著作权等权利维护好。现在是抄袭成风，这是对文化的腐蚀。为了维护权益，我也拿起过法律武器。我的一部长篇小说，就曾被某电视连续剧抄袭改编。但搞笑的是，法院最后的侵权认定，是按照字数算的，我小说中的某句话在电视剧中原封不动出现了，这才认定为抄袭，其他不算。但是你要知道，情节和人物的抄袭、创意抄袭才是根本，创意抄袭怎么可以用字数来衡量？我们在文化保护的制度规则建立和执行上出现了很多问题，所以使得人们不愿意创新文化，这是我们国家纠结的地方。

而在文化输出上，我们要切忌急功近利。刚才说到政治倾向等，我觉得文化，第一不要过分强调对症下药，第二不要过多和过分在意别人怎么说。你就去做，做了他今天不接受，明天不接受，后天就可能接受了。只要你认定你的文化是有生命力的，对这个世界是有用的。

说来说去，文化有没有生命力，根本的一条标准就是看它有用没用。当然，有没有用要从长远看，不能搞“立竿见影”。现在，我们的文化有一点急功近利，像国家形象片，这个好不好？好，可以做，但问题在于我们太有的放矢了，太急于表白了。中国文化输出是怎么来的？我觉得有两条：一是我们认识到了软实力和硬实力缺一不可，我们可以借助软实力来推销推广或者展示我们的硬实力；二是最直接的动因，就是我们针对“中国威胁论”“中国崩溃论”等来的。如果我们非要这样有的放矢，用兵来将挡、水来土屯的办法做文化，中国文化就永远没戏。

做文化要有一点超越的意识，有一点前瞻的意识，有一点战略的意识，有一点水滴石穿的意识。所以文化的输出不能急功近利，要持之以恒。如果我们是这样去做文化，我们就不怕我们的软实力得不到张扬。如果我们这样去做文化，我们就会淡然地面对文化输出当中所遇到的一些困难和问题，我们就可以更淡然地面对顺境或逆境，真正地从东西文化的碰撞和交融中享受文化。享受文化、消费文化的心态，总比我们用文化干什么事的心态好得多。这样，我们在文化问题上就可以做到心平气和、润物无声，把文化做成超越功利主义的理想。

找寻中国文化的畅销因子

张国庆：戴老师刚才讲了很多文化的东西，有一个系统性问题，即系统推进。

跟系统推进有关的是全民意识的推进问题。我有一个观点，人人都是外交官。这些年中国国际形象不好，其实跟很多出去的中国人有关。一个原因是素质低下，第二是没有自律意识。在国外无论是旅游还是谋生，给不论是西方国家，还是非洲国家，都带来很多困惑，留下了很多负面印象。

对一个普通的美国人和非洲人来说，他对中国的认识，更多是通过一个人一个人来认识的。如果他遇到的中国人都这德行，他不会对中国有好印象，除非他是搞文化的学者，研究中国文化很多年，那他也许能比较淡然和淡定地看，否则的话，就会直接受影响。所以，从这个角度来说，我们的媒体应该多做推进，反思我们在境外的个人和企业的表现。

美国媒体在这方面就做得比较到位。我们老讲新闻理想，但任何理想如果没有行动力，就是枉然。我是理想现实主义者，骨子里是理想主义，但是做事比较务实。为了谋生，我把房子先买了，也使自己的收入保证自己能有尊严地活着，这就是现实主义。我踏实了，就可以老老实实做学问。同样的道理，在我们对外推广过程中，我们的媒体要做什么？我们媒体就是要多去弘扬我们文化中的积极内容，多去挖掘传统中的宝贵财富，并在现实中推进公平和正义，而对于伤害中国文化的作为予以鞭笞。美国媒体在这方面，就做得很成功，既是民族文化的呵护者，又是社会进步的推进者。

经济学界经常讲一个事情，我们给世界提供什么产品？其中，畅销元素显得十分重要。美国对中国的影响，很大程度上与其畅销元素有关，我们平时习惯用它的东西、喝它的东西、吃它的东西，并强烈感知其背后的文化，这就在客观上传递了他们文化的优越意识，也助长了看不见的对华文化输出。所以我们中国也要把一些东西打包出去，让世界早日有我们的流行产品，使其充分感知我们的文化魅力，慢慢地中国文化的影响力就出来了。简而言之，第一是系统推进，第二是全民推进，第三是进行商业包装，弄出中国的畅销因子。

戴占军：文化要有魅力，但不可以有媚力；文化要有野性，不可以有野蛮。为什么这么说？我们看熊猫，如果说熊猫象征着一种文化的话，就是它很亲和，但它绝不像猫一样去魅惑你，熊猫在骨子里面是很野，很有尊严的。你以为它是憨憨的？它要疯起来，挠死你！

“潜伏”着的文化魅力

马晓霖：要说到价值观包装和文化营销，这2年有一部电视剧非常成功，我不知道你们是不是跟我的判断一样，那就是《潜伏》。

《潜伏》的主题就是高扬爱国主义理想信念，最精妙一点就是主人公余则成思想转变那一节。这部电视剧通篇没有太多说教，也没有脸谱化。这个电视剧6个月仓促拍摄，成本很低，成功要素却有很多。第一，剧情紧凑，元素众多：阴谋与爱情、国共暗斗、男女三角恋。第二，很时尚，都是帅哥靓女。第三，角色方面没有正反脸谱化、妖魔化，反面阵营都很帅气，里面谁最帅？戴笠最帅、最有气质。从我们欣赏成熟男人的角度来讲，戴笠穿着中山装往那里一坐，很俊俏，很酷，但是他属于反面人物。第四，情节合理。在描述余则成怎么跟着国民党干将去刺杀叛徒，到后来被爱情和信念双方俘虏投向共产党阵营，过程非常自然，令人信服。其理由很简单，他早期当军人，搞情报战，目的是追随革命，这个革命是孙中山领导的革命。抗日战争爆发后，余则成很偶然地发现，他提着脑袋革命抗日杀汉奸，大老板的特派员却和日本鬼子勾勾搭搭喝花酒，甚至不惜为了一己之私出卖新四军情报，给日本鬼子上万担粮食。这件事情对余则成触动极其大，使他意识到，他追随的理想是卖国理想，他正在进行的革命是挂羊头卖狗肉的革命。于是，他从对共产党质疑发展到立场动摇，徘徊不定，直到最后遭遇暗杀未遂并被共产党所救而彻底倒戈，在新的道路上逐步成熟。这部电视剧播出以后，我作为中年人看得热血澎湃。这部片子没有任何的刻意宣传，却达到最佳效果的传播。

戴占军：文化的人性精神就是晓霖刚才讲的人性内核。文而无道，传之不远。我们去看文化的核心，人文、人本、人性的精神在里面，这是成功很重要的一条。同时文化有创新性。多的不说了，我们就看最直观的，过去的戏里面，共产党全都是孤家寡人，没老婆，没兄弟，没姐妹，没爹妈；即使是身边有个女人的共产党人，要么是标签式的革命伴侣，要么是调料式的异性同事。现在这个戏，给他弄一个老婆，而且花力气表现两个人的情感命运，好玩就好玩在这儿。

马晓霖：文化包装方面，《潜伏》是非常值得好好剖析的案例。

牛力：我刚才看了一个漫画，两只母鸡坐在草堆上，像抱窝似的，一只母鸡对另外一只母鸡说："我所谓的淡定其实就是因为我很清楚腚里根本没有什么蛋。"我们要解决问题，中国要淡定就要正视很多不淡定，比如说烦躁、慌张、冲动、焦躁、惊惧、抓狂。

其实，这是一个很严肃的主题，我们不是在这儿空谈，我们是要解决问题。一滴水可以穿石，我们就是汪洋当中的一滴水，就这么一滴水如果持续下去真不得了。一步路可以海阔天空，我们往前走了一步就能看到海阔天空。一席话可以终身受益，我们这两天可不是一席话。打开一扇窗，世界会因此而不同。

张国庆：我想起一句话，马克·吐温说过，很多人都在谈论天气，但是没几个人真为天气做点儿什么。今天，我们在这里推开一扇窗户，我们不怕苍蝇进来捣乱，因为我们相信，接着进来的，一定是更多的新鲜空气，更多的花香。

世界很折腾，中国要淡定。